ELLEN G. WHITE

Das Gebet

ADVENT-VERLAG

Originaltitel: *PRAYER*
© Pacific Press Publishing Association, Nampa, Idaho (USA), 2002.
Deutschsprachige Ausgabe gemäß einer Lizenzvereinbarung mit dem internationalen Copyrightinhaber Ellen G. White-Estate, Silver Spring, Maryland (USA). Alle Rechte vorbehalten.
Projektleitung und Lektorat: Werner E. Lange
Übersetzung: Heidemarie Klingeberg
Korrektorat: Erika Schultz
Einbandgestaltung: Sislak Design, Bad Soden-Salmünster
Titelfoto: Marc Diez-Prida, pascualet.com
Satz: rimi-grafik, Celle
Gesamtherstellung: Thiele & Schwarz, Kassel

Die Bibelzitate sind – falls nichts Anderes vermerkt ist – der *Bibel nach der Übersetzung Martin Luthers* (revidierter Text 1984), durchgesehene Ausgabe in neuer Rechtschreibung, © 1999 Deutsche Bibelgesellschaft, Stuttgart, entnommen.

Ansonsten bedeuten:

EB = *Revidierte Elberfelder Bibel,* © 1985, 1991, 2006 SMC R. Brockhaus im SCM-Verlag GmbH & Co. KG, Witten (vorige Ausgabe).

GNB = *Gute Nachricht Bibel,* revidierte Fassung, durchgesehene Ausgabe in neuer Rechtschreibung, © 2000 Deutsche Bibelgesellschaft, Stuttgart.

Hfa = *Hoffnung für alle – Die Bibel* (revidierte Fassung), © 1983, 1996, 2002 International Bible Society, Brunnen-Verlag, Basel und Gießen.

KJV = *King James Version,* alte englische Übersetzung der Bibel (1611), die Ellen G. White meist benutzte.

© 2010 Saatkorn-Verlag GmbH, Abt. Advent-Verlag
Pulverweg 6, 21337 Lüneburg

Internet: www.advent-verlag.de, E-Mail: info@advent-verlag.de

Das Werk – einschließlich aller seiner Teile – ist urheberrechtlich geschützt. Jede Verwertung außerhalb der engen Grenzen des Urheberrechtsgesetzes ist ohne Zustimmung des Verlags unzulässig und strafbar. Das gilt insbesondere für Vervielfältigungen, Übersetzungen, Mikroverfilmungen und die Verarbeitung in elektronischen Systemen.

Alle Rechte vorbehalten – Printed in Germany
ISBN: 978-3-8150-1893-4

Inhalt

Vorwort		7
Kapitel 1	Gott lädt uns zum Beten ein	9
Kapitel 2	Weshalb wir das Gebet brauchen	15
Kapitel 3	Gott hört Gebete	25
Kapitel 4	Verheißungen für Beter	31
Kapitel 5	Die Macht des Gebets	37
Kapitel 6	Erfolgreiches Beten	43
Kapitel 7	Wichtige Gebetsanliegen	51
Kapitel 8	Die Erhörung unserer Bitten	57
Kapitel 9	Das „Gebet des Glaubens"	69
Kapitel 10	Bitten im Namen Jesu	75
Kapitel 11	Unaufrichtige Gebete	79
Kapitel 12	Das tägliche Gebet	87
Kapitel 13	Das persönliche Gebet	95
Kapitel 14	Das Gebet in der Familie	103
Kapitel 15	Gebete in Versammlungen	113

Kapitel 16	Die Körperhaltung beim Beten	119
Kapitel 17	Das Gebet um Vergebung	127
Kapitel 18	Das Gebet als Waffe in Versuchungen	133
Kapitel 19	Göttliche Führung durch Gebet	139
Kapitel 20	Gebet für die Rettung von Menschen	143
Kapitel 21	Die Notwendigkeit der Fürbitte	155
Kapitel 22	Gebet um Erweckung	161
Kapitel 23	Gebet für die Kranken	165
Kapitel 24	Das Vorbild Jesu im Beten	177
Kapitel 25	Das Mustergebet für die Christen	187
Kapitel 26	Die Rolle der Engel bei Gebeten	201
Kapitel 27	Warum Satan Gebete fürchtet	205
Kapitel 28	Gebet in der letzten Zeit	211
Anhang 1	Ellen G. Whites Kapitel über das Gebet	219
Anhang 2	Ellen White über Gebete biblischer Personen	221

Vorwort

Paulus ermahnt die Christen: „Betet unablässig!" (1 Ths 5,17 GNB) Das bedeutet nicht, den ganzen Tag auf den Knien zu verbringen und dauernd zu beten, sondern in ständiger Verbindung mit unserem Herrn Jesus Christus zu leben.
Das Gebet ist der Kommunikationskanal zwischen uns und Gottvater bzw. seinem Sohn. Er spricht zu uns durch sein Wort; wir antworten ihm durch unsere Gebete, und er hört uns immer zu. Wir können ihn durch unsere beständige Kommunikation von Herz zu Herz weder ermüden noch belasten.
Wir leben in ernsten Zeiten. Was in unserer Welt geschieht, ruft jeden Nachfolger Christi zur Ernsthaftigkeit in seiner Beziehung zu Jesus auf. Zur Stärkung dieser Beziehung und zur Erfüllung unserer geistlichen, emotionalen und körperlichen Bedürfnisse müssen wir die Macht des Gebets kennen. Wir sollten den Herrn bitten, wie es die Jünger damals taten: „Herr, lehre uns beten" (Lk 11,1).
Dass Gott willig und bereit ist, uns anzuhören und unter allen Umständen auf unsere von Herzen kommenden Gebete zu antworten, gibt uns eine feste Gewissheit. Er ist unser liebender Vater im Himmel und interessiert sich für alles – ob es uns gut geht oder die Widrigkeiten des Lebens uns heftige und furchtbare Schläge bescheren. Wenn wir rufen möchten: „Gott, wo bist du?", ist es gut zu wissen, dass er tatsächlich nur ein Gebet weit entfernt ist.
Es hat einmal jemand geschrieben: „Durch das Beten wird mehr erreicht, als diese Welt sich träumen lässt." Das trifft auch auf die Adventgemeinde zu. Ellen White erklärte: „Eine Erweckung zu wahrer Frömmigkeit unter uns ist das größte und dringendste unserer Bedürfnisse. Danach zu streben, sollte unsere wichtigste

DAS GEBET

Aufgabe sein."[1] Wenn wir beten, wird Gott etwas für uns tun, was er nicht tun würde, wenn wir ihn nicht darum bitten würden.[2] Wir spüren, dass wir eine Erfüllung mit dem Heiligen Geist brauchen. Aber das kann nur geschehen, wenn wir als Einzelne und als Gemeinde beten. Wenn Gottes Volk betet – ernsthaft, aufrichtig, jeder für sich und alle gemeinsam –, wird Gott antworten. Große Dinge werden dann in und um Gottes Gemeinde geschehen. Und die Umwelt wird die Wirkungen spüren, wenn der Heilige Geist kommt, um Gemeindeglieder auszurüsten und zu stärken.

Wir sind davon überzeugt, dass Menschen mit unterschiedlichen Hintergründen dieses Buch schätzen werden. Wenn wir die ausgewählten Texte Ellen G. Whites über das wichtige Thema Gebet lesen, werden wir merken, wie unser Herz erwärmt und berührt wird. Ihre Botschaft wird unser Innerstes ansprechen. Wir werden manche Anregungen und Ermahnungen erhalten, die uns dazu bringen wollen, auf Gottes Ruf zu einem intensiveren und reicheren Gebetsleben zu antworten.

„Gott hält für uns Segnungen in Fülle bereit. Wir dürfen quasi aus der Quelle seiner endlosen Liebe trinken. Warum bitten wir ihn also so wenig um seine Gaben? Unser himmlischer Vater ist bereit, das aufrichtige Gebet auch des geringsten seiner Kinder zu hören. Dennoch sind wir oft zögerlich, unsere Bedürfnisse vor ihm kundzutun und ihn um seine Hilfe oder seine Gaben zu bitten!"[3]

Der Vorstand des Ellen G. White-Estate

Zur deutschen Ausgabe dieser Zusammenstellung: Die amerikanische Originalausgabe enthält über 250 Wiederholungen von Zitaten – auch dort, wo sie nicht zum Thema des Kapitels passen. Um dies zu vermeiden, wurden die Zitate und Kapitel in der deutschen Ausgabe in Absprache mit dem Ellen G. White-Estate umstrukturiert.

---

[1] Für die Gemeinde geschrieben, Bd. 1, S. 128.
[2] Der große Kampf zwischen Licht und Finsternis, S. 528.
[3] Der bessere Weg zu einem neuen Leben, S. 91.

Kapitel 1

Gott lädt uns zum Beten ein

Das Vorrecht, mit unserem Schöpfer zu reden. Es ist wunderbar, dass wir wirkungsvoll beten können, dass unwürdige, irrende Sterbliche die Vollmacht besitzen, ihre Bitten Gott vorzulegen. Könnte sich der Mensch eine größere Macht wünschen, als mit dem ewigen Gott verbunden zu sein? Schwach und sündig, wie er ist, hat er das Vorrecht, mit seinem Schöpfer zu reden! Wir können Worte aussprechen, die den Thron des Herrschers des Weltalls erreichen, dürfen mit Jesus verkehren, während wir unserer Wege gehen, und er sagt: Ich bin an deiner rechten Seite.

In unserem Herzen können wir mit Gott verkehren, in Jesu Gemeinschaft dürfen wir wandeln. Während unserer täglichen Arbeit können wir – jedem menschlichen Ohr unhörbar – die Wünsche unseres Herzens nennen; davon aber wird kein Wort im Schweigen verhallen oder verlorengehen. Nichts kann das Verlangen der Seele ersticken. Es erhebt sich über das Getöse der Straßen, über den Lärm der Maschinen. Es ist Gott, zu dem wir reden, und unser Gebet wird gehört.

Betet also! „Bittet, so wird euch gegeben", versprach uns Jesus (Mt 7,7). Bittet um Demut, Weisheit, Mut und wachsenden Glauben. Jedes aufrichtige Gebet wird beantwortet, vielleicht nicht in der gewünschten Weise oder zu der erwarteten Zeit, aber die Erhörung kommt in der Weise und zu der Zeit, wie es am besten deinen Bedürfnissen entspricht. Die Gebete, die du in der Einsamkeit, in Abgespanntheit oder in Anfechtungen darbringst, erhört Gott – nicht immer deiner Erwartung gemäß, aber stets zu deinem Besten. (Diener des Evangeliums, S. 229f., rev.)

Das Gebet

Beten bringt uns in Vertrautheit mit Gott. Wir kommen zu Gott auf seine besondere Einladung hin, und er wartet darauf, uns in seinem Audienzsaal willkommen zu heißen. Die ersten Jünger Christi wollten mehr als ein kurzes Gespräch mit ihm auf dem Weg und fragten daher: „‚Wo wohnst du, Rabbi?' ... ‚Kommt, dann werdet ihr es sehen!', antwortete er. Sie gingen mit ihm, sahen, wo er wohnte, und verbrachten den Rest des Tages mit ihm." (Joh 1,38.39 GNB) Ähnlich können auch wir in engste Gemeinschaft und Vertrautheit mit Gott kommen. Willst du seinen Segen und seine Gaben empfangen, dann klopfe bei ihm an, warte voll Vertrauen vor seiner Gnadentür und verlass dich auf Christi Zusage: „Jeder Bittende empfängt, und der Suchende findet, und dem Anklopfenden wird geöffnet werden." (Mt 7,8 EB) (Das bessere Leben im Sinne der Bergpredigt, S. 131)

Beten ist ein besonderes Vorrecht. Wenn wir in Schwierigkeiten sind oder von heftigen Versuchungen angefochten werden, haben wir das Vorrecht des Gebets. Welch ein besonderes Vorrecht! Vergänglichen Wesen, die zu Staub oder Asche werden, wird durch die Vermittlung Christi Zugang zum Audienzsaal des Allerhöchsten gewährt. Auf diese Weise kommen sie in die heilige Nähe Gottes, werden in der Erkenntnis und wahrer Heiligkeit erneuert und gegen die Angriffe des Feindes gestärkt. (Child Guidance, S. 467)

Viele derer, die bekennen, Christus zu lieben, haben die Verbindung, die zwischen ihnen und Gott besteht, nicht begriffen ... Sie erkennen nicht, welch ein großes Vorrecht und welch eine Notwendigkeit das Beten, Reue und das Ausleben der Worte Christi sind. (Für die Gemeinde geschrieben, Bd. 1, S. 141f., rev.)

Es ist unser Vorrecht, unsere Herzen zu öffnen und die Sonne der Gegenwart Christi hereinzulassen. Geschwister, seht dem Licht entgegen und sucht die echte, persönliche Beziehung zu Jesus, damit ihr einen erhebenden und belebenden Einfluss ausüben könnt. Euer Glaube sei stark, rein und standhaft. Die Dankbarkeit gegenüber Gott erfülle eure Herzen. (Sons and Daughters of God, S. 199)

Der Weg zu Gott steht uns immer offen. Der Weg zum Thron Gottes steht dir immer offen. Du kannst nicht ständig auf den Knien liegen und beten, aber deine stillen Bitten um Kraft und Führung können beständig zu Gott aufsteigen. Wenn du versucht wirst – und das wird geschehen –, kannst du zum Thron des Allerhöchsten fliehen. Seine ewigen Arme werden dich festhalten. (In Heavenly Places, S. 86)

Der Himmel ist offen für unsere Bitten, und wir werden eingeladen, „mit Freimütigkeit hinzu[zu]treten zum Thron der Gnade, damit wir Barmherzigkeit empfangen und Gnade finden zur rechtzeitigen Hilfe" (Hbr 4,16 EB). Wir sollen im Glauben kommen und darauf vertrauen, dass wir das erhalten, was wir von Gott erbitten. (Signs of the Times, 18. April 1892.)

Im Gebet können wir uns Gott wie einem Freund öffnen. Beten bedeutet eigentlich, sich Gott wie einem Freund öffnen. Nicht, dass wir ihm sagen müssten, wie es um uns steht und was wir brauchen – das weiß er eher und besser als wir selbst, wie Jesus erklärte [Mt 6,8]. Wir müssen beten, um uns zu befähigen, Gott und seine Gaben anzunehmen. Das Gebet bringt nicht Gott uns näher, sondern wir kommen dadurch zu ihm. Als Christus auf Erden lebte, lehrte er seine Jünger, wie sie beten sollten. Er forderte sie auf, Gott ihre Bitten um ihre täglichen geistlichen und körperlichen Bedürfnisse vorzutragen und alle ihre Sorgen bei ihm abzuladen. Seine Zusage, dass der Vater im Himmel ihre Gebete erhören wird, gilt auch uns. (Der bessere Weg zu einem neuen Leben, S. 90)

Wir können wie Mose intime Gemeinschaft mit Gott haben. Die Gewissheit, dass Gott sein Gebet hören und dessen Gegenwart ihn begleiten würde, war für Mose als Leiter des Volkes Gottes von größerem Wert als alle Gelehrsamkeit Ägyptens und alle seine Errungenschaften in der Militärführung. Keine irdische Macht oder Fähigkeit kann die Stelle von Gottes unmittelbarer Gegenwart einnehmen. In der Geschichte von Mose können wir erkennen, welches Vorrecht der intimen Gemeinschaft mit Gott sich Menschen erfreuen können. Für den Übertreter ist es „schrecklich … in die Hände des lebendigen Gottes zu fallen" (Hbr 10,31); aber Mose hatte keine Angst davor, allein mit dem Geber des Gesetzes zu sein, das in solch Ehrfurcht gebietender Weise vom Berg Sinai herab verkündet worden war [2 Mo 20,18–21], denn er war in Harmonie mit seinem Schöpfer.

Beten ist das Öffnen des Herzens gegenüber Gott wie bei einem Freund. Das Auge des Glaubens wird die Nähe Gottes wahrnehmen, und der Beter kann kostbare Beweise der Liebe und Fürsorge Gottes für ihn erlangen. (Testimonies for the Church, Bd. 4, S. 533)

Alle Bedürfnisse, Freuden, Sorgen und Ängste können wir zu Gott bringen. Keine Zeit und kein Ort ist ungeeignet, unsere Bitten vor Gott zu bringen. Nichts sollte uns davon abhalten, mit ihm zu reden. Morgens, bevor wir an unsere Aufgaben gehen, sollten wir beten. Aber selbst auf der Straße, bei der Arbeit oder in einer Besprechung können wir Gott anrufen und ihn um seine Hilfe bitten. Wer will, findet überall Gelegenheit, sich Gott zuzuwenden. Unsere Herzenstür kann ständig für Jesus offen sein und er durch seinen Geist in uns wohnen.

Sogar wenn jemand gezwungen ist, sich in einer gottlosen oder fragwürdigen Umgebung zu bewegen, braucht er deren Geist nicht in sich aufzunehmen. Indem wir still zu Gott beten, können wir die Türen für unreine Gedanken schließen. Wer sein Herz für Gott geöffnet hält, wird trotz widriger Umstände in einer heiligen Atmosphäre leben und ständige Gemeinschaft mit dem Himmel haben …

Wir können Gott innerlich so nahe kommen, dass sich unsere Gedanken ihm zuwenden, sobald wir in Schwierigkeiten oder Versuchungen geraten. All unsere Bedürfnisse, Freuden, Sorgen und Ängste können wir zu ihm bringen. Wir können ihn damit weder belasten noch ermüden. Dem, der „sogar die Haare auf dem Kopf alle gezählt" hat (Lk 12,7 Hfa), sind auch unsere Bedürfnisse nicht gleichgültig. „Der Herr ist voller Liebe und Erbarmen." (Jak 5,11b)

Von all unserem Leid ist auch Gott berührt, selbst von unseren Leidensäußerungen. Alles, was uns verwirrt, sollen wir vor ihn bringen. Nichts, was unseren Frieden stört, ist für ihn zu gering, dass er nicht darauf achten würde. Es gibt kein Kapitel unserer Lebensgeschichte, das er nicht lesen könnte, keine Lebenssituation, die sich mit seiner Hilfe nicht meistern ließe. Kein Schaden kann uns treffen, keine Angst uns quälen, keine Freude uns beglücken, kein Seufzer unserem Mund entschlüpfen, ohne dass unser himmlischer Vater davon weiß und sich darum kümmert ... Das Verhältnis zwischen Gott und jedem seiner Kinder ist so persönlich und eng, als ob es niemand Anderen gäbe und er seinen Sohn allein für ihn in den Tod gegeben habe. (Der bessere Weg zu einem neuen Leben, S. 97f.)

Beten bringt uns in innige Gemeinschaft mit Jesus. Unser Leben soll eng mit dem Leben Christi verbunden sein; wir sollen uns ständig von ihm – dem „Brot des Lebens", das vom Himmel kam (Joh 6,48.51) – im geistlichen Sinn ernähren und unseren Durst an der immer frischen Quelle löschen, die ununterbrochen ihr kostbares Gut hervorbringt. Wenn wir uns immer bewusstmachen, wie nahe der Herr uns ist, wenn wir dankbar sind und ihn loben können, dann wird unser Glaubensleben frisch und lebendig bleiben. Unsere Gebete werden die Form eines Gesprächs mit Gott annehmen wie mit einem Freund. Er wird uns seine Geheimnisse klarmachen. Voller Freude werden wir die Nähe Jesu verspüren, wenn er mit uns Zwiesprache halten möchte, wie er das einst mit Henoch tat. Wenn ein Christ diese Erfahrung macht, wird das in seinem Leben in Einfachheit, Bescheidenheit, Sanftmut und Demut sichtbar werden und den Menschen in seiner Umgebung zeigen, dass er Jesus kennt und von ihm gelernt hat. (Bilder vom Reiche Gottes, S. 101, rev.)

Lege dich ganz in die Hand von Jesus. Überdenke seine große Liebe, denn wenn du über seine Selbstverleugnung und sein unendlich großes Opfer nachsinnst, das er für uns gebracht hat, damit wir ihm vertrauen, wird dein Herz mit heiliger Freude, innerem Frieden und unbeschreiblicher Liebe erfüllt. Wenn wir von Jesus reden und wenn wir ihn im Gebet anrufen, werden wir bestärkt in der Gewissheit, dass er unser persönlicher, liebender Erlöser ist, und sein Charakter wird uns immer liebenswerter erscheinen ... Wir dürfen uns seiner überschwänglichen Liebe erfreuen, und wenn wir vollständig

davon überzeugt sind, dass Gott uns als Kinder angenommen hat, können wir einen Vorgeschmack des Himmels erfahren.
Verlass dich auf den Herrn im Glauben. Er zieht die Seele im Gebet zu sich und lässt uns seine kostbare Liebe spüren. Wir kommen ihm nahe und können innige Gemeinschaft mit ihm haben. Wir erkennen seine Sanftmut und sein Mitgefühl deutlicher, und unsere Herzen werden angerührt und zerbrochen durch die Betrachtung der Liebe, die uns geschenkt ist. Wir spüren tatsächlich, dass Christus im Herzen wohnt ... Unser Friede ist wie ein Wasserstrom [Jes 48,18], die Wellen seiner Herrlichkeit rollen in unser Herz und wir halten das Mahl mit Jesus und er mit uns [Offb 3,20b]. Wir erkennen die Liebe Gottes und ruhen in seiner Liebe. Das kann keine Sprache beschreiben, es liegt jenseits unseres Wissens. Wir sind eins mit Christus, unser „Leben ist verborgen mit Christus in Gott". Wir besitzen die Zusicherung, dass wir, wenn er – unser Leben – sich offenbaren wird, dann werden auch wir „offenbar werden mit ihm in Herrlichkeit" (Kol 3,3.4). Mit fester Zuversicht können wir Gott unseren Vater nennen. (Sons and Daughters of God, S. 311)

Lebt beständig im Licht Gottes. Denkt Tag und Nacht über seinen Charakter nach. Dann werdet ihr seine Schönheit erkennen und euch über seine Güte freuen. Euer Herz wird von dem Bewusstsein seiner Liebe glühen. Ihr werdet erhoben werden, wie von ewigen Armen getragen. Ausgerüstet mit der Kraft und dem Licht Gottes, könnt ihr mehr verstehen und mehr vollbringen, als euch jemals möglich erschien. (Auf den Spuren des großen Arztes, S. 430, rev.)

Jesus lädt uns ein, zu ihm zu kommen. Der Herr schenkt uns das Vorrecht, ihn persönlich in ernstem Gebet zu suchen und unsere Lasten bei ihm abzulegen. Wir sollen ihm nichts vorenthalten, denn er hat uns eingeladen: „Kommt alle her zu mir, die ihr euch abmüht und unter eurer Last leidet! Ich werde euch Ruhe geben." (Mt 11,28 Hfa) Wie dankbar sollten wir sein, dass Jesus bereit und fähig ist, alle unsere Schwachheiten zu tragen, uns Stärke zu geben und unsere Krankheiten zu heilen, wenn dies zu unserem Wohl und zu seiner Verherrlichung dient. (Medical Ministry, S. 16)

Kapitel 2

Weshalb wir das Gebet brauchen

Beten ist notwendig für die geistliche Gesundheit. Jeden Tag sollten wir wertvolle, goldene Momente dem Gebet und dem Studium der Heiligen Schrift widmen – und wenn wir uns nur einen Text ins Gedächtnis rufen –, damit uns geistliches Leben erfüllt ... Die Gemeinschaft mit Gott ist für die geistliche Gesundheit notwendig, denn nur dadurch können wir die Weisheit und das gesunde Urteilsvermögen erhalten, die zur Erfüllung aller Pflichten so notwendig sind. (Testimonies for the Church, Bd. 4, S. 459)

Ohne regelmäßiges Beten verlieren wir die Verbindung zu Gott. Wenn du das Beten vernachlässigst oder nur gelegentlich, ab und zu krampfhaft betest, so wie es dir gerade bequem ist, wirst du deine Verbindung zu Gott verlieren. Dein Glaubensleben wird trocken, die geistlichen Fähigkeiten verlieren ihre Vitalität, und deiner religiösen Erfahrung wird Gesundheit und Kraft fehlen. (Diener des Evangeliums, S. 226f., rev.)

Das Gebet bringt uns in Verbindung mit Jesus. Der erste Atemzug der Seele am Morgen sollte dem Bewusstsein der Gegenwart Jesu gelten. „Ohne mich könnt ihr nichts tun", sagt Jesus (Joh 15,5). Wir brauchen Jesus, sein Licht, sein Leben; seinen Geist müssen wir beständig empfangen. Wir brauchen ihn in jeder Stunde. Und wir sollten am Morgen beten, wenn die Sonne die Landschaft erleuchtet, und wie sie die Welt mit Licht erfüllt, kann auch „die Sonne der Gerechtigkeit" (Mal 3,20) in unser Denken und Herz scheinen und uns zu „Licht im Herrn" machen (Eph 5,8 EB). Ohne ihn können wir es nicht einen Moment lang sein. Der Feind merkt es, wenn wir versuchen, ohne unseren Herrn zurechtzukommen, und er ist bereit, uns Gedanken einzuflüstern, damit wir aus unserem festen Stand fallen (2 Ptr 3,17b); aber der Herr möchte, dass wir jeden Augenblick in ihm bleiben und so in ihm vollkommen sind. (My Life Today, S. 15)

Das Gebet im Verborgenen ist die Seele des Glaubens. Vernachlässige nicht das Gebet im Verborgenen [Mt 6,6], denn es ist die Seele des Glaubens. Mit ernstem und inbrünstigem Beten flehe um die Reinheit deiner Seele. Flehe so ernsthaft und eifrig, als wäre dein irdisches Leben in Gefahr. Bleibe so lange vor Gott, bis du ein unaussprechliches Sehnen nach Erlösung und die befreiende Gewissheit der Vergebung erlangt hast. (Spiritual Gifts, Bd. 2, S. 264)

Wir dürfen die Gemeinschaft mit Gott nicht vernachlässigen. Wir sollten uns nun mit dem Wesen Gottes vertraut machen, indem wir seine Verheißungen erproben ... Wir sollten eher die selbstsüchtigen Befriedigungen aufgeben, als die Gemeinschaft mit Gott vernachlässigen. Die tiefste Armut, die größte Selbstverleugnung mit Gottes Zustimmung sind besser als Reichtümer, Ehrungen, Bequemlichkeit und Freundschaft ohne ihn. Wir müssen uns Zeit nehmen zum Gebet. (Der große Kampf zwischen Licht und Finsternis, S. 622, rev.)

Wenn wir das Beten vernachlässigen, ist unsere Frömmigkeit in Gefahr. Ihr müsst wachen, damit die zahlreichen Aktivitäten des Lebens euch nicht dazu führen, das Gebet zu vernachlässigen, wenn ihr seine Kraft am meisten nötig habt. Wenn ihr euch zu stark von eurer Betriebsamkeit beanspruchen lasst, ist eure Frömmigkeit in Gefahr. Es ist ein großes Übel, wenn ihr die Kraft und die himmlische Weisheit nicht in Anspruch nehmt, die Gott für euch bereithält. Ihr braucht diese Erleuchtung, die nur Gott allein geben kann. Niemand kann in Gottes Werk tätig sein, ohne diese Weisheit zu besitzen. (Testimonies for the Church, Bd. 5, S. 560)

Beten ist die Kraftquelle eines Christen. Manche sind ruhelos, weil sie nicht aus der einzig wahren Quelle des Glücks schöpfen. Sie versuchen, ohne Christus die Erfüllung zu finden, die nur in ihm gefunden werden kann. Bei ihm gibt es keine enttäuschten Hoffnungen. Wie sehr wird das wertvolle Vorrecht des Gebets vernachlässigt! Das Lesen des Wortes Gottes bereitet den Geist auf das Gebet vor. Einer der häufigsten Gründe dafür, warum viele Menschen so wenig Neigung haben, Gott im Gebet nahezukommen, liegt darin, dass sie durch das Lesen von fesselnden Geschichten ihre Vorstellungskraft anregen und unheilige Leidenschaften wecken lassen, die sie zum Beten untauglich machen. Das Wort Gottes wird ihnen langweilig, und sie vergessen die Zeit zum Gebet.

Beten ist die Kraftquelle eines Christen. Auch wenn er allein ist, ist er nicht einsam, denn er spürt die Gegenwart dessen, der gesagt hat: „Siehe, ich bin bei euch alle Tage" (Mt 28,20b). (Advent Review and Sabbath Herald, 11. März 1880)

Beides ist nötig: arbeiten und beten. Die Stärke, die durch Beten erlangt wird, in Verbindung mit dem individuellen Bemühen, den Verstand zu Rücksichtnahme und Fürsorge zu erziehen, bereitet einen Christen auf die täglichen Aufgaben vor und verleiht ihm unter allen, noch so schwierigen Umständen innere Gelassenheit. Die Versuchungen, denen wir täglich ausgesetzt sind, machen das Gebet zu einer Notwendigkeit. Damit wir von der Macht Gottes durch den Glauben gestärkt werden, sollten unsere gedanklichen Wünsche um Hilfe, Licht, Stärke und Erkenntnis beständig im stillen Gebet zu Gott aufsteigen. Aber Nachdenken und Gebete können ernsthafte Veränderungen nicht ersetzen. Arbeit und Gebet sind beide nötig zur Vervollkommnung eines christlichen Charakters.

Wir müssen beide Seiten des Lebens praktizieren: Nachdenken und Handeln, stilles Gebet und ernsthaftes Arbeiten (Testimonies for the Church, Bd. 4, S. 459)

Beten ist für Vieles nötig. Beginnt alle Beziehungen in euren Geschäften, in der Gesellschaft, in der Freizeit und bezüglich einer

Das Gebet

Ehe mit ernsthaftem, demütigem Gebet. Ihr zeigt damit, dass ihr Gott ehrt, und Gott wird dann auch euch ehren. Betet, wenn ihr verzagt seid. Wenn ihr niedergeschlagen seid, dann verschließt die Lippen fest gegenüber Menschen; belastet nicht Andere mit euren Sorgen. Aber erzählt alles Jesus. Bittet ihn um Hilfe. Haltet euch in eurer Schwachheit an die unendliche Stärke. Bittet um Demut, Weisheit, Mut und Wachstum im Glauben, damit ihr Licht in Gottes Licht [Wort] sehen und euch in seiner Liebe freuen könnt. (Auf den Spuren des großen Arztes, S. 429, rev.)

Eine lebendige Erfahrung mit göttlichen Dingen hängt vom Beten ab. Wenn es unter uns mehr Gebet, mehr lebendigen Glauben und weniger Abhängigkeit von anderen Menschen bezüglich unserer christlichen Erfahrung gäbe, wären wir heute wesentlich weiter in unserer geistlichen Intelligenz. Wir brauchen eine tiefe persönliche Erfahrung, die unser Herz und unsere Seele durchdringt. Dann können wir sagen, was Gott tut und auf welche Weise er wirkt. Wir brauchen eine lebendige Erfahrung mit göttlichen Dingen, und wir sind nicht sicher, solange wir sie nicht besitzen … Wenn es in unserer Geschichte jemals eine Zeit gab, in der wir uns vor Gott beugen sollten, dann ist sie jetzt. Wir müssen zu Gott kommen im Vertrauen auf alle in seinem Wort gegebenen Verheißungen, und dann müssen wir in dem Licht und der Kraft leben, die Gott uns gibt. (Fundamentals of Christian Education, S. 531)

Das Gebet ist für uns genauso notwendig, wie es für Daniel war. Daniel war den heftigsten Versuchungen ausgesetzt, die Jugendliche treffen können; dennoch blieb er der religiösen Unterweisung seiner Kindheit treu [Dan 1,8]. Er war von Einflüssen umgeben, die die Moral von Menschen untergraben hätten, die zwischen Prinzipien und Neigung schwankten; dennoch beschreibt ihn das Wort Gottes als einen Menschen mit fehlerlosem Charakter. Daniel wagte es nicht, seiner eigenen moralischen Kraft zu vertrauen. Beten war eine Notwendigkeit für ihn. Er machte Gott zu seiner Stärke, und in allen Situationen seines Lebens war er stets ehrfürchtig vor Gott. (Fundamentals of Christian Education, S. 78)

Für uns ist es genauso angebracht und notwendig, dreimal am Tag zu beten wie für Daniel [Dan 6,11]. Beten ist das Atmen der Seele, die Grundlage geistlichen Wachstums. Diese Wahrheit sollten wir in unserem Zuhause, in unserer Familie und bei unseren Arbeitskollegen bezeugen. (Signs of the Times", 10. Februar 1890)

Beten bringt Kraft, Versuchungen zu widerstehen. Wer das Gebet vernachlässigt, riskiert, dass sich sein Leben durch Sünde wieder verfinstert. Die Versuchungen Satans verlocken zum Fehlverhalten und bringen ihn zu Fall, weil er die Hilfe und Kraft Gottes nicht in Anspruch nimmt, die ihm durch das Gebet angeboten wird. Eigentlich ist es unverständlich, dass sich gläubige Christen immer wieder vom Beten abhalten lassen. Sie wissen doch, dass das Gebet der Schlüssel ist, mit dem sich die himmlische Schatzkammer öffnen lässt, in der die unermesslichen Gaben Gottes für uns bereitliegen!

Ohne anhaltendes Gebet und sorgsame Wachsamkeit stehen wir in der Gefahr, nachlässig zu werden. Dann brauchen wir uns nicht zu wundern, dass uns die Motivation und Kraft zum Widerstand gegen Versuchungen und zum Gutestun fehlt und wir vom rechten Weg abkommen. Genau das wünscht sich Satan. Deshalb lässt er nichts unversucht, uns vom Beten abzuhalten und uns den Weg zum Thron Gottes zu verstellen. (Der bessere Weg zu einem neuen Leben, S. 91f.)

Beten ist notwendig, um Versuchungen zu widerstehen. Aus der Erfahrung der Jünger im Garten Gethsemane kann Gottes Volk heute lernen ... Sie erkannten nicht, wie notwendig Wachsamkeit und ernstes Gebet ist, um der Versuchung zu widerstehen [Mt 26,41 Hfa]. Heute schlafen viele so fest wie die Jünger damals. Sie wachen und beten nicht, und deshalb versagen sie in Versuchungen. (In Heavenly Places, S. 97)

Alle, die nicht ernsthaft in der Schrift forschen und jeden Wunsch und jeden Vorsatz ihres Lebens jenem untrüglichen Maßstab unterwerfen, alle, die Gott nicht im Gebet suchen, um Erkenntnis seines

Willens zu erlangen, werden ganz bestimmt vom richtigen Wege abirren und der Täuschung Satans verfallen. (Aus der Schatzkammer der Zeugnisse, Bd. II, S. 42)

Nur ernstliches Beten führt zur Überwindung schlechter Gewohnheiten. Die schlechten Neigungen und Gewohnheiten, die uns beherrschen, können wir nicht aus eigener Anstrengung überwinden. Der mächtige Feind, der uns in seiner Gewalt hält, ist zu stark. Nur Gott kann uns den Sieg schenken. Er möchte, dass wir Herr sind über uns selbst, unseren Willen und unsere Wege. Aber ohne unsere Zustimmung und Mitarbeit kann er nichts in uns tun. Der Geist Gottes wirkt durch die geistigen Fähigkeiten und Kräfte, die jedem Menschen gegeben sind. Es erfordert unsererseits einiges, um mit Gott zusammenzuarbeiten.

Ohne viel ernsthaftes Beten und die Demütigung unserer Selbstsucht bei jedem Schritt können wir den Sieg nicht erlangen. Unser Wille wird nicht gezwungen, mit den göttlichen Mächten zusammenzuarbeiten, sondern muss sich Gott freiwillig unterordnen. (Das bessere Leben im Sinne der Bergpredigt, S. 142)

Beten ist notwendig zur Erkenntnis des Erlösungsplanes. Das Thema der Erlösung ist ein sehr bedeutsames Thema. Nur geistlich gesinnte Menschen können seine Tiefe und Bedeutung erfassen. Wenn wir uns mit den Wahrheiten des Erlösungsplans beschäftigen, erfahren wir Gewissheit, Leben und Freude. Wir brauchen Glauben und Gebet, um das „Geheimnis Gottes" erkennen zu können (Kol 2,2). Unser Denken ist so eingeschränkt durch enge Vorstellungen, dass wir nur eine begrenzte Auffassung von der Erfahrung haben, die Gott uns schenken möchte. (Fundamentals of Christian Education, S. 180)

Gebet ist nötig, um irreführende Anschauungen zu erkennen. Je näher wir dem Ende der Zeiten kommen, desto mehr antigöttliche Gruppierungen werden sich bilden. Sogar gläubige Menschen werden sich zusammenschließen und der Wahrheit schaden, indem sie irreführende Anschauungen unter die Leute bringen. Der Abfall wird zunehmen; einige werden „von dem Glauben abfallen ... und verführerischen Geistern und teuflischen Lehren anhängen" (1 Tim 4,1). Männer und Frauen haben sich gegen den Gott des Himmels zusammengeschlossen, und die Gemeinde merkt es kaum. Wir brauchen viel mehr Gebet und viel größere ernsthafte Anstrengungen unter den bekennenden Gläubigen. (Für die Gemeinde geschrieben, Bd. 2, S. 393f., rev.)

Wenn es jemals eine Zeit gegeben hat, in der wir ernstlich wachen und beten sollten, dann ist es heute. Manche Dinge erscheinen uns gut, und dennoch müssen sie unter viel Gebet sorgfältig geprüft werden, denn es sind trügerische Mittel des Feindes, die uns auf einen Weg führen wollen, der so nahe bei der Wahrheit liegt, dass er kaum zu unterscheiden ist von dem Weg, der zur Heiligkeit und zum Himmel führt. Aber das Auge des Glaubens kann erkennen, dass er – wenn auch kaum merklich – vom rechten Weg abweicht. Auf den ersten Blick mag ein Weg gut und richtig erscheinen, aber nach einer Weile wird erkennbar, dass er weit vom sicheren Weg abweicht. (Testimonies to Ministers, S. 229)

Wir sollten beten wie nie zuvor. Schaut einfach im Glauben auf Jesus. Richtet den Blick fest auf ihn, bis ihr das helle Licht nicht mehr ertragen könnt. Wir beten und glauben nicht halb so viel, wie wir sollten. „Bittet, so wird euch gegeben." (Lk 11,9) Betet, glaubt und stärkt einander. Betet wie nie zuvor, dass der Herr euch mit seiner Hand berührt, damit ihr begreifen könnt, „welches die Breite und die Länge und die Höhe und die Tiefe ist, auch die Liebe Christi erkennen [könnt], die alle Erkenntnis übertrifft, damit ihr erfüllt werdet mit der ganzen Gottesfülle" (Eph 3,18.19). (Testimonies for the Church, Bd. 7, S. 214)

Betet, ja betet, wie ihr nie zuvor gebetet habt, damit euch Satans Ränke nicht verführen können, damit ihr nicht achtlos, gleichgültig und eitel werdet und religiöse Pflichten nur erfüllt, um euer Gewissen zu beruhigen. (Testimonies for the Church, Bd. 2, S. 144)

DAS GEBET

Viel Gebet ist heute nötig. Wir brauchen heute viel Gebet. Christus gebietet: „Betet zu jeder Zeit" (Lk 21,36a Hfa) – das bedeutet: Richtet euer Denken auf Gott, die Quelle aller Kraft und Leitungsfähigkeit. (Testimonies to Ministers, S. 510)

Betet ohne Unterlass, um für die Wiederkunft Christi vorbereitet zu sein. „Betet ohne Unterlass" (1 Ths 5,17) – das bedeutet: Bleibt beständig im Geist des Betens, dann werdet ihr auf das Kommen eures Herrn vorbereitet sein. (Testimonies for the Church, Bd. 5, S. 235)

Gebet und Wachsamkeit sind nötig, um in den Himmel zu kommen. Man kommt nicht durch Schwelgerei und Torheit, Vergnügen und Selbstsucht in den Himmel, sondern nur durch beständige Wachsamkeit und unaufhörliches Gebet. Unsere geistliche Wachsamkeit ist der Preis für unsere Sicherheit. Gib Satan keinen Zentimeter Boden preis, sonst wird er dich überwältigen. (Brief 47, 1893; zitiert im Seventh-day Adventist Bible Commentary, Bd. 6, S. 1094)

Christi Beispiel zeigt uns die Notwendigkeit des Gebets im Werk Gottes. Wenn jene, die die ernste Warnungsbotschaft in dieser Zeit verbreiten, ihre Verantwortlichkeit vor Gott erkennen würden, sähen sie die Notwendigkeit inbrünstigen Gebets. Wenn Jerusalem im mitternächtlichen Schlaf lag, wenn jeder in sein Zuhause gegangen war, ist Christus, unser Vorbild, auf den Ölberg gegangen, und hat dort unter den großen Bäumen die ganze Nacht im Gebet verbracht … Er betete nicht für sich selbst, sondern für jene, die er zu retten gekommen war. Indem er ein Bittsteller wurde und von seinem Vater neue Kraft erbat … identifizierte er sich mit der leidenden Menschheit und gab uns ein Beispiel der Notwendigkeit des Gebets.

Seine Natur war ohne einen Makel der Sünde. Als Menschensohn betete er zum Vater und zeigte, dass die menschliche Natur all die göttliche Unterstützung braucht, die wir bekommen können, damit wir unsere Pflichten erfüllen können und auf Versuchungen vorbereitet sind. Als Fürst des Lebens hatte Jesus Vollmacht von Gott und siegte um seines Volkes willen. Dieser Erlöser, der für die betete, die keine Notwendigkeit zum Beten spürten, und um derer willen weinte, die keine Notwenigkeit zum Weinen verspürten, ist nun vor dem Thron Gottes und präsentiert seinem Vater die Bitten derer, für die er auf Erden betete. Diesem Beispiel Christi sollen wir folgen. Beten ist eine Notwendigkeit im Wirken für die Errettung von Menschen. Gott allein kann den Samen zum Wachsen bringen, den wir aussäen. (Testimonies for the Church, Bd. 4, S. 528f.)

Gebet ist nötig, um Gottes Werk zu tun. Viel Gebet und größte Anstrengung des Verstandes sind nötig, wenn wir vorbereitet sein wollen, das Werk zu tun, das Gott uns anvertrauen möchte. Viele erreichen nie den Stand, den sie erreichen könnten, denn sie warten darauf, dass Gott das für sie tut, zu dem er sie befähigt hat, es selbst zu tun. Alle, die in diesem Leben etwas Nützliches vollbringen wollen, müssen durch gedankliche und moralische Disziplin ausgebildet werden; dann wird Gott sie unterstützen, indem sich seine göttliche Macht mit dem menschlichen Bemühen verbinden wird. (Testimonies for the Church, Bd. 4, S. 611)

Nur die unter anhaltendem Gebet ausgeführte Arbeit wird im Werk Gottes Gutes bewirken. Nimmt ihre Aktivität zu und ist ihr Wirken für Gott erfolgreich, laufen Christen Gefahr, sich auf ihre menschlichen Pläne und Methoden zu verlassen, weniger zu beten und weniger Glauben zu üben. Wir verlieren gleich den Jüngern unsere Abhängigkeit von Gott aus den Augen und versuchen, uns aus unserer Betriebsamkeit einen Erlöser zu machen. Es ist nötig, beständig auf Jesus zu blicken, um zu erkennen, dass es seine Kraft ist, die alles schafft. Während wir eifrig für das Heil der Verlorenen wirken sollen, müssen wir uns Zeit lassen, um nachzudenken, um zu beten und das Wort Gottes zu betrachten; denn nur die unter anhaltendem Gebet ausgeführte und durch das Verdienst Christi geheiligte Arbeit wird am Ende zum Guten wirken. (Das Leben Jesu / Der Eine – Jesus Christus [Ausgaben ab 1995], S. 354f., rev.)

Das Gebet

Gebet ist nötig, um die Wahrheit zu vertreten. Es erfordert Mut, Festigkeit, Entscheidung, Ausdauer und viel Gebet, um sich auf die Seite der Unpopulären zu stellen. Wir sind dankbar, dass wir zu Christus kommen können. (Evangelisation, S. 213f., rev.)

Wie die Apostel beten, um von Christus zu lernen. Wenn wir von Christus lernen wollen, müssen wir so beten wie die Apostel zu der Zeit, als der Heilige Geist über sie ausgegossen wurde. Wir brauchen eine Taufe mit dem Geist Gottes. Wir sind nicht eine Stunde lang sicher, wenn wir dem Wort Gottes nicht gehorchen. (Fundamentals of Christian Education, S. 537)

Es ist notwendig, den Herrn von ganzem Herzen zu suchen! Wenn wir uns danach sehnen, die Liebe des Erlösers tiefer zu erfahren, werden wir Gott um mehr Weisheit bitten. Wenn jemals aufrüttelnde Gebete und Predigten nötig waren, dann heute. Das Ende aller Dinge ist nahe. Wenn wir doch erkennen könnten, wie notwendig es ist, den Herrn von ganzem Herzen zu suchen! Dann würden wir ihn auch finden. Möge Gott sein Volk lehren, wie es beten soll. (God's Amazing Grace, S. 92)

Kapitel 3

Gott hört Gebete

Gott hört die Gebete seiner Kinder. Gott hält für uns Segnungen in Fülle bereit. Wir dürfen quasi aus der Quelle seiner endlosen Liebe trinken. Warum bitten wir ihn also so wenig um seine Gaben? Unser himmlischer Vater ist bereit, das aufrichtige Gebet auch des geringsten seiner Kinder zu hören. Dennoch sind wir oft zögerlich, unsere Bedürfnisse vor ihm kundzutun und ihn um seine Hilfe oder seine Gaben zu bitten! Was müssen die Engel im Himmel über uns hilflose, vielen Versuchungen ausgesetzte Menschen denken, wenn sich Gott in unendlicher Liebe nach uns sehnt und uns mehr geben möchte, als wir bitten und begreifen können, und wir ihn so selten bitten und ihm so wenig vertrauen? Ihnen ist es eine Freude, vor Gott zu kommen und sich anbetend vor ihm zu beugen. Die Gemeinschaft mit ihrem Schöpfer bereitet ihnen das größte Glücksgefühl. Aber Gottes irdische Kinder, die seine Hilfe viel dringender brauchten, meinen oft, ohne seine Gaben, ohne seine Führung und ohne die Gemeinschaft mit ihm auskommen zu können! (Der bessere Weg zu einem neuen Leben, S. 91)

Gott hört Gebete und beantwortet sie. Jedes von einem gläubigen und aufrichtigen Herzen emporgesandte Gebet wird von Gott gehört und beantwortet, und der Bittende empfängt in der Zeit des größten Bedürfnisses den Segen Gottes, der oftmals seine Erwartungen weit übertrifft. Nicht ein einziges Gebet eines echten Christen geht verloren, wenn es voller Vertrauen aus einem aufrichtigen Herzen emporsteigt. (Aus der Schatzkammer der Zeugnisse, Bd. I, S. 19, rev.)

Das Gebet

Gott hört die Gebete aller, die ihn in Wahrheit suchen. Er hat die Kraft, die wir alle brauchen. Er erfüllt das Herz mit Liebe, Freude, Frieden und Heiligkeit. (Aus der Schatzkammer der Zeugnisse, Bd. III, S. 317)

Gott erhört Gebete, denn Christus hat versprochen: „Was ihr mich bitten werdet in meinem Namen, das will ich tun." (Joh 14,14) ... Wenn wir in Übereinstimmung mit seinem Wort leben, wird jede kostbare Verheißung, die er uns gegeben hat, an uns erfüllt werden. Zwar verdienen wir seine Gnade nicht, aber wenn wir uns ihm übergeben, nimmt er uns an. Er will für und durch diejenigen wirken, die ihm nachfolgen. (Auf den Spuren des großen Arztes, S. 181)

Der Vater im Himmel hört die Gebete seiner Kinder. Der unendliche Gott – so versicherte uns Jesus – schenkt uns das Vorrecht, ihn mit *Vater* ansprechen zu dürfen [Mt 6,9]. Versuche zu verstehen, was das alles beinhaltet! Keine irdischen Eltern haben je so eindringlich ein Kind, das vom rechten Weg abgekommen ist, gebeten zurückzukehren, wie der Schöpfer die Übertreter seiner Gebote anfleht. Keine liebevolle menschliche Anteilnahme ist je einem verstockten Sünder mit so viel Güte und Verständnis nachgegangen.

Gott ist überall gegenwärtig und hört jedes Wort und jedes Gebet. Er spürt das Leid und die Enttäuschungen eines jeden ... Er sorgt für unsere Bedürfnisse und schenkt uns ständig seine Liebe, Barmherzigkeit und Kraft. (Das bessere Leben im Sinne der Bergpredigt, S. 106f.)

Gebete, die von Herzen kommen, werden im Himmel gehört. Das demütige, intelligente Gebet des Glaubens, das aus aufrichtigem Munde kommt, nimmt Gott gern an. Das Gebet, das aus dem Herzen kommt, wird im Himmel gehört und auf Erden mit einer Antwort belohnt. Der Herr hat versprochen: „Ich kümmere mich um die Verzweifelten und um alle, die voll Ehrfurcht auf meine Worte hören" (Jes 66,2b Hfa). (Signs of the Times, 3. Dezember 1896)

Der Ruf eines zerbrochenen Herzens erreicht Gott immer. Das Gebet des Glaubens kommt aus einem ernsthaften Verlangen und nennt mit einfachen Worten das, was wir brauchen, so wie wir einen Freund um einen Gefallen bitten würden in der Erwartung, dass er ihn uns nicht abschlagen wird. Gott erwartet keine feierlichen Lobfloskeln. Der unausgesprochene Ruf eines zerbrochenen Herzens, das vom Bewusstsein seiner Schuld und Schwachheit überwältigt ist, erreicht dagegen immer den „Vater der Barmherzigkeit" (2 Kor 1,3). (Das bessere Leben im Sinne der Bergpredigt, S. 89)

Kein aufrichtiges Gebet geht verloren. Wer leidet oder ungerecht behandelt wird, soll Gott um Hilfe bitten. Wendet euch ab von Menschen, die ein Herz aus Stein haben, und tragt eure Anliegen dem vor, der uns geschaffen hat! Er weist niemand ab, der mit reuigem Herzen zu ihm kommt. Kein einziges aufrichtiges Gebet geht verloren. Mitten im Gesang der himmlischen Chöre hört Gott die Rufe des schwächsten Menschen. Ob wir ihm im Kämmerlein das Herz ausschütten oder ob wir auf der Straße leise beten, immer erreichen unsere Worte den Thron des Herrschers des Universums. Auch wenn sie vielleicht für menschliche Ohren unhörbar sind, gehen sie trotzdem nicht verloren und können auch von der Geschäftigkeit um uns herum nicht erstickt werden. Nichts kann den Ausdruck unseres inneren Verlangens dämpfen. Es steigt über den Lärm der Straßen, über das Gewirr der Umwelt zum Himmel empor. Wir reden ja mit Gott, und er hört uns. Auch wenn du dich noch so unwürdig fühlst, darfst du ihm ohne Angst deine Anliegen vortragen. (Bilder vom Reiche Gottes, S. 138, rev.)

Gott antwortet auf jedes aufrichtige Gebet. Die Heilige Schrift zeigt uns Gott in seiner erhabenen Höhe – nicht untätig, schweigend oder einsam, sondern umgeben von tausendmal tausend und zehntausendmal zehntausend heiliger Wesen [Dan 7,10], die darauf warten, seinen Willen zu tun. Durch Kanäle, die wir nicht erkennen können, steht er mit seinem ganzen Reich in enger Verbindung; aber auf unserer kleinen Welt sind die Menschen, für die er seinen einzigartigen Sohn opferte, der Mittelpunkt seiner Teilnahme und der des ganzen Himmels. Gott beugt sich von seinem Thron herab, um das Rufen der Unterdrückten zu hören; er antwortet auf jedes aufrichtige Gebet: „Hier bin ich!" Er richtet die Bedrückten und Erniedrigten auf. Von all unseren Leiden wird er betrübt; werden wir versucht oder geprüft, so ist ein Engel bereit, uns beizustehen. (Das Leben Jesu / Der Eine – Jesus Christus [Ausgaben ab 1995], S. 348, rev.)

Jesus hört heute auf unsere Bitten wie damals, als er auf Erden lebte. Weltliche Weisheit lehrt, das Gebet sei nicht wesentlich. Männer der Wissenschaft behaupten, dass es keine wirkliche Antwort auf ein Gebet geben könne; dass dies eine Verkehrung der Gesetze, ein Wunder wäre, und dass es keine Wunder gebe. Das Weltall, sagen sie, wird von feststehenden Gesetzen regiert, und Gott selbst tut nichts, was diesen Gesetzen entgegen ist. So stellen sie Gott dar, als ob er durch seine eigenen Gesetze gebunden sei; als ob das Wirken göttlicher Gesetze die göttliche Freiheit ausschlösse. Solche Lehre ist dem Zeugnis der Heiligen Schrift zuwider. Wurden nicht durch Christus und seine Apostel Wunder gewirkt? Derselbe erbarmungsvolle Heiland lebt heute noch, und er ist jetzt ebenso bereit, auf die Gebete des Glaubens zu hören, wie damals, als er sichtbar unter den Menschen wandelte. (Der große Kampf zwischen Licht und Finsternis, S. 528)

Gott hört uns, auch wenn wir es nicht fühlen. Kommen wir vertrauensvoll zu ihm – so hilflos und abhängig, wie wir sind – und sagen dem Herrn, was uns bedrückt oder was wir brauchen, dann lässt er uns nicht allein, sondern hört auf uns und lässt Licht in unser Herz fallen. Durch ernsthaftes Gebet werden wir in Verbindung mit Gott gebracht. Wenn wir auch in dem Moment keinen Hinweis darauf haben, dass er uns liebt und sich in Mitgefühl zu uns herabbeugt, ist es dennoch so. Es mag oft sein, dass wir beim Beten nicht das Gefühl haben, dass Gott uns hört und antwortet, aber unsere Gefühle sind kein Anhaltspunkt für die göttliche Wirklichkeit. (Der bessere Weg zu einem neuen Leben, S. 95, rev.)

Als Antwort auf unsere Gebete kommt der Tröster zu uns. Überall und zu allen Zeiten, in allen Kümmernissen und Anfechtungen, wenn der Ausblick dunkel erscheint und die Zukunft verwirrend und wir uns hilflos und allein fühlen, wird Gott den Tröster, den Heiligen Geist, senden als Antwort auf unsere gläubigen Gebete. Die Verhältnisse mögen uns von allen Freunden trennen, aber kein Umstand und keine Entfernung vermag uns von dem himmlischen Tröster zu trennen. Wo immer wir sind, wo immer wir hingehen, ist er uns stets zur Seite, um uns zu stützen und zu kräftigen, um uns beizustehen und zu ermutigen. (Das Leben Jesu / Der Eine – Jesus Christus, S. 668, rev.)

Gott gibt uns Weisheit in Problemen und Schwierigkeiten, wenn wir ihn darum bitten. Es ist unsere Aufgabe, zu beten und zu glauben ... Wachet und arbeitet mit Gott zusammen, der Gebete erhört! Denkt daran: „Wir sind Gottes Mitarbeiter" (1 Kor 3,9). Redet und handelt in Übereinstimmung mit euren Gebeten! Es ist ein gewaltiger Unterschied, ob sich der Glaube in der Prüfung als echt erweist oder ob jemand nur der Form halber betet.

Wenn Probleme und Schwierigkeiten auftauchen, ist es wenig sinnvoll, seine Hoffnung auf die Hilfe anderer Menschen zu setzen. Vertrauen wir doch lieber unserem Gott! Die Gewohnheit, Anderen von unseren Schwierigkeiten zu erzählen, schwächt uns nur und stärkt auch den nicht, der uns zuhört. Wir belasten ihn nur mit unserer geistlichen Unzulänglichkeit, an der er ja auch nichts ändern kann. Warum wollen wir Beistand bei irrenden, sterblichen Menschen suchen, wenn uns doch die Kraft des unfehlbaren und ewigen Gottes zur Verfügung steht?

Du brauchst nicht bis an das Ende der Erde zu gehen, um Weisheit zu finden, denn Gott ist nahe. Keine deiner jetzigen oder zukünftigen Fähigkeiten wird dir letztlich Erfolg schenken; entscheidend ist das, was Gott für dich tun kann. Wir sollten uns weniger von anderen Menschen erhoffen und viel mehr darauf vertrauen, was Gott für jeden Gläubigen tun will. Er wünscht so sehr, dass wir im Glauben die Hand nach ihm ausstrecken und Großes von ihm erwarten. In weltlichen wie in geistlichen Angelegenheiten möchte er uns Einsicht schenken. Er kann unseren Verstand schärfen und uns Feingefühl und Geschick schenken. Stellen wir deshalb unsere Fähigkeiten dem Werk Gottes zur Verfügung und bitten wir ihn um Weisheit, so wird er sie uns geben [Jak 1,5]. (Bilder vom Reiche Gottes, S. 113f, rev.)

Gebet und Glaube werden Wunderbares vollbringen. Ich befürchte, dass uns der Glaube fehlt, der notwendig ist. Sollten wir uns nicht aus unseren Enttäuschungen und Versuchungen aufraffen, die uns entmutigen wollen? Gott ist gnädig, und mit der Wahrheit, die das Leben freudig macht, es reinigt und veredelt, könnten wir eine gute und gediegene Arbeit für Gott tun. Gebet und Glaube werden Wunderbares vollbringen. Das Wort Gottes muss in diesem Kampf unsere Waffe sein, dadurch können Wunder geschehen; denn es ist zu allen Dingen nütze. (Evangelisation, S. 434, rev.)

Gott hört unsere Gebete aufgrund der Fürbitte Jesu. Christus hat versprochen, als unser Stellvertreter und Bürge für uns einzutreten, und er vernachlässigt niemanden. Aus seinem Gehorsam [als Mensch] entstand ein unerschöpflicher Fundus an vollkommenem Gehorsam. Im Himmel werden seine Verdienste, seine Selbstverleugnung und Selbstaufopferung wie Weihrauch gehütet, der mit den Gebeten seines Volkes aufsteigt [Offb 8,3.4]. Wenn die aufrichtigen, demütigen Gebete des Sünders zum Thron Gottes emporsteigen, fügt Christus ihnen die Verdienste seines eigenen Lebens in vollkommenem Gehorsam hinzu. Unsere Gebete werden durch seinen Weihrauch für Gott angenehm gemacht. Christus hat versprochen, für uns einzutreten, und der Vater hört immer auf seinen Sohn. (Sons and Daughters of God, S. 22)

Kapitel 4

Verheißungen für Beter

Christi Gnade ist für uns da – schon bevor wir beten. Gott spürt bei einem Menschen schon die allererste zaghafte Sehnsucht nach ihm. Mag ein Gebet noch so gestammelt, eine Träne noch so im Verborgenen geweint, ein aufrichtiges Sehnen nach Gott noch so schwach sein – der Heilige Geist Gottes kommt einem solchen Menschen entgegen. Schon ehe ein Gebet gesprochen oder die Sehnsucht des Herzens in Worte gefasst ist, geht von Christus Gnade aus, um sich mit der Gnade zu vereinen, die an dem Menschen wirksam ist. (Bilder vom Reiche Gottes, S. 165, rev.)

Gott antwortet, wenn wir ihn bitten. Gott besitzt einen Himmel voller Segnungen, die er an jene austeilen möchte, die ernstlich nach der Hilfe suchen, die nur der Herr allein geben kann. (Sons and Daughters of God, S. 123)

Es ist ein Teil des Planes Gottes, uns in Erhörung des im Glauben dargebrachten Gebets das zu gewähren, was er uns nicht gewähren würde, wenn wir nicht in dieser Weise zu ihm beteten. (Der große Kampf zwischen Licht und Finsternis, S. 528)

Kein einziges aufrichtiges Gebet geht verloren. Betet im Glauben und lebt in Übereinstimmung mit euren Bitten, damit ihr den Segen empfangt, um den ihr betet. Lasst euren Glauben nicht schwach werden, denn die erhaltenen Segnungen werden der Größe des Glaubens entsprechen. „Euch geschehe nach eurem Glauben!", sagte Jesus, und: „Alles, was ihr bittet im Gebet, wenn ihr glaubt, so werdet ihr's empfangen." (Mt 9,29; 21,22) Betet, glaubt und dann freut euch! Lobt Gott, weil er eure Gebete erhört hat. Nehmt ihn beim Wort, „denn treu ist er, der die Verheißung gegeben hat" (Hbr 10,23 EB). Kein einziges aufrichtiges Gebet geht verloren. Der Kommunikationskanal ist geöffnet, der Strom fließt. Er bringt mit sich heilende Wirkungen – ein rettender Strom des Lebens, der Gesundheit und der Erlösung. (Testimonies for the Church, Bd. 7, S. 274)

Wenn wir Zeit zum Beten finden, wird Gott Zeit zum Antworten finden. Jede ernsthafte Bitte um Gnade und Kraft wird beantwortet werden ... Bitte Gott, das für dich zu tun, was du nicht selbst tun kannst. Sag Jesus alles. Offenbare ihm die Geheimnisse deines Herzens, denn sein Auge erforscht das Innerste der Seele, und er liest deine Gedanken wie ein offenes Buch. Wenn du um die Dinge gebeten hast, die für das Wohlergehen deiner Seele notwendig sind, dann glaube, dass du sie erhalten wirst, und du wirst sie bekommen [Mt 21,22]. Nimm seine Gaben mit ganzem Herzen an; denn Jesus ist gestorben, damit du die wertvollen Schätze des Himmels empfangen und am Ende bei den himmlischen Engeln im Reich Gottes wohnen kannst. Wenn du Stimme und Zeit zum Beten findest, wird Gott Zeit und Stimme zum Antworten finden. (My Life Today, S. 16)

Wenn wir um das bitten, was Gott verheißen hat, werden wir es erhalten. Jesus hat gesagt: „Wer durstig ist, soll zu mir kommen und trinken" (Joh 7,37 GNB) und: „Wer aber von dem Wasser trinkt, das ich ihm gebe, der wird nie wieder Durst bekommen. Dieses Wasser wird in ihm zu einer Quelle, die bis ins ewige Leben hinein fließt." (Joh 4,14 Hfa) Sollten wir angesichts solcher Verheißungen noch aus Mangel an dem Wasser des Lebens ausgetrocknet und ausgedörrt bleiben, so läge der Fehler bei uns. Wenn wir mit der Einfalt eines Kindes, das zu seinen irdischen Eltern kommt, zu Christus kämen und ihn um das bäten, was er verheißen hat, und dabei glaubten, dass wir es empfangen, so würden wir es erhalten. (Aus der Schatzkammer der Zeugnisse, Bd. III, S. 325, rev.)

Unsere Gebete werden aufgrund der Verdienste Christi beantwortet. Die einfachen, vom Heiligen Geist in Worte gefassten Gebete [Röm 8,26] steigen auf durch die offene Tür, von der Christus gesagt hat: „Ich habe vor dir eine Tür aufgetan und niemand kann sie zuschließen." (Offb 3,8) Diese Gebete, vermischt mit dem Weihrauch der Vollkommenheit Christi, werden wie Räucherwerk zu dem Vater aufsteigen [Offb 8,3], und es werden Antworten zurückkommen. (Testimonies for the Church, Bd. 6, S. 467)

Gott antwortet auf unsere Gebete, wann und wie er es für das Beste hält. Jeder Gläubige, der sich Gott mit einem wahrhaftigen Herzen naht und seine aufrichtigen Bitten vertrauensvoll zu ihm emporsendet, wird die Beantwortung seiner Gebete erleben. Euer Glaube darf Gottes Verheißungen nicht loslassen, wenn ihr auf eure Bitten nicht unverzüglich eine Antwort erkennt oder empfindet. Seid nicht ängstlich, euer Vertrauen auf Gott zu setzen! Stützt euch auf seine Zusage: „Bittet, und ihr werdet empfangen!" (Joh 16,24 EB) Gott ist viel zu weise, um zu irren, zu gütig, um den Gläubigen, die rechtschaffen wandeln, irgendetwas Gutes vorzuenthalten. Menschen irren, und auch wenn ihre Bitten aus einem aufrichtigen Herzen kommen, bitten sie doch längst nicht immer um das, was für sie gut ist oder zur Verherrlichung Gottes dient. Deshalb wird unser weiser und gütiger Vater zwar unsere Gebete hören und auch beantworten, manchmal sogar sofort; aber er schenkt uns nur das, was zu unserem Besten dient und ihn verherrlicht. Gott schenkt uns seine Segnungen. Würden wir die Absichten seines Handelns erkennen, sähen wir deutlich, dass er weiß, was uns zum Besten dient, und unsere Gebete beantwortet. Nichts, was uns schaden würde, wird uns gegeben, sondern der Segen, den wir brauchen, anstelle dessen, worum wir gebeten haben und was nicht gut für uns wäre. (Aus der Schatzkammer der Zeugnisse, Bd. I, S. 18f., rev.)

Ein Christ kann in jeder Lage Hilfe erhalten. Arbeitende, die im geschäftigen Treiben des Lebens stehen und von Ratlosigkeit bedrängt oder fast überwältigt werden, können eine Bitte um göttliche Führung zum Herrn emporsenden. Reisende zu Wasser, zu

DAS GEBET

Land [und in der Luft] können sich so dem Schutz des Himmels anbefehlen, wenn irgendeine große Gefahr sie bedroht. In Zeiten plötzlicher Schwierigkeit oder Gefährdung kann das Herz seinen Hilfeschrei hinauf zu dem richten, der geschworen hat, seinen treuen Gläubigen zu Hilfe zu kommen, wann immer sie ihn anrufen.

In jeder Lage, unter allen Umständen kann ein von Kummer und Sorge niedergedrückter oder von heftiger Versuchung angegriffener Christ Sicherheit, Unterstützung und Hilfe in der nie versagenden Liebe und Macht eines Gottes finden, der seinen Bund hält. (Propheten und Könige, S. 443f., rev.)

Christus hat für unsere Sünden bezahlt. So wie der Hohepriester das Blut auf den Gnadenthron sprengte, während die Wolke des Räucherwerks vor Gott aufstieg [3 Mo 16,11–16], so steigen unsere Gebete zusammen mit den Verdiensten des Lebens Christi zum Himmel auf, während wir unsere Sünden bekennen und uns auf die Wirksamkeit des sühnenden Blutes Jesu berufen.

Trotz unserer Unwürdigkeit sollen wir daran denken, dass es einen gibt, der Sünde wegnehmen kann und willig und bemüht ist, Sünder zu retten. Mit seinem eigenen Blut hat er die Strafe für alle Übeltäter bezahlt. Jede Sünde, die mit reumütigem Herzen vor Gott bekannt wird, wird er wegnehmen. „Wenn eure Sünde auch blutrot ist, soll sie doch schneeweiß werden." (Jes 1,18) (Advent Review and Sabbath Herald, 29. September 1896)

Wer betet, bekommt Stärke, Versuchungen zu überwinden. Wir müssen die ganze Rüstung Gottes anlegen [Eph 6,11–17] und jeden Augenblick für den Kampf mit den Mächten der Finsternis bereit sein. Wenn Versuchungen und Prüfungen über uns kommen, lasst uns zu Gott gehen und mit ihm im Gebet ringen. Er wird uns nicht leer von sich gehen lassen, sondern wird uns Gnade und Kraft geben, zu überwinden und die Macht des Feindes zu brechen. (Frühe Schriften von Ellen G. White, S. 37)

Während sie in dieser Welt in der Bewährungszeit leben, sind alle Menschen für ihr Handeln verantwortlich. Alle haben die Kraft, ihr

Handeln zu lenken, wenn sie das wollen. Wenn sie schwach sind, was ihre Tugenden und die Reinheit ihrer Gedanken und Taten betrifft, können sie vom Freund der Hilflosen Hilfe bekommen. Jesus kennt alle Schwächen der menschlichen Natur. Wenn wir ihn darum bitten, wird er uns Kraft geben, die heftigsten Versuchungen zu überwinden [Hbr 2,18]. Alle können diese Stärke erhalten, wenn sie sie in Demut suchen. (Child Guidance, S. 466)

Engel werden uns als Antwort auf unsere Bitten beistehen. Der Schutz der himmlischen Heere wird allen gewährt, die im Sinne Gottes arbeiten und seinen Plänen folgen. Lasst uns ernsthaft und reumütig um den Beistand der himmlischen Helfer bitten. Unsichtbare Armeen des Lichts werden den Demütigen, den Schwachen und Niedrigen beistehen. (Für die Gemeinde geschrieben, Bd. 1, S. 101f., rev.)

Wenn du leidenschaftlich reden möchtest, halte lieber den Mund. Sprich kein Wort. Bete, bevor du redest, dann werden dir himmlische Engel helfen und die bösen Engel zurückdrängen, die dich verführen möchten, Gott zu entehren, schlecht über sein Werk zu reden und deine Seele zu schwächen. (Testimonies for the Church, Bd. 2, S. 82)

Engel sind uns nahe, wenn wir nach Führung verlangen. Wir müssen wie Nathanael das Wort Gottes selbst prüfen und um die Erleuchtung durch den Heiligen Geist bitten. Er, der Nathanael unter dem Feigenbaum sah [Joh 1,48], wird auch uns sehen, wo wir auch beten mögen. Himmlische Wesen sind denen nahe, die demütig nach göttlicher Führung verlangen. (Das Leben Jesu / Der Eine – Jesus Christus [Ausgaben ab 1995], S. 125)

Gott gibt Weisheit als Antwort auf Gebet. Der Herr hat uns versprochen: „Wenn es aber jemandem unter euch an Weisheit mangelt, so bitte er Gott, der jedermann gern gibt und niemanden schilt; so wird sie ihm gegeben werden." (Jak 1,5) Es ist Gottes Absicht, dass Verantwortungsträger sich oft mit Anderen beraten und

Das Gebet

ernstlich um diese Weisheit beten sollen, die er allein geben kann. Bringt eure Schwierigkeiten gemeinsam vor Gott. Sprecht weniger; viel wertvolle Zeit wird mit Reden vergeudet, das nicht weiterhilft. Die Geschwister sollen sich im Fasten und Gebet vereinen und um die Weisheit bitten, die Gott reichlich verheißen hat. (Testimonies to Ministers, S. 499)

Wenn wir mehr beten, wird die Evangeliumsverkündigung schneller vorangehen. Gott würde mächtig für sein Volk in unserer Zeit wirken, wenn es sich ganz unter seine Führung stellte. Wir brauchen das ständige Innewohnen des Heiligen Geistes. Würde bei den Zusammenkünften der Verantwortungsträger mehr gebetet, wären die Herzen demütiger vor Gott, dann sähen wir hinreichende Beweise für die göttliche Leitung, und unser Werk ginge schnell voran. (Aus der Schatzkammer der Zeugnisse, Bd. III, S. 206, rev.)

Jesus fordert uns nicht auf, ihm zu folgen, um uns dann zu verlassen. Übergeben wir ihm unser Leben zu seinem Dienst, so können wir nimmer in eine Lage kommen, für die Gott nicht schon Vorkehrung getroffen hat. Welcherart die Umstände auch sind, wir haben einen zuverlässigen Führer; wie schwierig die Verhältnisse sich auch gestalten, wir haben einen sicheren Ratgeber; welche Enttäuschung, Trauer oder Einsamkeit auch über uns kommen mag, wir haben einen mitfühlenden Freund. Selbst wenn wir in unserer Unwissenheit Fehltritte begehen, verlässt Christus uns nicht ...

Geht voran, sagt der Herr, ich will euch Hilfe senden. Ihr bittet um meines Namens Ehre, und ihr sollt empfangen. Wer auf euren Misserfolg wartet, wird es noch sehen, dass mein Wort herrlich triumphiert. „Alles, was ihr bittet im Gebet, wenn ihr glaubt, so werdet ihr's empfangen." (Mt 21,22) (Diener des Evangeliums, S. 234)

Kapitel 5

Die Macht des Gebets

Tägliches Beten hat vielfältige Wirkungen. Wer Gott in der Stille sucht, ihm seine Probleme vorträgt und ihn um Hilfe bittet, wird nicht vergeblich beten, denn Jesus versprach: „Dein Vater, der in das Verborgene sieht, wird dir's vergelten." (Mt 6,6) Wenn wir Jesus zu unserem täglichen Begleiter machen, spüren wir, dass wir von unsichtbaren Mächten umgeben werden. Indem wir auf ihn blicken, werden wir seinem Bild ähnlich. Durch intensives Betrachten werden wir verwandelt. Unser Charakter wird geläutert und veredelt für das himmlische Königreich. Ganz sicher führen der Umgang und die innige Gemeinschaft mit unserem Herrn dazu, dass wir vertrauensvoller, selbstloser und eifriger werden ... Wir werden besser verstehen, wie wir beten können und sollen. Wir werden von unserem himmlischen Vater erzogen, und das wird sich im Alltag in unserem Eifer und Fleiß zeigen.

Wer sich täglich ernsthaft im Gebet an Gott wendet, um seine Hilfe, Unterstützung und Kraft zu empfangen, wird bald hohe Ziele erstreben, eine klare Vorstellung von der Wahrheit und von seinen Pflichten erhalten, aus edlen Beweggründen handeln und eine große Sehnsucht nach Rechtschaffenheit verspüren. Durch eine ständige Verbindung mit Gott können wir den Menschen in unserer Umgebung das Licht, den Frieden und die Gelassenheit vermitteln, die unser Leben bestimmen. Die Stärke, die wir aus der Zwiesprache mit Gott empfangen, verbunden mit dem Bemühen, unser Denken zu erziehen, dass wir auf andere Menschen achten, bereitet uns auf unsere täglichen Pflichten vor und bewahrt uns in jeder Situation Frieden. (Das bessere Leben im Sinne der Bergpredigt, S. 87f.)

Das Gebet

Beten ist das Geheimnis geistlicher Macht. Beten ist das Atmen der Seele. Es ist das Geheimnis der geistlichen Macht. Kein anderes Gnadenmittel kann es ersetzen und die Gesundheit der Seele bewahren. Durch das Gebet kommt das Herz in unmittelbare Berührung mit der Quelle des Lebens und die geistlichen Muskeln werden gestärkt. Wenn du das Beten vernachlässigst oder nur gelegentlich, ab und zu krampfhaft betest, so wie es dir gerade bequem ist, wirst du deine Verbindung zu Gott verlieren. Dein Glaubensleben wird trocken, die geistlichen Fähigkeiten verlieren ihre Vitalität, und deiner religiösen Erfahrung wird Gesundheit und Kraft fehlen. (Diener des Evangeliums, S. 226f., rev.)

Beten stärkt die geistliche Kraft. Beschäftige dich mit geistlichen Dingen. Verweile in Gedanken nicht bei dir selbst. Pflege Zufriedenheit und Fröhlichkeit. Du sprichst zu viel über unwichtige Dinge. Das bringt dir keine geistliche Stärke. Wenn du die Energie, die du auf das Reden verwendest, zum Beten einsetzen würdest, würdest du geistliche Kraft empfangen und Gott von Herzen preisen. (Testimonies for the Church, Bd. 2, S. 434f.)

Gebet bewegt den Arm Gottes. Mit euren inbrünstigen Gebeten des Glaubens könnt ihr den Arm bewegen, der die Welt bewegt ...
Gott ist am Werk. Er tut Wunder, und obwohl er „in der Höhe und im Heiligtum" wohnt (Jes 57,15), erreichen unsere Gebete seinen Thron. Er, der Situationen wenden und Wunderbares tun kann, achtet auf das demütige Gebet des Glaubens, ausgesprochen vom niedrigsten seiner Kinder. (Advent Review and Sabbath Herald, 23. April 1889)

Gebet und Glaube vollbringen, was keine Macht der Erde kann. Wir schätzen die Macht und Wirksamkeit des Gebets nicht so, wie wir sollten. Gebet und Glaube werden vollbringen, was keine Macht der Erde zu Wege bringen kann. Wir werden uns nur selten zweimal in genau der gleichen Situation befinden. Ständig haben wir neue Probleme und Prüfungen zu bestehen, bei denen uns die Erfahrungen der Vergangenheit keine ausreichende Hilfe bieten können. Wir brauchen daher das beständige Licht, das von Gott kommt. (Auf den Spuren des großen Arztes, S. 426, rev.)

Auch ein kurzes Gebet kann geistliche Kraft verleihen. „Da betete ich zu dem Gott des Himmels", schrieb Nehemia (Neh 2,4). In diesem kurzen, stillen Gebet [als er vor dem persischen König stand,] suchte er die Nähe des Königs aller Könige und gewann eine Macht für sich, die Herzen „wie Wasserbäche" lenken kann (Spr 21,1). Zu beten, wie es Nehemia in der Notzeit tat, ist ein Mittel, das Christen in allen Lebenslagen zur Verfügung steht, in denen andere Formen des Gebets nicht möglich sind. (Propheten und Könige, S. 443, rev.)

Dem Beter scheint Licht vom Himmel. Die Worte, die zu Jesus am Jordan gesprochen wurden: „Du bist mein geliebter Sohn, an dir habe ich Wohlgefallen" (Mk 1,11 EB) schließen die ganze Menschheit ein. Gott sprach zu Jesus als unseren Repräsentanten. Trotz unserer Sünden und Schwächen werden wir nicht von Gott als wertlos verworfen; denn er hat uns „begnadet ... in dem Geliebten" (Eph 1,6). Die Herrlichkeit, die auf Christus ruhte, ist eine Zusicherung der Liebe Gottes zu uns. Sie zeigt uns auch die Macht des Gebets – wie unsere Stimme das Ohr Gottes erreichen kann und unsere Bitten in den himmlischen Höfen Erhörung finden können.

Durch die Sünde wurde die Verbindung des Himmels mit der Erde unterbrochen, und die Menschen wurden dem Himmel entfremdet; aber nun hatte Jesus sie wieder mit dem Reich der Herrlichkeit verbunden. Seine Liebe umschloss alle Menschen und reichte bis an den höchsten Himmel. Das Licht, das aus dem geöffneten Himmel auf das Haupt des Erlösers fiel, wird auch uns scheinen, wenn wir ernstlich um Hilfe bitten, der Versuchung zu widerstehen. Die gleiche göttliche Stimme spricht zu jeder gläubigen Seele: „Du bist mein geliebtes Kind, an dir habe ich Wohlgefallen!" (Das Leben Jesu / Der Eine – Jesus Christus [Ausgaben ab 1995], S. 96)

Gebet gibt uns Kraft gegen Satans Versuchungen. Satan präsentiert den Jugendlichen viele Versuchungen. Er spielt das Spiel des

Lebens um ihre Seelen und lässt kein Mittel unversucht, um sie zu verführen und zu zerstören. Aber Gott lässt sie nicht auf sich allein gestellt gegen den Versucher kämpfen. Sie haben einen allmächtigen Helfer.

Stärker als ihr Feind ist der, der in diese Welt kam und in menschlicher Natur Satan besiegte und jeder Versuchung widerstand, die sich Jugendlichen heute bietet. Er ist ihr älterer Bruder. Ihn erfüllt ein tiefes und liebevolles Interesse an ihnen. Er wacht über sie in ständiger Fürsorge und freut sich, wenn sie versuchen, ihm zu gefallen. Wenn sie beten, vermischt er mit ihren Gebeten den Weihrauch seiner Gerechtigkeit und bringt sie dem Herrn als ein wohlriechendes Opfer dar. Gestärkt durch seine Macht können Jugendliche die hohen Ideale erreichen, die ihnen vorgestellt sind. Christi Opfer auf Golgatha ist das Unterpfand ihres Sieges. (Ruf an die Jugend, S. 58, rev.)

Erfolg im Werk Gottes durch Beten und Arbeiten. Du kannst ein tiefes, bleibendes Empfinden für ewige Dinge besitzen und die Liebe zu den Menschen, die Jesus in seinem Leben offenbart hat. Die enge Verbindung zum Himmel wird deiner Treue die richtige Art verleihen und die Grundlage für deinen Erfolg sein. Das Bewusstsein deiner Abhängigkeit wird dich ins Gebet führen, und dein Pflichtgefühl wird dich zum Erfolg bringen. Beten und arbeiten, arbeiten und beten – das ist die Aufgabe deines Lebens. Du musst beten, als ob der Erfolg und das Lob ausschließlich Gott gebühren, und arbeiten, als müsstest du alles selbst vollbringen. Wenn du dir Kraft wünschst, dann wirst du sie bekommen; sie wartet darauf, dass du sie beanspruchst. Vertraue nur Gott, nimm ihn beim Wort, handle im Glauben – und du wirst die Segnungen erhalten. (Testimonies for the Church, Bd. 4, S. 538f.)

Das größte Geschenk, das Gott Menschen machen kann, ist der Geist ernsten Gebets. Menschen des Gebets steht der ganze Himmel offen ... Die Botschafter Christi werden Menschen überzeugen können, wenn sie vorher mit ernsthaftem Flehen zu Gott gekommen sind. (Advent Review and Sabbath Herald, 20. Oktober 1896)

Die Macht des Gebets führt zum Erfolg der Arbeit für Gott. Alle Menschen, die sich in der Finsternis des Irrtums befinden, sind durch Christi Blut erkauft worden. Sie sind die Frucht seiner Leiden, und wir sollten für sie arbeiten. Unsere Buchevangelisten dürfen überzeugt sein, dass sie für den Fortschritt des Reiches Christi tätig sind. Er wird sie unterweisen, wenn sie an ihre gottgewollte Arbeit gehen, die Welt vor dem nahenden Gericht zu warnen. Begleitet sie die Macht der Überzeugung, die Macht des Gebets und die Macht der Liebe Gottes, so wird und kann das Werk des Evangeliumsarbeiters nicht ohne Frucht bleiben. Denkt nur daran, welch großen Anteil Vater und Sohn an diesem Werk nehmen! Wie der Vater den Sohn liebt, so liebt der Sohn die Seinen, die so wie er arbeiten, um verlorene Menschen zu retten. Niemand braucht sich machtlos zu fühlen, denn Christus sagt: „Mir ist alle Macht gegeben im Himmel und auf Erden." (Mt 28,18 EB) Er hat verheißen, seinen Dienern diese Macht zu geben [Apg 1,8]. Seine Macht soll ihre Macht werden. (Mit dem Evangelium von Haus zu Haus, S. 104, rev.)

Die Kraftquelle der Reformation war das Gebet. Aus dem Gebetskämmerlein kam die Macht, die bei dieser großen Reformation die Welt erschütterte. Dort setzten die Diener Gottes in heiliger Stille ihre Füße auf den Felsen seiner Verheißungen. Während des Streites in Augsburg verfehlte Luther nicht, täglich „drei Stunden dem Gebet zu widmen; und zwar zu einer Zeit, die dem Studium am günstigsten gewesen wäre". In der Zurückgezogenheit seines Kämmerleins schüttete er sein Herz vor Gott aus „mit solchem Glauben und Vertrauen ... als ob er mit seinem Freund und Vater rede." (D'Aubigné, *Geschichte der Reformation*, 14. Buch, 6. Abschnitt, S. 152f.) (Der große Kampf zwischen Licht und Finsternis, S. 209f.)

Das Gebet

Kapitel 6

Erfolgreiches Beten

Unsere Gebete müssen ernsthaft und ausdauernd sein. Jesus sagt nicht: Bittet nur einmal, so wird euch gegeben. Er fordert uns auf, beständig zu bitten [Lk 11,9.10]. Wir sollen unermüdlich im Gebet beharren. Das beständige Bitten bringt den Beter in eine ernsthafte Haltung und in ihm wird das Verlangen nach der Erfüllung seiner Bitte immer stärker werden. Jesus sagte am Grab des Lazarus zu Martha: „Du wirst die Herrlichkeit Gottes sehen, wenn du nur glaubst." (Joh 11,40 Hfa)

Leider fehlt vielen der lebendige Glaube, und sie erfahren deshalb nur wenig von der Macht Gottes. Dass sie schwach sind, ist die Folge ihres Unglaubens. Sie verlassen sich lieber auf ihr eigenes Wirken als auf das Wirken Gottes. Sie wollen für sich selbst verantwortlich sein; sie überlegen viel, beten aber wenig und haben kaum Vertrauen zu Gott. Zwar meinen sie, Glauben zu haben, aber er ist nur ein momentaner Impuls. Da sie weder ihre Bedürftigkeit spüren noch Gottes Bereitschaft erkennen, ihnen etwas zu geben, fehlt ihnen die nötige Ausdauer, im Gebet immer wieder ihre Anliegen vorzutragen.

Unsere Gebete sollen so ernst und beharrlich sein wie die Bitte des Freundes im Gleichnis Jesu, der mitten in der Nacht um Brot [für einen überraschenden Gast] bat (Lk 11,5–8). Je ernster und unentwegter wir bitten, desto enger wird unsere geistliche Gemeinschaft mit Christus. Wir werden mehr Segnungen erlangen, weil unser Glaube gewachsen ist. Unser Teil ist, zu beten und zu glauben. „Deshalb seid wachsam und nüchtern, werdet nicht müde zu beten." (1 Ptr 4,7 Hfa) (Bilder vom Reiche Gottes, S. 113, rev.)

Das Gebet

Gebete aus einem ernsthaften, gläubigen Herzen vermögen viel. Das Gebet, das aus einem ernsthaften, gläubigen Herzen kommt, ist das wirksame, inbrünstige Gebet, das viel erreicht. Gott beantwortet unsere Gebete nicht immer so, wie wir es erwarten, weil wir oft nicht um das beten, was zu unserem Besten dient. Aber in seiner unendlichen Liebe und Weisheit wird er uns das geben, was wir am meisten brauchen. (Testimonies for the Church, Bd. 4, S. 531)

Wir müssen ein echtes Bedürfnis empfinden. Der Herr sagt: „Rufe mich an in der Not." (Ps 50,15) Er lädt uns ein, ihm unsere Sorgen und Nöte vorzutragen und unser Bedürfnis nach seiner Hilfe. Er bittet uns, augenblicklich zu beten; sobald Schwierigkeiten auftreten, sollen wir unser Anliegen ernstlich vortragen. Unsere eindringlichen Bitten sind ein Beweis dafür, wie sehr wir Gott vertrauen. Das Empfinden unserer Bedürftigkeit drängt uns, ernsthaft zu beten, und unser Vater im Himmel wird durch unsere Bitten bewegt. (Bilder vom Reiche Gottes, S. 137, rev.)

Echter Glaube ist nötig, um etwas von Gott zu empfangen. Glaube ist kein Gefühl ... Wahrer Glaube ist keineswegs mit Vermessenheit verwandt. Nur wer echten Glauben besitzt, ist vor Vermessenheit gefeit, denn sie ist Satans Verfälschung des Glaubens.

Echter Glaube beansprucht Gottes Verheißungen und bringt Frucht im Gehorsam. Die Vermessenheit erhebt auch Anspruch auf die Verheißungen, aber benutzt sie, wie Satan es tat, um Übertretungen zu entschuldigen. Der Glaube hätte unsere ersten Eltern dahin gebracht, der Liebe Gottes zu vertrauen und seinen Geboten zu gehorchen; die Vermessenheit aber veranlasste sie, sie zu übertreten in der Annahme, dass Gottes große Liebe sie vor den Folgen ihrer Sünde bewahren würde. Das ist kein Glaube, der die Gunst des Himmels beansprucht, ohne die Bedingungen zu erfüllen, unter denen Gnade gewährt wird. Echter Glaube hat seine Grundlage in den Verheißungen und Bestimmungen der Heiligen Schrift.

Gelegentlich über die Bibel zu reden oder ohne Seelenhunger und lebendigen Glauben zu beten ist zwecklos. Ein nomineller Glaube an Christus, der ihn nur als den Erlöser der Welt annimmt, kann der Seele nie Heilung bringen. Der Glaube, der zur Erlösung führt, ist keine bloße verstandesmäßige Zustimmung zur Wahrheit. Wer auf vollständige Erkenntnis wartet, ehe er Glauben übt, kann keinen Segen von Gott empfangen. Es ist nicht genug, dass wir etwas *über* Christus glauben; wir müssen *an* ihn glauben. Nur der Glaube nützt uns, der ihn als unseren persönlichen Heiland annimmt und seine Verdienste in Anspruch nimmt. Viele sprechen vom Glauben als von einer Meinung, aber rettender Glaube ist ein Vorgang, durch den diejenigen, die Jesus annehmen, in ein Bündnis mit Gott treten. Echter Glaube ist Leben. Lebendiger Glaube bedeutet einen Zuwachs an Kraft, ein festes Vertrauen, durch das ein Christ Macht zum Überwinden [von Sünde] erhält. (Diener des Evangeliums, S. 231f., rev)

Unsere Bitten müssen mit aufrichtigem Glauben dargebracht werden. Wenn jemand ein inniges, ernstes Gebet zu Gott schickt ... liegt in der Intensität und Ernsthaftigkeit die Zusage von Gott, dass er dieses Gebet beantworten wird – „über die Maßen mehr, als wir erbitten oder erdenken" (Eph 3,20 EB). Wir sollen nicht nur im Namen Jesu beten, sondern auch mit der Inspiration und dem Feuer des Heiligen Geistes. Das erklärt, was es bedeutet, wenn Paulus sagt: „Der Geist selbst vertritt uns mit unaussprechlichem Seufzen" (Röm 8,26). Unsere Bitten müssen mit aufrichtigem Glauben dargebracht werden. Dann werden sie den Gnadenthron erreichen. Betet unermüdlich! Gott sagt nicht: Betet einmal, und dann werde ich euch antworten. Sein Wort lautet: Betet, betet mit Nachdruck, glaubt daran, dass ihr das bekommen habt, worum ihr bittet, und ihr werdet es erhalten. [Näheres dazu in Kapitel 9.] Ich werde euch antworten. (The Gospel Herald, 28. Mai 1902)

Wir müssen in starkem Vertrauen an Gottes Verheißungen festhalten. Ich fragte den Engel, warum nicht mehr Glaube und Kraft in Gottes Volk ist. Er sagte: „Ihr lasst den Arm des Herrn zu bald los. Sendet eure Bitten zu seinem Thron empor und haltet an in starkem Glauben. Die Verheißungen sind sicher. Glaubt, dass ihr die Dinge empfangen werdet, um die ihr bittet, und ihr sollt sie haben." [Mt

21,22] Dann wurde ich auf Elia hingewiesen. Er „war ein schwacher Mensch wie wir" und betete ernstlich um Regen (Jak 5,17.18). Sein Glaube ertrug die Prüfung. Siebenmal betete er zu dem Herrn, und zuletzt erschien die Wolke mit Regen [1 Kön 18,41–45]. Ich sah, dass wir die sicheren Verheißungen bezweifelt und den Herrn durch unseren schwachen Glauben verletzt hatten. Der Engel sagte: „,Ergreift die Waffenrüstung', ,vor allen Dingen aber ergreifet den Schild des Glaubens', denn er wird das Herz, in dem das Leben ist, vor den ,feurigen Pfeilen des Bösen' bewahren." [Eph 6,13.16] Wenn es dem Feind gelingt, die Augen der Schwachen von Jesus abzuwenden, sodass sie auf sich selbst sehen und bei ihrer eigenen Unwürdigkeit verweilen, statt auf die Würdigkeit Jesu zu sehen, auf seine Liebe, seine Verdienste und seine große Gnade, so wird er ihren „Schild des Glaubens" wegnehmen und sein Ziel erreichen, und sie werden seinen heftigen Versuchungen ausgesetzt sein. Die Schwachen sollten deshalb auf Jesus blicken und ihm vertrauen, dann können sie Glauben üben [Hbr 12,2]. (Frühe Schriften von Ellen G. White, S. 63f., rev.)

Euer Glaube darf Gottes Verheißungen nicht loslassen, wenn ihr auf eure Bitten nicht unverzüglich eine Antwort erkennt oder empfindet. Seid nicht ängstlich, euer Vertrauen auf Gott zu setzen ...

Wir sollen an unserem Glauben festhalten, selbst wenn wir die sofortige Erhörung unserer Gebete nicht wahrnehmen; denn aufkommendes Misstrauen trennt uns von Gott. Schwankt unser Glaube, werden wir Gott vergeblich bitten [Jak 1,6.7]. Unser Gottvertrauen soll stark sein; dann werden wir zu der Zeit, da wir es am nötigsten brauchen, Gottes Segen empfangen. (Aus der Schatzkammer der Zeugnisse, Bd. I, S. 18f., rev.)

Ernsthaftes, inbrünstiges Ringen im Gebet ist nötig. Gebet ist nötig – vor allem ernsthaftes, inbrünstiges, ringendes Gebet – Gebete wie die von David, als er ausrief: „Wie der Hirsch lechzt nach frischem Wasser, so schreit meine Seele, Gott, zu dir." (Ps 42,2) „Meine Seele verzehrt sich vor Verlangen nach deinen Ordnungen allezeit." (Ps 119,20) „Ich sehne mich nach deinen Vorschriften ... Meine Augen sehnen sich nach deinem Heil." (Ps 119,40.123 EB) „Ich möchte jetzt dort sein, in den Vorhöfen des Tempels – die Sehnsucht danach verzehrt mich! Mit Leib und Seele schreie ich nach dir, dem lebendigen Gott!" (Ps 84,3 GNB) Das ist der Geist eines ringenden Betens, wie ihn der königliche Psalmdichter besaß. Daniel betete zu Gott, ohne sich selbst zu erhöhen oder irgendwelche Gerechtigkeit für sich zu beanspruchen: „Ach Herr, höre! Ach Herr, sei gnädig! Ach Herr, merk' auf! Tu es und säume nicht – um deinetwillen, mein Gott!" (Dan 9,19) Das nennt Jakobus ein „wirksames, inbrünstiges Gebet" (Jak 5,16 KJV). Von Christus wird berichtet: „Als er in Angst war, betete er heftiger." (Lk 22,44 EB) In welchem Gegensatz zu der Fürbitte der himmlischen Majestät stehen doch die schwachen, halbherzigen Gebete, die vor Gott gebracht werden! Viele sind mit einem Lippenbekenntnis zufrieden, aber nur wenige sehnen sich aufrichtig, ernsthaft und von ganzem Herzen nach Gott. (Testimonies for the Church, Bd. 4, S. 534)

Erfolgreiches Beten muss nicht unter Weinen und Ringen geschehen. Es gibt viele Christen, die um besondere Siege und besondere Segnungen ringen, um irgendetwas Großes tun zu können. Sie haben aus diesem Grund immer das Empfinden, dass sie in Seelenangst unter Gebet und Tränen kämpfen müssten. Doch wenn sie unter Gebet die Heilige Schrift erforschen, um den ausdrücklichen Willen Gottes kennenzulernen, und seinen Willen von Herzen ohne jeden Vorbehalt oder Nachgiebigkeit gegen sich selbst zu tun, dann werden sie innere Ruhe finden. Alle Seelenangst, alles Weinen und Ringen wird ihnen nicht den Segen bringen, nach dem sie verlangen. Das Ich muss völlig [an Gott] übergeben werden [Röm 12,1; 6,13]. Sie müssen die Arbeit tun, die sich gerade bietet, und die Fülle der Gnade Gottes ergreifen, die allen verheißen ist, die im Glauben darum bitten. (Aus der Schatzkammer der Zeugnisse, Bd. III, S. 314f., rev.)

Seid im Gebet hartnäckig wie Jakob. Jakob siegte, weil er Ausdauer und Entschlossenheit besaß [1 Mo 32,25–30]. Seine Erfahrung bezeugt die Macht des hartnäckigen Gebets. Jetzt sollen wir die Lekti-

Das Gebet

on erfolgreichen Betens und unnachgiebigen Glaubens lernen. Die größten Siege der Gemeinde Christi oder einzelner Christen werden nicht durch Begabung oder Bildung, nicht mit Hilfe von Reichtum oder menschlichem Wohlwollen gewonnen. Es sind die Siege, die im Sprechzimmer Gottes errungen werden, wenn ernster, verzweifelt kämpfender Glaube den Arm des Mächtigen ergreift. Wer nicht bereit ist, jede Sünde zu lassen und den Segen Gottes ernsthaft zu erbitten, wird ihn auch nicht erlangen. Aber alle, die wie Jakob aufrichtig und beharrlich an Gottes Verheißungen festhalten, werden sie wie er erfüllt sehen. (Patriarchen und Propheten, S. 177, rev.)

Betet ernstlich und aufrichtig! Inbrünstiges Gebet vermag viel. Ringt wie Jakob im Gebet. Der Heiland rang im Garten Gethsemane „mit dem Tode und betete heftiger" (Lk 22,44).
Ihr müsst euch bemühen. Verlasst euer Kämmerlein nicht eher, bis ihr euch in Gott stark fühlt. Dann seid wachsam. Solange ihr wacht und betet, könnt ihr die üblen Gewohnheitssünden kontrollieren, und die Gnade Gottes kann und wird in euch wirksam sein. (Aus der Schatzkammer der Zeugnisse, Bd. I, S. 46, rev.)

Ringt im Gebet, bis ihr den Sieg erlangt. Unsere gleichgültigen, halbherzigen Gebete werden uns keine Antwort vom Himmel einbringen. Wir müssen unsere Bitten mit Nachdruck vorbringen! Bittet im Glauben, wartet im Glauben, empfangt im Glauben, seid freudig in der Hoffnung, denn jeder, der sucht, findet auch [Mt 7,7]. Geht mit Ernsthaftigkeit vor. Sucht Gott von ganzem Herzen. Die Menschen legen ihre ganze Seele und ihre ganze Anstrengung in alles, was sie in irdischen Dingen unternehmen, bis ihre Bemühungen von Erfolg gekrönt werden. Erlernt ernsthaft die Kunst, die reichen Segnungen zu suchen, die Gott verheißen hat, und mit ausdauerndem, entschlossenem Bemühen werdet ihr sein Licht, seine Wahrheit und seine reiche Gnade empfangen.
Schreit nach Gott – aufrichtig und mit hungernder Seele. Ringt mit den himmlischen Mächten, bis ihr den Sieg erlangt. Legt euch

ganz in Gottes Hand – Leib, Seele und Geist – und seid entschlossen, seine liebenden, hingebungsvollen Helfer zu werden, von seinem Willen getrieben, von seinem Verstand gelenkt, mit seinem Geist erfüllt.

Sagt Jesus aufrichtig, was ihr bedürft. Ihr braucht keine lange Unterhaltung mit Gott anzufangen, ihm keine Predigt zu halten. Mit einem Herzen, das von Reue über eure Sünden erfüllt ist, sagt einfach: „Rette mich, Herr, oder ich verderbe." Es gibt Hoffnung für solche Menschen. Sie werden suchen, sie werden bitten, sie werden anklopfen, und sie werden finden [Mt 7,8]. Wenn Jesus die Last der Sünde weggenommen hat, die deine Seele niederdrückt, wirst du den Segen des Friedens Christi [Joh 14,27] erfahren. (Our High Calling, S. 131)

Bete mit Zuversicht, weil Christus dein Mittler ist. Bete, ja bete mit unerschütterlichem Glauben und Vertrauen. Der „Engel des Bundes" (Mal 3,1), unser Herr Jesus Christus selbst, ist der Mittler, der dafür sorgt, dass die Gebete seiner Gläubigen angenommen werden. (Testimonies for the Church, Bd. 8, S. 179)

Warum betest du nicht, als hättest du ein unbelastetes Gewissen, als könntest du mit Demut, aber dennoch mit heiliger Kühnheit, zum Thron der Gnade kommen und [zum Beten] „heilige Hände aufheben, ohne Zorn und zweifelnde Überlegung" (1 Tim 2,8 EB)? ... Hebe deine Augen auf zum himmlischen Heiligtum, wo Christus, dein Mittler, vor dem Vater steht, um deine Gebete vorzubringen wie ein wohlriechendes Räucherwerk seiner eigenen Verdienste und seiner fleckenlosen Gerechtigkeit.

Du bist eingeladen zu kommen, zu bitten, zu suchen, anzuklopfen; und er hat uns versichert, dass wir nicht vergeblich kommen werden. Jesus versprach: „Bittet, so wird euch gegeben; suchet, so werdet ihr finden; klopfet an, so wird euch aufgetan. Denn wer da bittet, der empfängt; und wer da sucht, der findet; und wer da anklopft, dem wird aufgetan." (Mt 7,7.8) (Counsels to Parents, Teachers and Students, S. 241f.)

Das Gebet

Die Gottesdienste, die Gebete, der Lobpreis, das reuevolle Bekenntnis der Sünde steigen von den wahrhaft Gläubigen wie Weihrauch zum himmlischen Heiligtum auf. Auf ihrem Weg durch die verkommenen Kanäle der Menschheit werden sie jedoch so verunreinigt, dass sie bei Gott niemals etwas wert sind, würden sie nicht durch Blut gereinigt. Sie steigen nicht in fleckenloser Reinheit empor, und wenn nicht der Mittler, der zur Rechten Gottes ist, seine Gerechtigkeit darbieten und damit alles reinigen würde, könnten sie niemals für Gott annehmbar sein. Aller Weihrauch aus irdischen Gotteshäusern muss mit den reinigenden Tropfen des Blutes Christi befeuchtet werden. Er hält vor dem Vater das Rauchgefäß seiner eigenen Verdienste, die ohne Flecken und irdische Verkommenheit sind. In diesem Rauchgefäß sammelt er die Gebete, den Lobpreis und die Bekenntnisse seines Volkes und fügt dann seine eigene fleckenlose Gerechtigkeit hinzu. So gelangt dann der Weihrauch, durchdrungen von den Verdiensten der Sühne Christi, hinauf vor Gott und ist gänzlich annehmbar. Dann kommen gnädige Antworten [auf die Gebete] zurück. (Für die Gemeinde geschrieben, Bd. 1, S. 363f., rev.)

Vertreibe die Götzen und lebe gemäß deinen eigenen Bitten. Lass nichts – wie sehr du es auch schätzt oder liebst – deine Gedanken und Gefühle so beschäftigen, dass es dich vom Bibelstudium oder vom ernsthaften Gebet ablenkt. „Seid besonnen und nüchtern, damit nichts euch am Beten hindert", mahnte Petrus (1 Ptr 4,7 GNB) Lebe gemäß deinen eigenen Bitten. Kooperiere mit Gott, indem du in Übereinstimmung mit ihm arbeitest. Vertreibe aus deinem Seelentempel alles, was die Form eines Götzen angenommen hat. (Testimonies for the Church, Bd. 8, S. 53)

Kapitel 7

Wichtige Gebetsanliegen

Beten ist nötig zum besseren Verständnis des Wortes Gottes. Niemand ist auch nur einen Tag oder eine Stunde lang sicher ohne das Gebet. Wir sollten den Herrn insbesondere um Weisheit bitten, um sein Wort zu verstehen. Darin werden die Anschläge des Versuchers offenbart und die Mittel, mit denen man ihm widerstehen kann. Satan ist ein Experte, wenn es gilt, Bibelstellen anzuführen, denen er seine eigene Auslegung beifügt, um uns zu Fall zu bringen. Wir sollen die Bibel mit demütigem Herzen erforschen und dürfen nie unsere Abhängigkeit von Gott aus den Augen verlieren. Während wir vor den Anschlägen Satans beständig auf der Hut sein müssen, sollten wir ohne Unterlass im Glauben beten: „Lass uns nicht in Versuchung geraten, dir untreu zu werden, und befreie uns vom Bösen." (Mt 6,13 Hfa) (Der große Kampf zwischen Licht und Finsternis, S. 533, rev.)

Nie sollte die Bibel ohne Gebet studiert werden. Der Heilige Geist allein kann uns die Bedeutung der leichtverständlichen Teile einprägen und uns von dem Verdrehen schwerverständlicher Wahrheiten abhalten. Durch den Dienst himmlischer Engel werden die Herzen zubereitet, Gottes Wort so zu verstehen, dass wir von dessen Schönheit gefangen, durch seine Warnungen ermahnt oder durch die Verheißungen ermutigt und gestärkt werden. Wir sollten die Bitte des Psalmisten: „Öffne mir die Augen, dass ich sehe die Wunder an deinem Gesetz" (Ps 119,18) zu unserer eigenen machen. Die Versuchungen erscheinen oft unwiderstehlich, weil sich der Versuchte wegen der Vernachlässigung des Gebets und des Studiums der Bibel nicht gleich an die Verheißungen Gottes erinnern und Satan mit den biblischen Waffen entgegentreten kann. Aber Engel lagern sich um diejenigen, die willig sind, sich in göttlichen Dingen belehren zu lassen, und werden sie in der Zeit großer Bedürftigkeit gerade an die Wahrheiten erinnern, die sie brauchen. (Der große Kampf zwischen Licht und Finsternis, S. 600f., rev.)

Gott möchte, dass wir im Gebet zu ihm kommen, damit er unseren Verstand erleuchten kann. Er allein kann uns ein klares Verständnis der Wahrheit schenken. Er allein kann unser Herz besänftigen und bezwingen. Er kann unsere Gedanken beleben, damit wir die Wahrheit vom Irrtum unterscheiden können. Er kann den unschlüssigen Verstand stärken und uns eine Erkenntnis und einen Glauben schenken, der Prüfungen standhalten kann. Betet deshalb, „betet ohne Unterlass" (1 Ths 5,17)! (Advent Review and Sabbath Herald, 24. März 1904)

Gebet und Bibelstudium bestärkt uns in unseren Überzeugungen. Unsere Überzeugungen müssen täglich bestärkt werden durch demütiges, aufrichtiges Gebet und Lesen im Wort Gottes. Jeder von uns besitzt Individualität und jeder sollte an seiner Überzeugung festhalten; wir müssen sie jedoch als Gottes Wahrheit festhalten und mit der Stärke, die Gott uns gibt. Wenn wir das nicht tun, werden sie unserem Zugriff entzogen. (Testimonies for the Church, Bd. 6, S. 401)

Beten macht uns mit dem himmlischen Vater bekannt. Kennen wir Gott so, wie wir es sollten? Welchen Trost und welche Freude könnten wir empfangen, wenn wir die täglichen Lektionen lernen würden, die er uns lehren möchte! Wir müssen ihn aus eigener Erfahrung kennenlernen. Es wäre gut für uns, mehr Zeit mit dem Gebet im Verborgenen zu verbringen, um unseren himmlischen Vater persönlich kennenzulernen. In unserer Schwachheit können wir zu ihm kommen und ihn bitten, uns ein Verständnis dafür zu geben, was er für uns tun möchte, indem er uns von allem trennt, das seinem Charakter fremd ist. (Medical Ministry, S. 102)

Beten gibt uns die Kraft, den Versuchungen zu widerstehen. Eigentlich ist es unverständlich, dass sich Christen immer wieder vom Beten abhalten lassen. Sie wissen doch, dass das Gebet der Schlüssel ist, mit dem sich die „himmlische Schatzkammer" öffnen lässt, in der die unermesslichen Gaben Gottes für uns bereitliegen! Ohne anhaltendes Gebet und sorgsame Wachsamkeit stehen wir in der Gefahr, nachlässig zu werden. Dann brauchen wir uns nicht zu wundern, dass uns die Motivation und Kraft zum Widerstand gegen Versuchungen und zum Gutestun fehlt und wir vom rechten Weg abkommen. Genau das wünscht sich Satan. Deshalb lässt er nichts unversucht, uns vom Beten abzuhalten und uns den Weg zum Thron Gottes zu verstellen. (Der bessere Weg zu einem neuen Leben, S. 91f.)

Christus ist unsere einzige Hoffnung. Kommt zu Gott im Namen dessen, der sein Leben für diese Welt dahingab. Verlasst euch auf die Wirksamkeit seines Opfers. Bringt zum Ausdruck, dass euch seine Liebe und Freude erfüllt und dass deshalb „eure Freude vollkommen" ist (Joh 16,24c). Hört auf, ungläubig zu reden. Unsere Stärke liegt in Gott. Betet viel. Unser inwendiger Mensch lebt vom Beten. Das Gebet des Glaubens ist die Waffe, mit der wir erfolgreich jeden Angriff des Widersachers abwehren können. (Für die Gemeinde geschrieben, Bd. 1, S. 92f., rev.)

Beharrliches Beten verändert unseren Charakter. Die Veränderung, die wir brauchen, ist eine Veränderung des Herzens. Sie kann nur bewirkt werden, wenn jeder einzelne von uns persönlich Gott um seinen Segen und um seine Kraft bittet, wenn er darum betet, dass seine Gnade über uns kommen und unseren Charakter umwandeln möge. Das ist die Veränderung, die wir heute brauchen. Wir sollten in aufrichtigem Eifer all unsere Kraft und Ausdauer einsetzen, um diese Veränderung zu erleben. Wir sollten ehrlich interessiert fragen: „Was muss ich tun, um gerettet zu werden?" (Apg 16,30b GNB) Wir müssen einfach wissen, welche Schritte uns in den Himmel führen. (Für die Gemeinde geschrieben, Bd. 1, S. 198)

Alle, die zu Pfingsten „Kraft aus der Höhe" empfingen (Lk 24,49), blieben dadurch nicht vor weiteren Anfechtungen und Versuchungen verschont. Satan, der Feind aller Wahrheit, wollte sie ihrer christlichen Erfahrung berauben und griff sie immer wieder an, wenn sie für die Wahrheit und Gerechtigkeit [Gottes] eintraten. Sie mussten daher mit allen ihnen von Gott verliehenen Kräften danach streben, reife und mündige Christen zu werden [Eph 4,13.14 Hfa]. Täglich beteten sie erneut um die Gnade, der Vollkommenheit [des Charakters] immer näherzukommen. Durch das Wirken des Heiligen Geistes lernten sogar die Schwächsten, wie sie – indem sie Gott vertrauten – die ihnen anvertrauten Fähigkeiten verbessern und geheiligt, veredelt und erhoben werden konnten. Da sie sich demütig dem Einfluss des Heiligen Geistes hingaben, empfingen sie etwas von der Fülle Gottes [Kol 2,10] und wurden in sein Bild umgewandelt. (Das Wirken der Apostel, S. 51, rev.)

Beten um geistliche und irdische Bedürfnisse. Im Gebet dürfen wir uns auf jede Verheißung in der Bibel berufen, die allen Gläubigen gilt, und Gott darauf verweisen. Seine Versprechen sind die Grundlage unserer Gewissheit, dass unsere Bitten erhört werden. Was immer wir auch an geistlichem Segen benötigen, dürfen wir durch Christus beanspruchen. Wir können unserem Vater im Himmel in ganz einfachen Worten wie ein Kind sagen, was wir brauchen. Dazu gehören die Dinge des täglichen Lebens wie Nahrung und Kleidung ebenso wie die geistliche Speise und das Gewand der Gerechtigkeit Christi. Unser himmlischer Vater weiß, dass wir all dies benötigen – wie Jesus bereits versichert hat [Mt 6,31.32] –, und lädt uns ein, ihn darum zu bitten. Er schenkt uns alles im Namen Jesu. Gott wird den Namen seines Sohnes ehren und uns aus seinem Reichtum großzügig mit allem Notwendigen versorgen [Phil 4,19]. (Das bessere Leben im Sinne der Bergpredigt, S. 133)

Beten für die Belange des Werkes Gottes. Die unterschiedlichen Belange des Werkes [Gottes] geben uns Anlass zum Nachdenken und inspirieren unsere Gebete. (Testimonies for the Church, Bd. 4, S. 459)

Betet um Erfolg im missionarischen Wirken. Betet ernsthaft um ein Verständnis der Zeit, in denen wir leben, um eine umfassendere Erkenntnis der Absichten Gottes und um größeren missionarischen Erfolg. (Testimonies to Ministers, S. 513f.)

Wir sollten Gebetsversammlungen abhalten und den Herrn bitten, den Weg zu öffnen, damit die Wahrheit die Festungen einnehmen kann, wo Satan seinen Thron errichtet hat, und den Schatten vertreibt, die er auf den Weg jener geworfen hat, die er täuschen und zerstören will. (Testimonies for the Church, Bd. 6, S. 80)

Brüder und Schwestern, habt ihr vergessen, dass eure Gebete die Arbeiter im großen Erntefeld wie scharfe Sicheln begleiten sollen? (Testimonies for the Church, Bd. 3, S. 162)

Mitarbeiter Gottes sollen um Weisheit und Weitsicht bitten. Die Arbeiter im Dienst Gottes sollen um Weisheit und Weitsicht bitten, damit sie seinen Dienst in perfekter Weise tun können. (Manuskript 52, 1903, zitiert im Seventh-day Adventist Bible Commentary, Bd. 1, S. 1108)

Um die Taufe mit dem Heiligen Geist beten. Gottes treue Boten sollen versuchen, das Werk des Herrn auf seine Weise vorwärtszubringen. Sie sollen eine enge Verbindung mit dem großen Meister pflegen, damit er sie täglich lehren kann. In ernsthaftem Gebet sollen sie mit Gott um die Taufe mit dem Heiligen Geist ringen, damit sie auf die Bedürfnisse einer Welt, die in der Sünde umkommt, eingehen können. Alle Kraft ist jenen verheißen, die im Glauben hinausgehen, das ewige Evangelium zu verkünden [Apg 1,8]. Wenn die Diener Gottes der Welt eine lebendige Botschaft bringen, die frisch vom Thron der Gnade kommt, wird das Licht der Wahrheit wie eine brennende Lampe scheinen und die ganze Welt erreichen. So wird die Finsternis des Irrtums und des Unglaubens aus dem Verstand der aufrichtigen Menschen in allen Ländern vertrieben, die jetzt nach Gott „suchen, damit sie ihn vielleicht ertasten und finden könnten" (Apg 17,27 GNB). (Testimonies to Ministers, S. 459f.)

Das Gebet

Erhörte Gebete sind Anlass zu Lob und Dank. [Als die Gebete Hannas um einen Sohn erhört worden waren,] betete sie: „Der Herr erfüllt mein Herz mit großer Freude, er richtet mich auf und gibt mir neue Kraft! Laut lache ich über meine Feinde und freue mich über deine Hilfe! Niemand ist so heilig wie du, denn du bist der einzige und wahre Gott. Du bist ein Fels, keiner ist so stark und unerschütterlich wie du." (1 Sam 2,1.2 Hfa) Hannas Dankopfer für die Erhörung ihrer Gebete ist eine Lektion für alle, die heute Antwort auf ihre Bitten empfangen. Versäumen wir es nicht oft, Gott für seine Güte zu loben und zu danken?

David erklärt: „Ich liebe den HERRN, denn er hört mich, wenn ich zu ihm um Hilfe schreie. Er hat ein offenes Ohr für mich; darum bete ich zu ihm, solange ich lebe." (Ps 116,1.2 GNB) Die Güte Gottes, mit der er unsere Gebete hört und erhört, bedeutet für uns die besondere Verpflichtung, für den empfangenen Segen unseren Dank auszusprechen. Wir sollten Gott noch viel mehr loben. Die Segnungen, die wir als Antwort auf unsere Gebete empfangen, sollten wir sofort würdigen. Täglich sollten wir sie in unser Tagebuch schreiben, damit wir uns – wenn wir es wieder in die Hand nehmen – an die Güte Gottes erinnern und seinen heiligen Namen preisen. (Advent Review and Sabbath Herald, 7. Mai 1908)

Kapitel 8

Die Erhörung unserer Bitten

Ein Bedürfnis nach Gottes Hilfe ist wichtig. Es müssen gewisse Voraussetzungen erfüllt sein, ehe Gott unsere Gebete beantworten kann. Wichtig ist zunächst, dass ein Mensch erkennt, wie sehr er Gottes Hilfe braucht. Durch den Propheten Jesaja hat Gott verheißen: „Wie ich strömenden Regen über das verdurstende Land ausgieße, so gieße ich meinen Lebensgeist aus über deine Nachkommen." (Jes 44,3 GNB) Wer sich nach Gott sehnt und nach der Gerechtigkeit Christi hungert und dürstet, darf gewiss sein, dass sein Verlangen gestillt wird. Wir müssen uns zuerst dem Einfluss des Heiligen Geistes öffnen, sonst können wir Gottes Segnungen nicht empfangen.

Unser großes Bedürfnis ist zwar ein Argument, das beredt zu unseren Gunsten spricht; dennoch erwartet Gott, dass wir ihn konkret um seine Hilfe oder Gaben bitten. Jesus betonte das mehrfach nachdrücklich: „*Bittet*, so wird euch gegeben ... Denn wer da bittet, der empfängt." (Mt 7,7.8) (Der bessere Weg zu einem neuen Leben, S. 92)

Wir sollen auf Gott vertrauen statt auf uns selbst. Dein Gefühl der Abhängigkeit von Gott wird dich ins Gebet treiben, und dein Pflichtbewusstsein wird dich zum Einsatz treiben ... Wenn du Kraft brauchst, kannst du sie bekommen; sie wartet nur auf deine Inanspruchnahme. Vertraue nur auf Gott, nimm ihn beim Wort, handle im Glauben, und der Segen wird kommen.

Dabei kommt es nicht auf Intelligenz, Logik und Beredsamkeit an. Gott nimmt diejenigen an, die ein demütiges, vertrauensvolles, zerschlagenes Herz haben [Jes 57,15] und hört ihr Gebet; und wenn Gott hilft, werden alle Hindernisse überwunden. Wie viele fähige und überaus gebildete Menschen haben in verantwortungsvollen Positionen versagt, während weniger intelligente Menschen mit ungünstigeren Bedingungen wunderbare Erfolge erzielten. Das Geheimnis: Erstere vertrauten auf sich selbst, während Letztere sich an den hielten, der ein wunderbarer Ratgeber ist [Jes 9,6] und seinen Willen machtvoll ausführen kann. (Testimonies for the Church, Bd. 4, S. 538f.)

Gott vertrauen und sich nicht von Gefühlen leiten lassen. Nimm dir Zeit zu beten, und wenn du betest, dann glaube, dass Gott dich hört. Bete im Vertrauen. Du merkst vielleicht nicht immer gleich eine Antwort; dann wird dein Glaube geprüft. Es wird geprüft, ob du auf Gott vertraust, ob dein Glaube lebendig und ausdauernd ist. „Er ist treu, und was er verspricht, das hält er auch", versicherte Paulus (1 Ths 5,24 Hfa). Gehe den schmalen Pfad des Glaubens. Setze dein ganzes Vertrauen auf die Verheißungen des Herrn. Vertraue Gott in der Finsternis; dort ist Glaube nötig.

Aber oft lässt du dich von deinen Gefühlen beherrschen. Wenn du dich vom Geist Gottes nicht getröstet fühlst, fragst du dich, ob du unwürdig bist, und du verzweifelst, weil du [in dir] keine Würdigkeit finden kannst. Du vertraust Jesus nicht genug, dem kostbaren Erlöser. Du nimmst seine Würdigkeit nicht ganz für dich in Anspruch. Das allerbeste, was du tun kannst, wird die Gunst Gottes nicht verdienen können. Jesu Verdienste retten dich; sein Blut reinigt dich. Aber auch du musst dich bemühen. Du musst tun, was du selbst tun kannst. „Sei nun eifrig und tue Buße [bereue]" (Offb 3,19b), und dann vertraue Jesus.

Du darfst Glaube und Gefühl nicht verwechseln. Sie unterscheiden sich. Wir müssen Glauben ausüben und anwenden. Glaube, vertraue! Ergreife den Segen im Glauben, und er ist dein. Deine Gefühle haben mit diesem Glauben nichts zu tun. Wenn der Glaube den Segen in dein Herz bringt und du darüber jubelst, dann ist es nicht mehr Glaube, sondern Gefühl. (Testimonies for the Church, Bd. 1, S. 167)

Die Erhörung unserer Bitten

Wenn unsere Gebete erhört werden sollen, gehören Lobpreis und Dank dazu. Sollen alle unsere religiösen Übungen nur aus Bitten und Empfangen bestehen? Sollen wir immer nur an unsere Bedürfnisse und niemals an die Wohltaten denken, die wir erhalten? Können wir Gottes Barmherzigkeit annehmen, ohne ihm jemals dafür zu danken, ohne ihn jemals zu rühmen für das, was er für uns getan hat? Wir beten keineswegs zu viel, aber wir sind zu sparsam mit dem Danken. Wenn Gottes liebevolle Güte mehr Lob und Dank hervorriefe, hätten unsere Gebete viel mehr Kraft. Wir hätten Überfluss an der Liebe Gottes und empfingen mehr, wofür wir ihm danken könnten. Wer sich beklagt, dass Gott seine Gebete nicht erhört, der sollte seine gegenwärtigen Gebetsgewohnheiten ändern und seine Bitten mit Lob vermischen. Wenn wir Gottes Güte und Barmherzigkeit beachten, werden wir erfahren, dass er unsere Bedürfnisse beachtet.

Betet, betet ernstlich und „ohne Unterlass" (1 Ths 5,17), aber vergesst nicht, Gott zu loben und zu danken. (Aus der Schatzkammer der Zeugnisse, Bd. II, S. 96, rev.)

Unsere Bitten werden nicht immer sofort erhört. Dass Christus zwei Tage wartete, nachdem er von der Krankheit des Lazarus erfahren hatte, war keine Nachlässigkeit oder Zurückweisung seinerseits. Er blieb absichtlich dort, wo er war, bis Lazarus gestorben war, damit er dem Volk ein Zeichen seiner Göttlichkeit geben konnte [Joh 11,3–6] – nicht durch die Heilung eines sterbenden, sondern durch die Auferweckung eines bereits begrabenen Mannes.

Dies sollte eine Ermutigung für uns sein. Manchmal sind wir versucht zu denken, die Verheißung „Bittet, so wird euch gegeben; suchet, so werdet ihr finden; klopfet an, so wird euch aufgetan" (Mt 7,7) würde nicht erfüllt, wenn die Antwort nicht unmittelbar nach der Bitte eintritt. Es ist unser Vorrecht, um besondere Segnungen zu bitten und zu glauben, dass sie uns gegeben werden. Aber wenn die erbetenen Segnungen nicht sofort eintreffen, dürfen wir nicht denken, unsere Gebete seien nicht gehört worden. Wir werden eine Antwort empfangen, selbst wenn sie sich eine Weile verzögert. Bei der Ausführung des Erlösungsplans erlebt Chris-

Das Gebet

tus genug Entmutigung durch Menschen; aber er lässt sich nicht entmutigen. Mit Barmherzigkeit und Liebe bietet er uns weiterhin Gelegenheiten und Vorrechte an. Deshalb sollen wir im Herrn ruhen und geduldig auf ihn warten. Die Antwort auf unsere Gebete kommt vielleicht nicht so schnell, wie wir uns dies wünschen, und wir bekommen vielleicht nicht genau das, was wir erbeten haben; aber er, der weiß, was für seine Kinder am besten ist, wird uns viel wertvollere Gaben geben als das, worum wir gebeten haben, wenn wir nicht den Glauben verlieren und mutlos werden. (The Youth's Instructor, 6. April 1899)

Wir alle wünschen uns sofortige und direkte Antworten auf unsere Gebete und verlieren manchmal die Geduld, wenn sich die Antwort Gottes verzögert oder auf unerwartete Weise gegeben wird. Aber Gott ist zu weise und zu gütig, um unsere Gebete immer gerade zu der erbetenen Zeit und in der erwünschten Art zu erhören. Er will mehr und Besseres für uns tun, als nur einfach Wünsche zu erfüllen. Und weil wir seiner Weisheit und Liebe trauen können, sollten wir ihn nicht darum bitten, unserem Willen zu entsprechen, sondern danach streben, mit seinen Absichten eins zu werden und sie zu verwirklichen. Unsere Wünsche und Interessen sollten in seinem Willen aufgehen.

Diese Erfahrungen, die unseren Glauben prüfen, dienen uns zum Guten. Durch sie wird offenbar, ob unser Glaube echt und ernsthaft ist, ob er allein auf Gottes Wort beruht, oder ob er von den Umständen abhängt und deshalb unsicher und unbeständig ist. Der Glaube wächst, wenn man ihn praktiziert. Wir müssen lernen, geduldig abzuwarten, indem wir uns daran erinnern, dass die Bibel kostbare Verheißungen für alle enthält, die auf den Herrn vertrauen. (Auf den Spuren des großen Arztes, S. 185)

Die Diener Gottes und die Gemeinde lassen sich zu schnell entmutigen. Wenn sie ihren Vater im Himmel um Dinge gebeten haben, von denen sie meinten, sie bräuchten sie, und diese dann nicht sofort eintrafen, wankte ihr Glaube, ihr Mut verließ sie, und sie fingen an zu murren. Ich sah, dass das Gott missfiel.

Die Erhörung unserer Bitten

Jeder Gläubige, der mit einem aufrichtigen Herzen und im Glauben zu Gott kommt und seine ehrlichen Bitten vor ihn bringt, dessen Gebet wird beantwortet. Sein Glaube darf die Verheißungen Gottes nicht loslassen, auch wenn er auf seine Gebete nicht sofort eine Antwort erkennt oder empfindet. Fürchte dich nicht, Gott zu vertrauen. Verlass dich auf sein sicheres Versprechen: „Bittet, und es wird euch gegeben" (Mt 7,7). Gott ist zu weise, um sich zu irren, und zu gut, um seinen Gläubigen, die aufrecht wandeln, irgendetwas Gutes vorzuenthalten. Der Mensch irrt sich, und obwohl seine Bitten aus einem aufrichtigen Herzen kommen, bittet er nicht immer um das, was gut für ihn ist oder zu Gottes Ehre dient. Wenn das der Fall ist, hört unser weiser und guter Vater unsere Gebete und wird uns auch antworten – manchmal sofort –, aber er gibt uns das, was zu unserem Besten und zu seiner Verherrlichung dient.

Wenn Gottes Kinder seinen Plan erkennen könnten, würden sie erkennen, dass er ihnen das gibt, was zu ihrem Besten dient. Obwohl sie vielleicht nicht genau das bekommen, was sie erwartet oder erbeten haben, werden ihre Gebete doch beantwortet. Sie erhalten nichts Schädliches, sondern den Segen, den sie am meisten nötig haben anstelle dessen, was sie erbeten haben und nicht gut für sie wäre, sondern schädlich.

Ich habe gesehen, dass wir an unserem Glauben festhalten und kein Misstrauen aufkommen lassen sollen, wenn unsere Gebete nicht sofort beantwortet werden, denn ein solches Verhalten wird uns von Gott trennen. Wenn unser Glaube wankt, werden wir von ihm nichts empfangen. Unser Gottvertrauen muss stark sein, und wenn wir den Segen am meisten brauchen, wird er wie ein Regenschauer über uns niedergehen.

Wenn Gottes Diener um seinen Geist und Segen bitten, kommen diese Gaben manchmal sofort, aber nicht immer. In solchen Zeiten darfst du nicht schwach werden. Halte im Glauben an der Verheißung fest und vertraue, dass sie erfüllt wird. Verlass dich ganz auf Gott, dann wird dieser Segen oft dann kommen, wenn du ihn am meisten brauchst, und überraschend bekommst du Hilfe von Gott, wenn du vor Ungläubigen über die Wahrheit sprichst. Dann kannst du zu ihnen Worte mit Deutlichkeit und Macht sprechen.

Das Gebet

Es wurde mir gezeigt, dass es mit dem Gebet so ist, als würden Kinder ihre irdischen Eltern, die sie lieben, um etwas bitten. Sie bitten um eine Sache, und die Eltern wissen, dass sie ihnen schaden wird. Die Eltern geben ihnen die Dinge, die gut und gesund für sie sind statt derer, die das Kind sich gewünscht hat.

Ich sah, dass Gott jedes Gebet hört und beantwortet, das im Glauben aus einem aufrichtigen Herzen kommt, und derjenige, der die Bitte geäußert hat, wird den Segen erhalten, wenn er ihn am meisten braucht, und oft werden seine Erwartungen übertroffen. Nicht ein einziges Gebet eines wahren Gläubigen geht verloren, wenn es im Glauben und mit aufrichtigem Herzen zum Himmel gesandt wird. (Spiritual Gifts, Bd. 4b, S. 7–9)

Wenn du gebetet hast, berufe dich weiterhin auf die Verheißung. Werdet des Wartens nicht müde und werdet nicht wankelmütig, wenn euer Gebet nicht sofort beantwortet wird! Zweifelt nicht, sondern klammert euch an die Verheißung: „Er ist treu, und was er verspricht, das hält er auch." (1 Ths 5,24 Hfa) Bringt euer Anliegen, gleich der zudringlichen Witwe, immer wieder vor und haltet an eurem Vorsatz entschlossen fest. Ist die Sache für euch von Bedeutung und von großer Tragweite? Sicherlich! Dann zweifelt nicht; denn euer Glaube mag sich in einer Prüfung befinden. Wenn euer Anliegen so bedeutsam ist, verdient es ernsthafte, überzeugende Anstrengungen. Die Verheißung gehört euch; wacht und betet unentwegt, und euer Gebet wird erhört werden. Ist es nicht Gott, der dies verheißen hat? Wenn euch die Erfüllung eures Verlangens etwas kostet, schätzt ihr es umso mehr, nachdem es erfüllt ist. Euch ist deutlich gesagt worden, dass ihr nicht denken dürft, etwas von dem Herrn zu empfangen, wenn ihr daran zweifelt [Jak 1,6.7]. Uns wird der mahnende Rat gegeben, nicht müde zu werden, sondern fest auf die Verheißung Gottes zu trauen. Wenn ihr bittet, wird er euch reichlich geben und euch nicht schelten [Jak 1,5b]. (Aus der Schatzkammer der Zeugnisse, Bd. I, S. 187)

„Bittet, so wird euch gegeben" (Mt 7,7). Diese Zusicherung ist umfassend und unbegrenzt, und er ist treu, der sie gegeben hat. Wir versagen manchmal in unserem Glauben, weil wir die unendliche Weisheit Gottes nicht begreifen können. Wenn wir aus irgendeinem Grund nicht sofort empfangen, worum wir gebeten haben, dann sollen wir an dem Glauben festhalten, dass der Herr uns hört und uns das gibt, was für uns am besten ist. Seine eigene Verherrlichung ist ein ausreichender Grund dafür, dass er manchmal zurückhält, worum wir bitten, und unsere Gebete auf eine unerwartete Art und Weise beantwortet. Aber wir müssen an der Verheißung festhalten; denn die Antwort wird kommen, und wir werden den Segen empfangen, den wir am meisten brauchen. (Signs of the Times, 21. August 1884)

Gott gibt uns das, was zu unserem Besten dient. Wenn wir nicht erhalten, worum wir gebeten haben, sollten wir nicht an Gottes Liebe zweifeln. Manchmal tut er ja gut daran, nicht auf unsere Wünsche einzugehen. Im Nachhinein stellt sich oft heraus, dass wir voreilig und kurzsichtig um etwas gebeten haben, das gar nicht gut für uns ist. Gott weiß das natürlich im Voraus. Deshalb gibt er uns manchmal nicht das, worum wir bitten, sondern das, was auf lange Sicht zu unserem Besten dient. Darum würden wir selbst bitten, wenn wir die Dinge mit seinen Augen sehen könnten.

Aber zu beanspruchen, dass Gott unser Gebet genau in der Weise beantwortet, wie wir gebeten haben, oder uns genau das gibt, was wir wollen, ohne seinen Willen zu kennen, ist eine Anmaßung. Gott ist zu weise, um Fehler zu begehen, und zu gut, als dass er dem Aufrichtigen etwas vorenthält, was zu dessen Bestem dient. Deshalb vertraue ihm auch dann, wenn keine Antwort auf deine Gebete in Sicht ist. Verlass dich auf die Verheißung Christi: „Bittet, so wird euch gegeben" (Mt 7,7). (Der bessere Weg zu einem neuen Leben, S. 94f.)

Als du in deiner Bedrängnis um Frieden in Christus gebetet hast, schien sich eine dunkle Wolke um dich zu legen. Die erwartete Ruhe und der Frieden stellten sich nicht ein. Manchmal schien dein Glaube bis aufs Äußerste geprüft zu werden. Als du auf deine Vergangenheit zurückblicktest, sahst du Trauer und Enttäuschung; als du auf die Zukunft schautest, erschien alles unsicher. Die göttliche Hand führte dich auf wunderbare Weise, um dich zum Kreuz zu bringen und dich zu lehren, dass Gott in der Tat diejenigen belohnt, die ihn von ganzem Herzen suchen. Diejenigen, die recht fragen, werden eine Antwort erhalten. Wer im Glauben sucht, wird finden. Die im Feuerofen der Prüfung und Bedrängnis gewonnene Erfahrung ist mehr wert als alle Unannehmlichkeiten und schmerzhaften Erlebnisse, die sie kostet.

Die Gebete, die du in deiner Einsamkeit, in deiner Erschöpfung und Bedrängnis gesprochen hast, hat Gott beantwortet – nicht immer deinen Erwartungen entsprechend, aber zu deinem Besten. Du hattest keine klare und zutreffende Vorstellung von deinen Brüdern, hast dich auch selbst nicht im richtigen Licht gesehen. Aber Gott in seiner Vorsehung hat die Gebete in deiner Not auf seine Weise erhört, sodass er dich gerettet und seinen eigenen Namen verherrlicht hat. In deiner Unkenntnis über dich selbst hast du um Dinge gebeten, die nicht gut für dich sind. Gott hat deine aufrichtigen Gebete gehört, aber der geschenkte Segen entsprach überhaupt nicht deinen Erwartungen.

In seiner Vorsehung hat Gott beschlossen, dich in engeren Kontakt mit seiner Gemeinde zu bringen, damit du weniger auf dich selbst und mehr auf Andere vertraust, die von ihm geführt werden, damit sein Werk vorankommt. Gott hört jedes aufrichtige Gebet. (Testimonies for the Church, Bd. 3, S. 415f.)

Bete weiter, auch wenn die Antwort nicht sofort kommt. Manchmal werden Gebete sofort beantwortet; manchmal müssen wir geduldig warten und weiterhin ernstlich um die Dinge beten, die wir brauchen. Ein Bild hierfür ist das Beispiel des unverschämten Menschen, der seinen Freund um Mitternacht um ein Brot bat (Lk 11,5–8). Diese Lektion hat einen tieferen Sinn, als wir uns vorstellen. Wir sollen nicht aufhören zu bitten, selbst wenn wir nicht gleich eine Antwort auf unsere Gebete bemerken. Jesus sagte: „Bittet, so wird euch gegeben; suchet, so werdet ihr finden; klopfet an, so wird euch aufgetan. Denn wer da bittet, der empfängt; und wer da sucht, der findet; und wer da anklopft, dem wird aufgetan." (V. 9.10)

Wir brauchen Gottes Gnade, wir brauchen die göttliche Erleuchtung, damit der Heilige Geist uns lehrt, wie wir für die Dinge beten können, die wir brauchen. Wenn unsere Gebete vom Herrn eingegeben sind, werden sie auch erhört. (Counsels on Health, S. 380)

Manchmal gibt Gott uns nicht das, worum wir gebeten haben, weil er noch etwas Besseres für uns vorgesehen hat. Wenn wir zu ihm kommen, sollten wir darum beten, dass wir seine Absichten begreifen und vollbringen und unsere Wünsche und Interessen in seinen aufgehen. Wir sollten seinen Willen akzeptieren und ihn nicht bitten, unserem Willen nachzugeben. Es ist besser für uns, wenn Gott unsere Gebete nicht immer nach unseren Wünschen und in der Art und Weise erhört, wie wir uns das vorstellen. Er möchte mehr und Besseres für uns tun, als alle unsere Wünsche zu erfüllen, denn unsere Weisheit ist Torheit [1 Kor 3,19a]. (Testimonies for the Church, Bd. 2, S. 148)

Nicht beantwortete Gebete können zu den größten Segensgaben gehören. In seiner liebevollen Sorge und Anteilnahme erlaubt er, der uns besser versteht als wir selbst, uns oftmals nicht, selbstsüchtig die Befriedigung unseres Ehrgeizes anzustreben ...

Im künftigen Leben werden die rätselhaften Ereignisse, die uns hier geärgert und enttäuscht haben, aufgeklärt. Wir werden erkennen, dass die scheinbar nicht beantworteten Gebete und manche enttäuschten Hoffnungen zu den größten Segnungen gehörten. (Auf den Spuren des großen Arztes, S. 395, rev.)

Die Verzögerung der Erhörung offenbart die Echtheit des Glaubens. Denen, die dem Herrn vertrauen, gelten wertvolle Verheißungen der Bibel. Wir alle wünschen uns eine sofortige Antwort auf unsere Gebete und sind versucht, uns entmutigen zu lassen, wenn unsere Bitten nicht sofort erhört werden. Meine Erfahrung hat mich gelehrt, dass dies ein schwerer Fehler ist. Die Verzögerung geschieht zu unseren Gunsten. Dadurch können wir erkennen, ob unser Glaube echt und ernsthaft ist oder schwankend wie die Wellen des Meeres. Wir müssen uns mit den starken Seilen des

Glaubens und der Liebe an den Altar Gottes binden und die Geduld ihr Werk verrichten lassen. Der Glaube wird durch beständige Übung gestärkt. (Counsels on Health, S. 380f.)

Gebetserhörungen verzögern sich, um uns Sünde oder Selbstsucht bewusstzumachen. Gott beantwortet unsere Gebete nicht immer sofort, wenn wir ihn zum ersten Mal um etwas bitten. Wenn er dies täte, könnten wir annehmen, wir hätten ein Recht auf alle Segnungen und Geschenke, die er uns gibt. Statt unser Herz zu erforschen, ob wir noch etwas Böses tun oder irgendeine Sünde dulden, könnten wir sorglos werden und unsere Abhängigkeit von ihm und unsere Hilfsbedürftigkeit vergessen. (Advent Review and Sabbath Herald, 9. Juni 1891)

Der Heiland sehnt sich danach, uns einen größeren Segen zu geben als den, den wir erbitten, und er zögert die Antwort auf unsere Bitte hinaus, um uns das Böse in unserem eigenen Herzen zu offenbaren und uns zu zeigen, wie sehr wir seiner Gnade bedürfen. Er möchte, dass wir die Selbstsucht aufgeben, die uns veranlasst, ihn zu suchen. Indem wir unsere Hilflosigkeit und unsere bittere Not bekennen, sollen wir uns ganz auf seine Liebe verlassen. (Das Leben Jesu / Der Eine – Jesus Christus [Ausgaben ab 1995], S. 183)

Das Gebet eines reuigen Menschen wird immer angenommen. Wenn wir Sünde in unserem Leben erkannt haben, sie aber nicht aufgeben wollen, kann uns Gott nicht erhören. Der Prophet Jesaja erklärte: „Meint ihr, der Arm des Herrn sei zu kurz, um euch zu helfen, oder der Herr sei taub und könne euren Hilferuf nicht hören? Nein, sondern wie eine Mauer steht eure Schuld zwischen euch und eurem Gott; wegen eurer Vergehen hat er sich von euch abgewandt und hört euch nicht!" (Jes 59,1.2 GNB) Das Gebet eines reuigen Menschen dagegen wird immer von ihm angenommen. Wenn das erkannte Unrecht bereinigt ist, können wir gewiss sein, dass Gott unseren Bitten Gehör schenkt. Unsere Errettung hängt nicht von unseren Werken ab, sondern von dem, was Christus für uns getan hat; aber wir müssen etwas tun, um die Bedingungen der

Annahme bei Gott zu erfüllen. (Der bessere Weg zu einem neuen Leben, S. 92f.)

Wir müssen gemäß Gottes Wort leben. Wir sollen beten und uns unter Gebet darum bemühen, dass wir nicht inkonsequent leben. Wir dürfen es nicht versäumen, Anderen zu zeigen, dass wir wissen, was es bedeutet, zu wachen und zu beten: nämlich auszuleben, worum wir beten, damit Gott unsere Gebete erhören kann. (Für die Gemeinde geschrieben, Bd. 1, S. 121)

Nur wenn wir in Gehorsam gegenüber seinem Wort leben, können wir die Erfüllung der Verheißungen Jesu erbitten. Der Psalmist sagt: „Wenn ich Unrechtes vorgehabt hätte in meinem Herzen, so hätte der HERR nicht gehört." (Ps 66,18) Wenn wir ihm nur teilweise und halbherzig gehorchen, werden sich seine Verheißungen an uns nicht erfüllen. (Auf den Spuren des großen Arztes, S. 182)

„Wenn ihr in mir bleibt und meine Worte in euch bleiben, werdet ihr bitten, was ihr wollt, und es wird euch widerfahren", versprach Jesus (Joh 15,7). Wenn du betest, dann berufe dich auf diese Verheißung. Es ist unser Vorrecht, mit heiliger Kühnheit zu Gott zu kommen. Wenn wir ihn aufrichtig bitten, sein Licht über uns scheinen zu lassen, wird er uns hören und uns antworten. Aber wir müssen auch in Übereinstimmung mit unseren Gebeten leben. Sie nützen uns nichts, wenn wir ganz anders leben.

Ich habe einen Vater erlebt, der nach dem Bibellesen und Gebet – sobald er sich von den Knien erhoben hatte – oft anfing, seine Kinder zu schelten. Wie sollte Gott das von ihm gesprochene Gebet erhören? Und wenn ein Vater betet, nachdem er seine Kinder gescholten hat, dient das Gebet dann zum Wohl der Kinder? Nein, es sei denn, es wäre ein Sündenbekenntnis vor Gott. (Child Guidance, S. 499)

Wenn wir nicht beständig auf der Hut sind, wird uns der Feind überwinden. Obwohl alle [Adventisten] eine feierliche Offenbarung des Willens Gottes für uns bekommen haben, müssen wir

Gott dennoch ernstlich um Hilfe bitten [um seinen Willen auszuführen] und uns sorgsam darum bemühen, bei der Erhörung der Gebete, die wir vor ihn gebracht haben, mit ihm zu kooperieren. Er verwirklicht seine Absichten durch menschliche Werkzeuge. (Manuskript 95, 1903; zitiert im Seventh-day Adventist Bibel Commentary, Bd. 6, S. 1119)

Wir müssen anderen Menschen Vergebung gewähren. Wenn wir von Gott Vergebung und Segnungen erbitten, müssen wir selbst auch liebevoll sein und Anderen Vergebung gewähren. Wie können wir im Vaterunser bitten: „Vergib uns unsere Schuld, wie auch wir allen vergeben *haben*, die an uns schuldig geworden sind" (Mt 6,12 GNB), und doch unversöhnlich sein? Wenn wir erwarten, dass unsere Gebete erhört werden, müssen wir Anderen in derselben Weise und in dem Ausmaß vergeben, wie wir Vergebung von Gott erbitten. (Der bessere Weg zu einem neuen Leben, S. 95)

Untreue im Zehntengeben kann ein Grund für nicht erhörte Gebete sein. Gott, von dem alle guten Gaben kommen, beansprucht einen bestimmten Teil unseres Einkommens [den Zehnten, siehe Mal 3,8–10]. Diese Regelung hat er getroffen, damit die Verkündigung des Evangeliums finanziert werden kann. Wenn wir Gott diesen Teil zurückgeben, bringen wir damit zum Ausdruck, dass wir seine Gaben zu schätzen wissen. Wie können wir aber auf seine Segnungen Anspruch erheben, wenn wir ihm vorenthalten, was ihm gehört? Wie können wir ... dennoch erwarten, dass uns himmlische Güter anvertraut werden? [Lk 16,11] Vielleicht liegt hier die Erklärung dafür, warum manches Gebet nicht erhört wird. (Bilder vom Reiche Gottes, S. 112, rev.)

Kapitel 9

Das „Gebet des Glaubens"

Glaube und Gebet erfassen die Macht Gottes. Echter Glaube und wahres Gebet – wie stark sind diese beiden! Sie sind wie zwei Arme, mit denen der menschliche Beter die Macht der unendlichen Liebe erfasst.

Glauben heißt, Gott vertrauen, sich darauf verlassen, dass er uns liebt und weiß, was zu unserem Besten dient. Darum lässt der Glaube uns nicht unsere eigenen Wege, sondern Gottes Wege wählen und nimmt statt unserer Unwissenheit seine Weisheit, statt unserer Sündhaftigkeit seine Gerechtigkeit an. Unser Leben, wir selbst gehören ihm sowieso, aber der Glaube erkennt dieses Eigentumsrecht Gottes an und macht sich seiner Segnungen teilhaftig.

Wahrheit, Aufrichtigkeit und Reinheit werden uns [in der Bibel] als die Geheimnisse des Erfolgs im Leben hingestellt; der Glaube bringt uns in deren Besitz. Jeder gute Antrieb und jedes ernste Streben sind eine Gabe Gottes. Der Glaube empfängt von Gott das Leben, das allein wahres Wachstum und Tüchtigkeit hervorbringen kann. (Diener des Evangeliums, S. 230f., rev.; vgl. Erziehung, S. 255)

Unser Glaube wächst durch die Beschäftigung mit dem Wort Gottes. Der Glaube, der uns in den Stand versetzt, Gottes Gaben zu empfangen, ist selbst eine Gabe, die in gewissem Maße jedem Menschen zugeteilt ist [Röm 12,3b]. Der Glaube wächst, indem wir uns mit Gottes Wort beschäftigen. Um unseren Glauben zu stärken, muss die Heilige Schrift oft unsere geistliche Nahrung sein. (Erziehung, S. 255, rev.)

Das Gebet

Glaube ist ein wesentlicher Bestandteil erfolgreichen Bittens. Glaube ist ein wesentlicher Bestandteil eines erfolgreichen Gebets. „Wer nämlich zu Gott kommen will, muss darauf vertrauen, dass es ihn gibt und dass er alle belohnen wird, die ihn suchen." (Hbr 11,6 Hfa) „Wir sind Gott gegenüber voller Zuversicht, dass er uns hört, wenn wir ihn um etwas bitten, das seinem Willen entspricht. Und wenn wir wissen, dass er uns hört bei [dem], was wir bitten, dann wissen wir auch, dass wir schon [erhalten] haben, worum wir ihn bitten." (1 Joh 5,14.15 GNB) Mit dem beharrlichen Glauben Jakobs und der unermüdlichen Ausdauer Elias dürfen wir unsere Bitten dem Vater darbringen und alles in Anspruch nehmen, was er verheißen hat. Mit der Ehre seines Thrones bürgt er für die Erfüllung seines Wortes. (Propheten und Könige, S. 111, rev.)

Wir können mit Zuversicht bitten. Das Gebet des Glaubens, das von Herzen kommt, wird im Himmel gehört und auf Erden erhört. Gott versteht, was wir Menschen brauchen. Er weiß, was wir wünschen, bevor wir ihn darum bitten [Mt 6,8]. Er sieht, wie wir mit Zweifeln und Versuchungen kämpfen. Er erkennt die Aufrichtigkeit des Bittenden und nimmt seine Demut und Gram an. „Ich sehe aber auf den Elenden und auf den, der zerbrochenen Geistes ist und der erzittert vor meinem Wort", erklärt er (Jes 66,2).

Es ist unser Vorrecht, mit Zuversicht zu beten, und der Geist Gottes fasst unsere Bitten in rechte Worte [Röm 8,26]. Mit Einfachheit sollten wir unsere Bedürfnisse vor den Herrn bringen und uns auf seine Verheißungen berufen. (God's Amazing Grace, S. 92)

Wir sollen den Verheißungen vertrauen. Der königliche Beamte wollte die Erfüllung seiner Bitte sehen, ehe er glauben konnte; aber er musste Jesu Wort glauben, dass seine Bitte erhört und der Segen gewährt worden sei [Joh 4,46–53]. Hieraus müssen wir lernen. Nicht weil wir sehen oder empfinden, dass Gott uns hört, sollen wir glauben. Wir müssen vor allem seinen Verheißungen vertrauen. Kommen wir im Glauben zu ihm, dann dringt auch jede Bitte in Gottes Herz. Haben wir ihn um seinen Segen gebeten, dann müssen wir glauben, dass wir ihn auch empfangen werden, und ihm danken, dass wir ihn empfangen haben; wir müssen unseren Pflichten in der Gewissheit nachgehen, dass wir den Segen Gottes dann empfangen, wenn wir seiner am meisten bedürfen. Haben wir das gelernt, dann wissen wir auch, dass unsere Gebete erhört sind. Gott will „überschwänglich tun" „nach dem Reichtum seiner Herrlichkeit" und nach der „Macht seiner Stärke" (Eph 3,20.16; 1,19). (Das Leben Jesu / Der Eine – Jesus Christus [Ausgaben ab 1995], S. 183f.)

Wir müssen die Wissenschaft des „Gebets des Glaubens" verstehen. Gebet und Glaube sind eng miteinander verwandt ... Im Gebet des Glaubens liegt eine göttliche Wissenschaft verborgen. Jeder, der sein [christliches] Leben erfolgreich gestalten will, muss diese Wissenschaft verstehen. Christus sagt: „Um was ihr auch bittet – glaubt fest, dass ihr es schon bekommen *habt*, und Gott wird es euch geben!" (Mk 11,24 Hfa) Er macht deutlich, dass unsere Bitte dem Willen Gottes entsprechen muss. Wir sollen um das bitten, was er verheißen hat; und was wir dann empfangen, muss in der Durchführung seines Willens betätigt werden. Wenn wir diesen Bedingungen nachkommen, erfüllt sich jede [allgemeine] Verheißung unfehlbar. (Erziehung, S. 259, rev.)

Die Verheißungen werden erfüllt, wenn wir Gott gehorchen. Was Gott verheißen hat, kann er zu jeder Zeit erfüllen, und auch die Aufgabe, die er seinen Kindern übertragen hat, kann er durch sie vollbringen. Leben sie getreulich nach jedem Wort, das er gesprochen hat, so wird sich jede Zusage und jede Verheißung an ihnen erfüllen. Mangelt es ihnen jedoch an völligem Gehorsam, bleiben die bedeutenden und kostbaren Verheißungen in weiter Ferne, und sie können die Erfüllung nicht erlangen. (Aus der Schatzkammer der Zeugnisse, Bd. I, S. 195)

Das „Gebet des Glaubens" erklärt. Jede Verheißung Gottes ist an Bedingungen geknüpft. Wenn wir bereit sind, Gottes Willen zu tun, wird uns seine Kraft zuteil werden. Welche Gabe Gott auch verspricht – sie ist schon in der Verheißung enthalten. Jesus sagt: „Der Same ist das Wort Gottes." (Lk 8,11) So sicher wie der Keim für die riesige Eiche schon in der unscheinbaren Eichel steckt, so gewiss ruht auch das Geschenk Gottes bereits in seinem Versprechen. Wenn wir die Verheißung annehmen, sind wir *schon im Besitz* der Gabe." (Erziehung, S. 255, rev.; Hervorhebung hinzugefügt)

Um die Vergebung der Sünden, um den Heiligen Geist, um einen christusähnlichen Charakter, um Weisheit und Stärke zur Mitarbeit in Gottes Werk, ja, um jede verheißene Gabe dürfen wir *bitten*, dann sollen wir auch *glauben*, dass wir empfangen werden, und Gott [sofort] *danken*, dass wir empfangen *haben*. Wir brauchen nicht nach äußeren Segensbeweisen zu suchen. Die Gabe liegt bereits in der Verheißung. Wir dürfen also in der Gewissheit an unser Werk gehen, dass Gott fähig ist, zu tun, was er versprochen hat, und die Gabe, die wir *schon besitzen*, dann wirksam wird, wenn es am dringendsten nottut." (Erziehung, S. 259, rev.; Hervorhebungen hinzugefügt)

Echter Glaube beansprucht die versprochenen Segnungen, bevor sie wahrzunehmen und spürbar sind. Viele üben nicht den Glauben, wie es ihr Vorrecht und ihre Pflicht ist, und warten oft auf das Gefühl, das der Glaube allein geben kann. Gefühl ist nicht Glaube; die beiden sind verschieden. Glauben zu üben ist unsere Sache, aber freudige Gefühle und Segnungen zu geben ist Gottes Sache. Die Gnade Gottes kommt durch den Kanal des lebendigen Glaubens zu uns, und es liegt in unserer Macht, echten Glauben anzuwenden.

Wahrer Glaube erfasst und beansprucht die versprochenen Segnungen, ehe sie wahrzunehmen und spürbar sind. Wir müssen unsere Bitten im Glauben emporsenden ... wir müssen im Glauben die versprochenen Segnungen erfassen und sie als die unserigen beanspruchen. Wir sollen dann glauben, dass wir den Segen empfangen, weil unser Glaube ihn erfasst hat. Gemäß dem Wort Gottes ist er unser. „Wenn ihr Gott um irgendetwas bittet, müsst ihr nur darauf vertrauen, dass er eure Bitte *schon erfüllt hat*, dann *wird* sie auch erfüllt." (Mk 11,24 GNB, Hervorhebung hinzugefügt) Hier ist Glaube, nackter Glaube nötig, zu glauben, dass wir die Segnungen empfangen, selbst ehe wir sie wahrnehmen. Wenn der versprochene Segen dann verwirklicht ist und wir uns der Gabe erfreuen, ist der Glaube erfüllt.

Aber viele meinen, dass sie nur dann viel Glauben haben, wenn sie viel von dem Heiligen Geist haben, und dass sie keinen Glauben haben können, wenn sie die Kraft des Heiligen Geistes nicht fühlen. Solche verwechseln den Glauben mit dem Segen, der durch den Glauben kommt. Die rechte Zeit, Glauben zu üben, ist gerade dann, wenn uns der Heilige Geist fehlt. Wenn dicke Wolken der Finsternis über uns zu hängen scheinen, dann ist es Zeit, durch lebendigen Glauben die Finsternis zu durchbrechen und die Wolken zu zerreißen.

Wahrer Glaube beruht auf den Verheißungen, die im Wort Gottes enthalten sind, und nur jene, die dem Wort gehorsam sind, können seine herrlichen Verheißungen beanspruchen. „Wenn ihr aber fest mit mir verbunden bleibt und euch meine Worte zu Herzen nehmt, dürft ihr von Gott erbitten, was ihr wollt; ihr werdet es erhalten", sagte Jesus (Joh 15,7 Hfa). Und Johannes erklärte: „Was wir bitten, werden wir von ihm empfangen; denn wir halten seine Gebote und tun, was vor ihm wohlgefällig ist." (1 Joh 3,22) (Frühe Schriften von Ellen White, S. 62f., rev.)

Oft zögert Gott die Antwort hinaus, um unseren Glauben zu prüfen. Gott hat einen Himmel voll Segnungen bereit für alle, die mit ihm zusammenarbeiten wollen. Wer ihm gehorcht, darf zuversichtlich die Erfüllung seiner Verheißungen erwarten.

Aber wir müssen Gott fest und unbeirrbar vertrauen. Oft zögert er die Antwort hinaus, um so unseren Glauben und die Echtheit unseres Verlangens zu prüfen. Wenn wir aber in Übereinstimmung mit seinem Wort beten, dürfen wir seiner Verheißung vertrauen und unsere Bitten mit einer Bestimmtheit vorbringen, die sich nicht abweisen lässt. (Bilder vom Reiche Gottes, S. 113, rev.)

Die Antwort kommt zu der Zeit und in der Weise, wie es Gott für gut hält. Wir können mit unseren Sorgen und Verlegenheiten zu Jesus kommen und wissen, dass er unsere Bitten beachtet und uns das gibt, was wir brauchen. Sei ernsthaft und entschlossen. Präsentiere Gott seine Verheißung und dann vertraue ihm, ohne zu zweifeln. Warte nicht auf irgendwelche speziellen Gefühle, bevor du denkst, dass der Herr dir antwortet. Mache ihm keine Vorschriften oder Vorschläge, auf welche Weise er dir helfen soll, bevor du glaubst, dass du die Dinge erhältst, die du von ihm erbeten hast, sondern vertraue seinem Wort und lege die ganze Sache in die Hände des Herrn im festen Glauben, dass dein Gebet erhört wird und die Antwort zu der Zeit und in der Weise kommen wird, wie es dein himmlischer Vater für gut hält. Und dann lebe dein Gebet aus! Wandle in Demut vor Gott und gehe ständig voran. (Ruf an die Jugend, S. 77, rev.)

Lass Gottes Verheißungen nicht los. Euer Glaube darf Gottes Verheißungen nicht loslassen, wenn ihr auf eure Bitten nicht unverzüglich eine Antwort erkennt oder empfindet. Seid nicht ängstlich, euer Vertrauen auf Gott zu setzen! Stützt euch auf seine feste Zusage: „Bittet, und ihr werdet empfangen" (Joh 16,24 EB). (Aus der Schatzkammer der Zeugnisse, Bd. I, S. 18, rev.)

Kapitel 10

Bitten im Namen Jesu

Christus ist der Vermittler unserer Gebete. In Namen Christi kommen unsere Bitten zum Vater. Jesus bittet für uns, und der Vater öffnet alle Schätze seiner Gnade für uns, sodass wir sie selbst genießen und an Andere weitergeben können. „Bittet in meinem Namen", sagte Christus, „‚Ich sage euch nicht, dass ich den Vater für euch bitten will; denn er selbst, der Vater, hat euch lieb.' (Joh 16,26b.27a) Macht Gebrauch von meinem Namen. Dies wird euren Gebeten Wirksamkeit verleihen, und der Vater wird euch von den Reichtümern seiner Gnade geben. ‚Wenn ihr den Vater um etwas bitten werdet in meinem Namen, wird er's euch geben … Bittet, so werdet ihr nehmen, dass eure Freude vollkommen sei.'" (V. 23.24)

Christus ist das Bindeglied zwischen Gott und Mensch. Er hat uns seine Fürsprache versprochen, wenn wir uns auf seinen Namen beziehen. Mit dem ganzen Verdienst seiner Gerechtigkeit stellt er sich auf die Seite des Bittenden. Jesus bittet für den Menschen, und der Mensch, der auf göttliche Hilfe angewiesen ist, betet in der Gegenwart Gottes für sich selbst und benutzt dabei den Einfluss dessen, der sein Leben für die Menschen hingab. Wenn wir vor Gott die Verdienste Christi anerkennen, wirkt dies wie Weihrauch, der mit unseren Bitten aufsteigt [Offb 8,3.4]. Wenn wir uns Gott durch die Verdienste unseres Erlösers nahen, stellt er uns an seine Seite und umfängt uns mit seinem menschlichen Arm, während sein göttlicher Arm bis zum Thron des Ewigen reicht. Wie wohlriechendes Räucherwerk gibt er uns seine Verdienste wie ein Räuchergefäß in die Hand, um uns in unseren Bitten zu ermutigen. Er hat versprochen, unser Flehen zu hören und darauf zu antworten.

Das Gebet

Christus ist der Vermittler der Gebete zwischen den Menschen und Gott. Er wurde auch zum Vermittler des Segens zwischen Gott und den Menschen. Er hat die Göttlichkeit mit der Menschlichkeit vereint. Zu ihrer Erlösung müssen die Menschen mit ihm zusammenarbeiten und sich dann ernstlich und ausdauernd bemühen, auch jene zu retten, die [ohne Christus] dem Tod geweiht sind. (Testimonies for the Church, Bd. 8, S. 178)

Das Geheimnis des Erfolgs der Nachfolger Christi liegt darin, in seinem Namen zu bitten. Bis jetzt kannten die Jünger noch nicht die unbegrenzten Hilfsmittel und die Macht ihres Herrn. Er sagte zu ihnen: „Bisher habt ihr in meinem Namen nichts von Gott erbeten." (Joh 16,24a Hfa) Damit wollte er sie darauf aufmerksam machen, dass das Geheimnis ihres Erfolges darin liegt, in seinem Namen Stärke und Gnade zu erflehen; denn er werde bei dem Vater sein, um für sie zu bitten. Er bringt die Bitte des demütigen Beters für ihn als seinen eigenen Wunsch vor den Vater.

Jedes aufrichtige Gebet wird im Himmel gehört werden, mag es auch nur stockend gesprochen sein. Wenn es von Herzen kommt, wird es zu dem Heiligtum emporsteigen, in dem Jesus dient [Hbr 8,1.2]. Er wird es dann ohne verlegenes Stammeln vor den Vater bringen; seine Worte werden wohlklingend sein und den Geruch des Weihrauchs seiner Vollkommenheit ausströmen.

Der Weg der Aufrichtigkeit und Redlichkeit ist nicht frei von Hindernissen; in jeder Schwierigkeit aber sollen wir eine Aufforderung zum Gebet erkennen. Es gibt niemanden, der irgendeine Stärke besäße, die er nicht vom Schöpfer empfangen hätte; die Quelle dieser Kraft steht auch dem schwächsten Menschen offen. „Was ihr bitten werdet in meinem Namen, das will ich tun", sagte Jesus, „damit der Vater verherrlicht werde im Sohn. Was ihr mich bitten werdet in meinem Namen, das will ich tun." (Joh 14,13.14).

„In meinem Namen" gebot der Herr seinen Jüngern zu beten. In seinem Namen sollen Christi Nachfolger vor Gott stehen. Durch die Größe des für sie dargebrachten Opfers sind sie in den Augen Gottes wertvoll geworden; wegen der ihnen zugerechneten Gerechtigkeit ihres Erlösers werden sie von Gott hochgeachtet. Um Christi willen vergibt der Herr allen, die Ehrfurcht vor ihm haben. Er sieht in ihnen nicht die Schändlichkeit des Sünders, sondern erkennt in ihnen das Bild seines Sohnes, an den sie glauben. (Das Leben Jesu / Der Eine – Jesus Christus [Ausgaben ab 1995], S. 664f., rev.)

Die Jünger sollten ihr Werk im Namen Jesu fortführen. Mit jedem Wort und jeder Tat sollten sie die Aufmerksamkeit auf seinen Namen lenken, weil er die lebendige Kraft besitzt, die Sünder zu erretten vermag. Ihr Glaube sollte auf ihn, die Quelle der Gnade und Kraft, gegründet sein. In seinem Namen sollten sie ihre Bitten dem Vater unterbreiten, und sie würden erhört werden. Im Namen des Vaters, des Sohnes und des Heiligen Geistes sollten sie taufen [Mt 28,19]. Christi Name sollte ihr Losungswort, das Merkmal ihrer Eigenart, das sie einigende Band und die Quelle ihres Erfolges sein. (Das Wirken der Apostel, S. 27f.)

Was es bedeutet, im Namen Jesu zu bitten. Jesus versprach seinen Jüngern: „Dann wird euch der Vater alles geben, worum ihr ihn in meinem Namen bittet." (Joh 15,16 GNB) „Dann werdet ihr ihn unter Berufung auf mich bitten. Ich sage aber nicht, dass ich dann den Vater für euch bitten werde; denn der Vater liebt euch." (Joh 16,26.27 GNB) Im Namen Jesu zu bitten bedeutet aber mehr, als nur seinen Namen am Anfang oder am Ende eines Gebets zu erwähnen. Es bedeutet, im Geiste Jesu zu beten, sich an seine Verheißungen zu halten, seiner Gnade zu vertrauen und unsere Aufgabe bei der Verbreitung seiner Botschaft zu erfüllen. (Der bessere Weg zu einem neuen Leben, S. 98)

Es bedeutet viel, in Christi Namen zu beten, nämlich, dass wir sein Wesen annehmen, seinen Geist offenbaren und seine Werke tun sollen. Der Heiland selbst knüpft eine Bedingung an seine Verheißung: „Liebt ihr mich, so werdet ihr meine Gebote halten." (Joh 14,15) Er errettet die Menschen nicht in, sondern *von* ihren Sünden [Mt 1,21]; und alle, die den Herrn lieben, werden ihre Liebe durch Gehorsam beweisen. (Das Leben Jesu / Der Eine – Jesus Christus, S. 664f., rev.)

Das Gebet

Gott lädt uns ein, im Namen Jesu zu ihm zu kommen. Wir kommen aufgrund einer besonderen Einladung im Namen Jesu zu Gott, und er heißt uns in seinem Sprechzimmer willkommen. Dem Menschen mit einem demütigen und zerschlagenen Herzen [Jes 57,15] verleiht er diesen Glauben an Christus, durch den er gerechtfertigt wird. Wie eine dunkle Wolke bläst Christus die Übertretung weg, und das getröstete Herz ruft: „Dich will ich loben, o Herr! Du warst zornig auf mich, doch dein Zorn hat sich gelegt, und du hast mich wieder getröstet." (Jes 12,1) (Counsels to Parents, Teachers and Students, S. 242)

Auch unter dem Einfluss des Geistes beten. Wir sollen nicht nur im Namen Jesu beten, sondern auch unter dem Einfluss des Heiligen Geistes. Dies meinte Paulus, als er schrieb: „Der Geist selbst vertritt uns mit unaussprechlichem Seufzen." (Röm 8,26) Solche Gebete erhört Gott gern. Wenn wir im Namen Christi ernst und anhaltend beten können, so ist dies bereits ein Unterpfand Gottes dafür, dass er uns erhören wird und „überschwänglich tun kann über alles hinaus, was wir bitten oder verstehen" (Eph 3,20).

Christus hat verheißen: „Wenn ihr nur Vertrauen habt, werdet ihr alles bekommen, worum ihr Gott bittet." (Mt 21,22 GNB) „Was ihr bitten werdet in meinem Namen, das will ich tun, damit der Vater verherrlicht werde im Sohn." (Joh 14,13) Und der Lieblingsjünger Johannes versichert unter dem Einfluss des Heiligen Geistes klar und zuversichtlich: „Wir sind Gott gegenüber voller Zuversicht, dass er uns hört, wenn wir ihn um etwas bitten, das seinem Willen entspricht. Und wenn wir wissen, dass er uns hört bei allem, was wir bitten, dann wissen wir auch, dass wir schon [empfangen] haben, worum wir ihn bitten." (1 Joh 5,14.15) Lasst uns unsere Anliegen dem Vater im Namen Jesu eindringlich vorlegen. Gott wird diesen Namen ehren. (Bilder vom Reiche Gottes, S. 115, rev.)

Kapitel 11

Unaufrichtige Gebete

Wir sollen keine bloßen formellen Gebete sprechen. Es gibt zwei Arten von Gebeten, das formelle Gebet und das Gebet des Glaubens. Die Wiederholung von festgesetzten, gewohnheitsmäßig ausgesprochenen Sätzen, ohne dass das Herz sich nach Gott sehnt, ist formelles Gebet ... Bei allen unseren Bitten sollten wir sehr sorgfältig sein, was die Bedürfnisse unseres Herzens betrifft, und nur das aussprechen, was wir [wirklich] meinen. Alle blumigen Worte sind kein Ersatz für ein aufrichtiges Verlangen. Die schön formulierten Gebete sind nur vergebliche Wiederholungen [Mt 6,7 KJV], wenn sie nicht die wahren Empfindungen des Herzens ausdrücken.

Aber das Gebet aus einem aufrichtigen Herzen, das die einfachen Bedürfnisse der Seele ausdrückt – als wenn wir einen irdischen Freund um einen Gefallen bitten und erwarten würden, dass er ihn uns erweist –, ist das Gebet des Glaubens. Der Zöllner, der in den Tempel ging, um zu beten, ist ein gutes Beispiel für einen aufrichtigen, gläubigen Beter. Er empfand sich als Sünder, und seine große Not führte dazu, dass der innige Wunsch aus ihm herausbrach: „Gott, sei mir Sünder gnädig!" (Lk 18,13b) (My Life Today, S. 19)

In der Zeit Jesu gab es betrügerische Zolleinnehmer. Jesus erzählte von einem, der eines Tages im Tempel betete: „Gott, hab Erbarmen mit mir, ich bin ein sündiger Mensch!" (Lk 18,13b GNB) Er hatte sein Unrecht erkannt; er spürte die Last seiner Schuld und die Schande vor Gott und den Menschen. Deshalb kam er zu Gott und bat um Gnade. Sein Herz war geöffnet für das Wirken des Geistes Gottes, der ihn durch die Wiedergeburt zu einem Kind Gottes

Das Gebet

machen [Joh 1,12.13; 3,5–8] und von der Macht seiner verkehrten Gewohnheiten befreien konnte [Hes 36,26.27]. Jesus stellte ihn in Kontrast zu den selbstgerechten Pharisäern und erzählte von einem ihrer Gebete: „Gott, ich danke dir, dass ich nicht so bin wie die anderen Menschen, alle diese Räuber, Betrüger und Ehebrecher oder auch wie dieser Zolleinnehmer!" (Lk 18,11b GNB) Dann zählte der Pharisäer seine religiösen Leistungen auf. Seine eitle Selbstdarstellung zeigte, wie weit er innerlich von Gott entfernt war. Weil er sein Herz dem Wirken des Heiligen Geistes verschlossen hatte, erkannte er seine Sündhaftigkeit nicht. Er spürte kein Verlangen nach Gottes Gnade, deshalb empfing er auch nichts von Gott. (Der bessere Weg zu einem neuen Leben, S. 29f.)

Der Pharisäer geht in den Tempel, um zu beten – nicht etwa, weil er spürt, dass er als Sünder Vergebung braucht, sondern weil er sich als gerecht [vor Gott] ansieht und Anerkennung finden möchte. Für ihn ist Beten eine Leistung, mit der er sich bei Gott empfehlen und vor seinen Mitmenschen besonders fromm erscheinen kann. Es geht ihm darum, die Gunst Gottes und der Menschen zu erlangen. Eigennutz ist das Motiv für sein Gebet.
Und er ist zutiefst von sich überzeugt. Das zeigt sich in seinem Gesichtsausdruck, seinem Gang und seinem Gebet. Er sondert sich von den Anderen ab ... Er steht da und betet „bei sich selbst" (Lk 18,11a EB). Zutiefst mit sich zufrieden glaubt er, dass Gott und Menschen ihn genauso in Ordnung finden.
„Ich danke dir, Gott", sagt er, „dass ich nicht bin wie die andern Leute, Räuber, Betrüger, Ehebrecher oder auch wie dieser Zöllner." (V. 11b) Nicht das heilige Wesen Gottes betrachtet er als Maßstab für seinen Charakter, sondern das Verhalten anderer Leute. Seine Gedanken sind auf Menschen statt auf Gott gerichtet. Das ist der Grund für seine Selbstzufriedenheit ...
Die Religionsausübung eines Pharisäers ist rein formal und lässt sein Herz unberührt. Er hat kein Bedürfnis danach, seinen Charakter immer gottähnlicher werden und sein Herz mit Liebe und Mitgefühl erfüllen zu lassen. Ihm genügt eine Religion, die nur sein äußeres Leben berührt. (Bilder vom Reiche Gottes, S. 118f., rev.)

Gebetsphrasen herunterzuleiern ist „plappern wie die Heiden". Viele Nichtjuden sahen die Gebete zu ihren Göttern als eine religiöse Leistung an, durch die an sich schon Schuld gesühnt werden konnte. Daher der Gedanke: je länger das Gebet, um so größer das Verdienst. Wenn sie aus eigenen Anstrengungen „heiliger" werden könnten, hätten sie etwas, worauf sie stolz sein und womit sie prahlen könnten. Diese Vorstellung vom Gebet entspringt dem Prinzip der Selbsterlösung, das die Grundlage aller falschen Religionssysteme bildet.
Die Pharisäer hatten diese heidnische Anschauung übernommen. Sie ist heute noch bei bekennenden Christen anzutreffen. Wenn festgesetzte, gewohnte Gebetsphrasen heruntergeleiert werden, ohne dass ein inneres Bedürfnis nach Gott besteht, ist das nichts Anderes als „plappern wie die Heiden" (Mt 6,7).
Das Beten an sich kann keine Schuld sühnen und verschafft uns keine Pluspunkte bei Gott. Alle schönen Worte, die wir gebrauchen, sind nicht so bedeutsam wie ein aufrichtiges Verlangen nach Gott. Das beredteste Gebet besteht doch nur aus leeren Worten, wenn sie nicht die wahren Empfindungen des Herzens wiedergeben. (Das bessere Leben im Sinne der Bergpredigt, S. 88f.)

Gebete als bloße Lippenbekenntnisse akzeptiert der Herr nicht. Warum werden so viele Gebete nie erhört? David schrieb: „Zu ihm rief ich mit meinem Munde und pries ihn mit meiner Zunge. Wenn ich Unrechtes vorgehabt hätte in meinem Herzen, so hätte der Herr nicht gehört." (Ps 66,17.18) Durch einen anderen Propheten gibt der Herr uns die Verheißung: „Ihr werdet mich suchen und finden; denn wenn ihr mich von ganzem Herzen suchen werdet, so will ich mich von euch finden lassen." (Jer 29,13) Und an anderer Stelle spricht es von manchen, die „schreien zu mir um Hilfe, aber es kommt nicht von Herzen" (Hos 7,14a). Solche Bitten sind bloß förmliche Gebete, nur Lippenbekenntnisse, die der Herr nicht akzeptiert. (Testimonies for the Church, Bd. 4, S. 533)

Trockene, fade Gebete helfen niemandem. Die Gemeinde braucht die frische, lebendige Erfahrung von Gemeindegliedern, die regelmäßige Gemeinschaft mit Gott pflegen. Trockene, fade Zeugnisse und Gebete, in denen Christus nicht offenbar wird, sind keine Hilfe für die Menschen. Wenn jeder, der vorgibt, ein Kind Gottes zu sein, von Glauben, Licht und Leben erfüllt wäre, welch ein wunderbares Zeugnis wäre das für jene, die kommen, um die Wahrheit zu hören! Und wie viele Menschen könnten dann für Christus gewonnen werden! (Testimonies for the Church, Bd. 6, S. 64)

Alle Schätze des Himmels wurden Jesus Christus anvertraut, damit er diese wertvollen Gaben dem eifrig und ausdauernd Suchenden geben kann. Er ist „uns von Gott gemacht ... zur Weisheit und zur Gerechtigkeit und zur Heiligung und zur Erlösung" (1 Kor 1,30). Aber viele Gebete haben einen so formellen Charakter, dass sie keinen Einfluss zum Guten ausüben können. Sie sind kein „Geruch des Lebens zum Leben" (2 Kor 2,16).

Wenn Lehrer ihre Herzen vor Gott demütigen und erkennen würden, welch eine Verantwortung sie für die Erziehung der jungen Menschen auf sich genommen haben, um sie auf das zukünftige ewige Leben vorzubereiten, würde man in ihrer Haltung eine deutliche Veränderung bemerken. Ihre Gebete wären nicht trocken und leblos, sondern sie würden mit dem Ernst derer beten, die die Gefahr spüren. (Counsels to Parents, Teachers and Students, S. 371f.)

Wir sollen uns Gott mit demütiger Ehrfurcht nähern. Demut und Ehrfurcht sollte die Haltung aller ausdrücken, die in die Gegenwart Gottes kommen. Im Namen Jesu dürfen wir das zwar mit Zuversicht tun, aber niemand darf sich ihm mit dreister Vermessenheit nahen, als stünden wir mit ihm auf gleicher Stufe. Es gibt Menschen, die den allmächtigen, heiligen Gott, der „in einem unzugänglichen Licht wohnt" (1 Tim 6,16 GNB), in einer Art anreden, als sprächen sie mit ihresgleichen oder gar mit einem Untergeordneten. Manche verhalten sich im Gotteshaus, wie sie das im Empfangszimmer eines irdischen Herrschers nie wagen würden. Solche Leute sollten sich darauf besinnen, dass sie im Blickfeld dessen sind, den die Seraphim anbeten und vor dem die Engel ihr Antlitz verhüllen. (Patriarchen und Propheten, S. 228f., rev.)

Ohne Bewusstsein unserer Sündhaftigkeit sind Gebete heuchlerisch. Wenn wir Gott im Gebet all unsere Unwürdigkeit schildern, obwohl wir uns gar nicht unwürdig [und sündig] fühlen, dann ist das Gebet Heuchelei. (Ruf an die Jugend, S. 156, rev.)

Die Erwartung, alle unsere Gebete würden so erhört, wie wir es wollen, ist Anmaßung. Zu beanspruchen, dass Gott unser Gebet genau in der Weise beantwortet, wie wir gebeten haben, oder uns genau das gibt, was wir wollen, ohne seinen Willen zu kennen, ist eine Anmaßung. Gott ist zu weise, um Fehler zu begehen, und zu gut, als dass er dem Aufrichtigen etwas vorenthält, was zu dessen Bestem dient. (Der bessere Weg zu einem neuen Leben, S. 95)

Sich auf Verheißungen zu berufen, ohne die entsprechenden Bedingungen zu erfüllen, beleidigt Gott. Gott hat die Erfüllung seiner Verheißungen an Bedingungen geknüpft, und das Gebet kann nie die [religiösen] Pflichten ersetzen. „Liebt ihr mich, so werdet ihr meine Gebote halten", sagt Christus und: „Wer meine Gebote hat und hält sie, der ist's, der mich liebt. Wer mich aber liebt, der wird von meinem Vater geliebt werden, und ich werde ihn lieben und mich ihm offenbaren." (Joh 14,15.21) Wer seine Bitten vor Gott bringt und sich auf Gottes Verheißungen beruft, ohne die entsprechenden Bedingungen zu erfüllen, beleidigt Gott. Er betet im Namen Jesu als Autorität für die Erfüllung der Verheißung, tut aber nichts, was wahren Glauben an Christus und echte Liebe zu ihm beweisen würde. (Bilder vom Reiche Gottes, S. 111, rev.)

Sich leichtfertig in Versuchungen zu begeben und zugleich Gottes Verheißungen zu beanspruchen ist große Vermessenheit. Vermessenheit ist eine verbreitete Versuchung. Wenn Satan Menschen damit anficht, erlangt er in neun von zehn Fällen den Sieg. Jene, die bekennen, Nachfolger Christi zu sein, und durch ihren Glauben an ihn [eigentlich] beanspruchen, im Kampf mit allem Bösen in ihrem Wesen zu stehen, stürzen sich oft gedankenlos in Versuchungen, aus denen sie nur durch ein Wunder [Gottes] unbefleckt hervorgehen könnten. Nachsinnen und Gebet hätten sie davor bewahrt und sie dazu geführt, diese gefährliche Situation zu meiden, in der sie sich selbst in eine Lage begeben, die Satan einen Vorteil gegenüber ihnen einräumt.

Die Verheißungen Gottes sollen wir nicht unbedacht in Anspruch nehmen, während wir uns leichtsinnig in Gefahr begeben, die Naturgesetze [bezüglich unserer Gesundheit] übertreten oder die Vernunft und das Urteilsvermögen missachten, mit denen uns Gott ausgestattet hat. Dies ist die abscheulichste Art der Vermessenheit. (Testimonies for the Church, Bd. 4, S. 44f.)

Unsere Bitten sollen nicht von Selbstsucht motiviert sein. Unsere Bitten an Gott sollten nicht aus einem Herzen voller selbstsüchtiger Bestrebungen kommen. Gott ermahnt uns, solche Gaben zu wählen, die zu seiner Verherrlichung beitragen. Er möchte, dass wir nicht irdische, sondern himmlische [Dinge] wählen, und zeigt uns die Möglichkeiten und Vorteile eines himmlischen Geschäfts. Er ermutigt uns zu unseren höchsten Zielen und versichert uns der wertvollsten Schätze. Wenn der weltliche Besitz vergangen ist, wird der Gläubige sich an seinem himmlischen Schatz erfreuen, an den Reichtümern, die durch keine irdische Katastrophe vernichtet werden können. (Sons and Daughters of God, S. 188)

Gelegentliche, eilig gesprochene Gebete sind keine echte Gemeinschaft mit Gott. Den inbrünstigen Gebeten der Gerechten verschließt sich der Himmel nicht. „Elia war ein Mensch von gleichen Gemütsbewegungen wie wir", dennoch hat der Herr ihn gehört und seine Bitten auf erstaunliche Weise erfüllt (Jak 5,17.18 EB). Der einzige Grund für unseren Mangel an Kraft von Gott liegt in uns selbst. Wenn denjenigen, die sich zur Wahrheit bekennen [Adventisten], ihr Inneres gezeigt würde, würden sie nicht beanspruchen, Christen zu sein! Sie wachsen nicht in der Gnade. Hier und da sprechen sie eilig ein Gebet, aber sie haben keine echte Gemeinschaft mit Gott. (Testimonies for the Church, Bd. 5, S. 161)

Die Gebete von selbstsüchtigen Christen verabscheut Gott. Unter denen, die vorgeben, auf ihren Herrn zu warten, sind auch manche wie Judas. Satan beherrscht sie, aber sie wissen es nicht. Gott kann Habsucht oder Selbstsucht nicht im Geringsten gutheißen. Er verabscheut die Gebete und Ermahnungen derer, die diesen bösen Charakterzügen nachgeben. Weil Satan sieht, dass seine Zeit kurz ist, verführt er die Menschen dazu, immer selbstsüchtiger und habsüchtiger zu sein. Und dann frohlockt er, wenn er sieht, wie sie nur noch mit sich beschäftigt und habsüchtig, geizig und selbstsüchtig sind. Wenn die Augen solcher geöffnet werden könnten, so würden sie Satan in höllischem Triumph sehen, wie er über die Torheit derer lacht, die seine Einflüsterungen annehmen und in seine Fallstricke tappen. (Frühe Schriften von Ellen G. White, S. 255)

Gebete ohne die Bereitschaft zum Gehorsam missfallen Gott. Es gibt Männer und Frauen, die trotz der klaren Gebote Gottes ihren eigenen Neigungen folgen und es dann wagen, über die Angelegenheit zu beten und Gott zu drängen, ihnen seine Zustimmung dazu zu erteilen, dass sie entgegen seinem ausdrücklichen Willen handeln. Solche Gebete missfallen Gott. Satan kommt an ihre Seite und beeinflusst sie, wie er es bei Eva im Garten Eden tat [1 Mo 3,1–6], und sie haben eine Empfindung im Verstand, die sie dann als herrliche Erfahrung darstellen, die ihnen [angeblich] der Herr gegeben hat. (Advent Review and Sabbath Herald, 27. Juli 1886)

Die Gemeinschaft mit Gott vermittelt der Seele eine vertrauliche Kenntnis seines Willens. Aber viele, die vorgeben, gläubig zu sein, wissen nicht, was wahre Bekehrung ist. Sie haben keine Erfahrung der Gemeinschaft mit dem Vater durch Jesus Christus und haben nie die Kraft der göttlichen Gnade gespürt, die das Herz heiligt. Sie beten und sündigen, sündigen und beten; ihr Leben ist erfüllt von Bosheit, Täuschung, Neid, Eifersucht und Egoismus. Die Gebete solcher Leute sind Gott ein Gräuel. Echtes Gebet weckt die Kraft der Seele und hat Auswirkung auf das Leben. Wer Gott seine [wahren] Bedürfnisse nennt, empfindet die Leere aller anderen Dinge unter dem Himmel. „HERR, du kennst all mein Begehren, und mein Seufzen ist dir nicht verborgen", betete David (Ps 38,10). (Testimonies for the Church, Bd. 4, S. 534f.)

Das Gebet

Besondere Gefühle und lange Gebete sind kein Beweis für eine echte Bekehrung. Satan verführt Gläubige zu der Annahme, sie seien bekehrt, weil sie einen Gefühlstaumel erlebt haben. Aber ihre geistliche Erfahrung verändert sich nicht. Ihre Taten sind die gleichen wie zuvor; ihr Leben zeigt keine gute Frucht. Sie beten zwar oft und lange und berichten ständig von ihren [religiösen] Gefühlen, die sie dann und wann hatten, aber sie leben nicht das neue Leben. Sie sind getäuscht; ihre [geistliche] Erfahrung geht nicht tiefer als Gefühle. Sie bauen auf Sand, und als „der Sturm tobte und an dem Haus rüttelte, fiel es in sich zusammen" (Mt 7,27 GNB) ...

Der [von seiner Schuld] überführte Sünder muss etwas tun: Er muss bereuen und wahren Glauben aufweisen.

Wenn Jesus von einem neuen Herzen spricht, dann meint er damit den Verstand, das Leben, das ganze Sein. Ein verändertes Herz zu haben heißt, die Zuneigungen von der Welt abzuwenden und sie auf Christus zu richten. Ein neues Herz zu haben bedeutet, einen neuen Geist, neue Absichten und neue Motive zu haben. Was ist das Kennzeichen eines neuen Herzens? Ein verändertes Leben, ein tägliches, ja stündliches Absterben der Selbstsucht und des Stolzes. (Ruf an die Jugend, S. 43f., rev.; zu den Kennzeichen einer echten Bekehrung siehe: Der bessere Weg zu einem neuen Leben, Kap. 7.)

Kapitel 12

Das tägliche Gebet

Beten ist so lebenswichtig wie die tägliche Nahrung. Wenn wir einen Charakter entwickeln möchten, den Gott annehmen kann, müssen wir gute Gewohnheiten in unserem Glaubensleben entwickeln. Tägliches Gebet ist für das Wachstum in der Gnade [2 Ptr 3,18] und für das geistliche Leben ebenso wichtig wie die Nahrung für das körperliche Wohlbefinden. Wir sollten uns angewöhnen, unsere Gedanken oft im Gebet zu Gott zu erheben. Wenn der Geist abschweift, müssen wir ihn wieder zurückholen; durch ausdauerndes Bemühen wird uns diese Gewohnheit schließlich leichtfallen. Wir können uns nicht einen Augenblick ohne Gefahr von Christus trennen. Wir können uns bei jedem Schritt seiner Gegenwart erfreuen, aber nur unter den Bedingungen, die er selbst dazu gegeben hat. (Ruf an die Jugend, S. 71, rev.)

Beginne jeden Tag mit Gebet. Wenn ihr morgens aufsteht, kniet euch neben euer Bett und bittet Gott um Kraft, um die Pflichten des Tages zu erfüllen und die Versuchungen zu bewältigen. Bittet ihn, euer Werk mit der Freundlichkeit des Wesens Christi zu tun. Bittet ihn um Worte, die eure Mitmenschen mit Hoffnung und Mut erfüllen und euch dem Erlöser näherbringen. (Sons and Daughters of God, S. 199)

Beginnt euer Tagewerk mit Gebet und arbeitet, als sähe euch Gott zu. Seine Engel befinden sich stets an eurer Seite. Sie verzeichnen eure Worte, euer Benehmen und die Art und Weise, in der ihr euch eurer Aufgabe entledigt. Wenn ihr gute Ratschläge zurückweist

Das Gebet

und es vorzieht, mit Menschen umzugehen, von denen ihr alle Veranlassung habt anzunehmen, dass sie sich nicht zu Gott hingezogen fühlen, obwohl sie sich auch Christen nennen, so werdet ihr ihnen bald gleich werden. Ihr begebt euch selbst auf Satans Schlachtfeld, wenn ihr nicht ständig auf der Hut seid. (Aus der Schatzkammer der Zeugnisse, Bd. I, S. 539f.)

Tägliche Gebetsanliegen. Wir sollen jede Pflicht, wie einfach sie auch sein mag, als geheiligt ansehen, weil sie einen Teil unseres Dienstes für Gott darstellt. Unser tägliches Gebet sollte sein: „Herr, hilf mir dabei, mein Bestes zu geben. Lehre mich, wie ich meine Aufgabe besser erfüllen kann. Gib mir Kraft und Freudigkeit. Hilf mir, bei meiner Tätigkeit das liebevolle Wesen des Heilandes zum Ausdruck zu bringen." (Auf den Spuren des großen Arztes, S. 395)

Wenn du in Christus bleiben willst, dann vertraue dich ihm jeden Morgen neu an. Bete in etwa so: „Herr, nimm mich ganz als dein Eigentum hin. All meine Pläne lege ich in deine Hand. Gebrauche mich heute in deinem Dienst. Bleibe in mir und gib mir Kraft. Lass alles, was ich tue, durch dich gewirkt sein." Dies ist eine tägliche Angelegenheit. Weihe dich dem Herrn jeden Morgen für diesen Tag. Übergib ihm alle deine Pläne, damit sie ausgeführt werden oder unterbleiben, so wie er es dir zeigt. So kannst du dein Leben Tag für Tag in die Hände Gottes legen. Auf diese Weise wird dein Leben immer mehr nach dem Vorbild des Lebens von Jesus geprägt. (Der bessere Weg zu einem neuen Leben, S. 68)

Die positiven Wirkungen des täglichen Gebets auf den Beter.
Wer Gott im täglichen, ernsten Gebet um Stärke, Hilfe und Kraft bittet, wird edle Sehnsüchte und klare Auffassungen von Wahrheit und Pflicht haben, erhabene Ziele anstreben und beständig nach Gerechtigkeit hungern und dürsten. (Testimonies for the Church, Bd. 4, S. 460)

Morgens und abends sollen wir unsere Gebete zu Gott senden.
Wenn du Christus nachfolgst, dem „Anfänger und Vollender des

Glaubens" (Hbr 12,2a), wirst du spüren, dass du unter seiner Aufsicht wirkst, seine Gegenwart dich beeinflusst und er deine Motive kennt. Bei jedem Schritt wirst du dich demütig fragen: *Wird das Jesus gefallen? Wird es Gott Ehre bereiten?* Am Morgen und am Abend sollen deine ernsten Gebete um seinen Segen und seine Führung zu Gott aufsteigen. Wahres Gebet nimmt die Allmacht Gottes in Anspruch und führt zum Sieg. Auf den Knien bekommt ein Christ die Kraft, den Versuchungen zu widerstehen. (Testimonies for the Church, Bd. 4, S. 615f.)

Alle, die heute zu Christus kommen, sollen daran denken, dass sein Verdienst der Weihrauch ist, der sich mit den Gebeten derer vermischt, die ihre Sünden bereuen und Vergebung, Barmherzigkeit und Gnade empfangen. Wir sind ständig auf die Fürsprache Christi angewiesen. Tag für Tag, morgens und abends, muss der demütige Christ Gebete zu Gott senden, auf die mit Gnade, Friede und Freude geantwortet wird. „Durch Jesus wollen wir Gott jederzeit und in jeder Lebenslage Dankopfer darbringen; das heißt: Wir wollen uns mit unserem Beten und Singen zu ihm bekennen und ihn preisen." (Hbr 13,15 GNB) (Manuskript 14, 1901; zitiert im Seventh-day Adventist Bible Commentary, Bd. 6, S. 1078)

Das Vorbild für unsere Morgen- und Abendandachten. Wenn die Priester morgens und abends zur Zeit des Räucheropfers das Heilige [der Stiftshütte] betraten [2 Mo 30,7.8], war das tägliche Opfer so weit vorbereitet, dass es auf dem Altar im Vorhof dargebracht werden konnte. Das war eine Zeit gespannter Aufmerksamkeit für die Anbeter, die sich an der Stiftshütte versammelten. Ehe sie sich durch den Dienst des Priesters der Gegenwart Gottes nahten, mussten sie nach ernster Selbstprüfung ihre Sünden bekennen. Sie vereinigten sich zu stillem Gebet, das Gesicht dem Heiligen zugewandt. So stiegen ihre Bitten mit der Weihrauchwolke empor. Im Glauben hielten sie sich an die Verdienste des verheißenen Erlösers, der im Versöhnungsopfer dargestellt war.

Die Stunden des Morgen- und Abendopfers sah man als heilig an; sie wurden für das ganze Volk Israel zu bestimmten Gebetszeiten. Selbst als die Juden in späteren Zeiten als Gefangene in fernen Ländern verstreut leben mussten, richteten sie zur vorgeschriebenen Stunde ihre Gesichter nach Jerusalem und legten dem Gott Israels ihre Bitten vor.

Diese Gewohnheit ist den Christen Vorbild für ihre Morgen- und Abendandachten. Gott missbilligt zwar Zeremonien ohne den Geist echter Anbetung, er sieht aber mit Wohlgefallen auf die, die ihn lieben und sich morgens und abends vor ihm beugen, um Vergebung ihrer Sünden zu erlangen und ihn um die notwendigen Segnungen zu bitten. (Patriarchen und Propheten, S. 330f., rev.)

Das tägliche Gebet soll die körperlichen und geistlichen Bedürfnisse einschließen. Die Bitte um das tägliche Brot [Mt 6,11] bezieht sich nicht nur auf die Nahrung, die unser Körper braucht, sondern auch auf das geistliche Brot, das die Seele für das ewige Leben ernährt. Jesus fordert uns auf: „Bemüht euch nicht um vergängliche Nahrung, sondern um wirkliche Nahrung, die für das ewige Leben vorhält ... *Ich* bin das lebendige Brot, das vom Himmel gekommen ist. Wer von diesem Brot isst, wird ewig leben." (Joh 6,25.51 GNB) Unser Erlöser ist das „Brot des Lebens" (V. 35). Wenn wir uns seine Liebe vor Augen halten und ihr unser Herz öffnen, dann ernähren wir uns sozusagen von dem „Brot, das vom Himmel gekommen ist".

Wir nehmen Christus durch sein Wort in uns auf, und der Heilige Geist wirkt an uns, damit wir dieses Wort verstehen können [Joh 16,13a], und prägt Gottes Wahrheit in unsere Herzen ein. Täglich, wenn wir die Bibel lesen, sollen wir darum bitten, dass Gott uns seinen Geist sendet, um uns die Wahrheit zu offenbaren, die wir als geistliche Stärkung für den Tag benötigen.

Mit der Lehre im Vaterunser, täglich um alles zu bitten, was wir brauchen – den zeitlichen und geistlichen Segen –, verfolgt Gott einen guten Zweck: Er möchte, dass wir begreifen, wie sehr wir von seiner ständigen Fürsorge abhängig sind. Es ist sein Bestreben, uns in eine enge Gemeinschaft mit Christus zu bringen. Durch das Gebet und das Studium der großartigen Wahrheiten der Bibel wird der Hunger unserer Seele gestillt und wir werden an der Quelle des Lebens erfrischt. (Das bessere Leben im Sinne der Bergpredigt, S. 113f.)

Sorge lediglich für das Heute. Nur die göttliche Wahrheit, die in das Herz Eingang gefunden hat, kann dich zur Seligkeit führen. Wenn du ihr glaubst und gehorchst, wirst du für deine täglichen Pflichten und Prüfungen genügend Kraft empfangen. Für morgen benötigst du nichts. Du solltest dir bewusst sein, dass du nur für das Heute zu sorgen hast [Mt 6,34]. Heute sollst du überwinden, dich selbst verleugnen, wachen, beten und in Gott siegreich bleiben! Unsere Zeitverhältnisse und die uns umgebenden Einflüsse, das täglich wechselnde Geschehen um uns herum und das geschriebene Wort Gottes, das alle Dinge richtet und prüft – sie alle reichen aus, um uns unsere Aufgabe und das, was wir täglich erledigen sollten, vor Augen zu führen. Statt Gedanken nachzuhängen, die dir keinen Nutzen bringen, ist es besser, täglich die Schrift zu durchforschen und die Pflichten des täglichen Lebens zu erfüllen, die dir wohl lästig sein mögen, die aber schließlich getan werden müssen. (Aus der Schatzkammer der Zeugnisse, Bd. I, S. 308)

Bitte den Herrn täglich um Unterweisung und Führung. Bitte den Herrn täglich um Unterweisung und Führung; verlasse dich auf ihn, wenn es um Erkenntnis und Wissen geht. Bete um seine Unterweisung und sein Licht, und du wirst sie erhalten. Es hilft dir nicht, wenn du um etwas bittest und dann vergisst, worum du gebeten hast. Konzentriere dich auf dein Gebet. Du kannst das auch während deiner Arbeit tun. Du kannst sagen: „Herr, ich glaube von ganzem Herzen. Lass die Kraft des Heiligen Geistes über mich kommen!" (Fundamentals of Christian Education, S. 531)

Bittet täglich um das Licht des Heiligen Geistes. Diejenigen, die bekennen, an Jesus zu glauben, sollten sich immer an das Licht [Gottes] halten. Täglich sollten sie um das Licht des Heiligen Geistes bitten, damit es auf die Seiten der Heiligen Schrift scheint und sie befähigt, geistliche Dinge zu verstehen. (Fundamentals of Christian Education, S. 188f.)

Das Gebet

Tägliches Gebet ist nötig, um Satan zu widerstehen. Heiligung ist nicht Sache eines Augenblickes, einer Stunde oder eines Tages, sondern Heiligung ist beständiges Wachstum in der Gnade. Wir wissen an keinem Tag, wie heftig unser Kampf morgen oder übermorgen sein wird. Satan lebt und ist aktiv. Um ihm widerstehen zu können, müssen wir Gott jeden Tag ernstlich um Hilfe und Kraft bitten, denn solange Satan herrscht, werden wir damit zu tun haben, unsere Selbstsucht und Gewohnheitssünden zu überwinden. Es gibt keinen Endpunkt, an dem wir sagen können, dass wir das Ziel endgültig erreicht hätten. (Aus der Schatzkammer der Zeugnisse, Bd. I, S. 103, rev.)

Junge Menschen sollten täglich um Weisheit und Kraft bitten. Die Prüfungen und Entbehrungen, über die sich so viele Jugendliche beklagen, ertrug Jesus ohne Murren. Diese Disziplin ist die Erfahrung, die Jugendliche brauchen; sie gibt ihrem Charakter Festigkeit, macht sie Jesus ähnlicher und geistlich stark, um Versuchungen zu widerstehen. Wenn sie sich von denen fernhalten, die einen schlechten Einfluss auf ihre Sitten ausüben, werden sie von den Anschlägen Satans nicht überwunden. Durch tägliches Gebet zu Gott werden sie Weisheit und Kraft erhalten, um die Konflikte und harten Realitäten des Lebens zu ertragen und als Sieger daraus hervorzugehen. Wahrhaftigkeit und Gelassenheit können nur durch Wachsamkeit und Gebet erhalten bleiben. Das Leben Christi ist ein Beispiel von beharrlicher Tatkraft, die sich nicht durch Vorwürfe, Spott, Entbehrung oder Mühsal erschüttern ließ.

So sollte es um die Jugendlichen bestellt sein. Wenn Prüfungen über sie kommen, sollten sie wissen, dass der Herr ihre Treue prüft. In dem Maße, in dem sie die Rechtschaffenheit ihres Charakters auch unter Schwierigkeiten bewahren, wird ihre Tapferkeit und Stabilität, ihr Durchhaltevermögen und ihre geistliche Stärke zunehmen. (Ruf an die Jugend, S. 48f., rev.)

Das tägliche Gebet von Mitarbeitern Gottes. Meine lieben Mitarbeiter, was immer euch vor die Hände zu tun kommt, tut es mit ganzer Kraft [Pred 9,10a]. Gestaltet eure Arbeit angenehm, indem ihr Loblieder singt. Wenn ihr einen positiven Eintrag in den himmlischen Büchern haben möchtet, dann regt euch nicht auf und schimpft nicht. Euer tägliches Gebet laute: „Herr, hilf mir, mein Bestes zu tun. Zeige mir, wie ich noch besser wirken kann. Gib mir Energie und Fröhlichkeit. Hilf mir, in meinen Dienst die Liebe des Erlösers hineinzubringen." Seht jede einfache Pflicht, wie niedrig sie auch sein mag, als heilig an, denn sie ist ein Teil des Dienstes für Gott ... Bringt Christus in alles hinein, was ihr tut. Dann wird euer Leben von Licht und Dankbarkeit erfüllt sein. Jedem von uns hat Gott eine besondere Aufgabe gegeben. Lasst uns unser Bestes geben und frohen Herzens im Dienst für den Herrn vorwärtsgehen, erfüllt von seiner Freude. (In Heavenly Places, S. 226)

Beten führt zum Erfolg und zu geistlichen Siegen. Nimm dir jeden Morgen Zeit, deine Arbeit mit Gebet zu beginnen. Denke nicht, dies sei verschwendete Zeit; es ist Zeit, die sich auf die Ewigkeit auswirkt. Beten führt zum Erfolg und zu geistlichen Siegen. Die Maschinerie wird auf die Berührung mit der Hand des Meisters reagieren. Es lohnt sich auf jeden Fall, um Gottes Segen zu bitten, und das Werk [Gottes] kann nur dann richtig ausgeführt werden, wenn es richtig begonnen wurde. Die Hände jedes Mitarbeiters müssen gestärkt und sein Herz gereinigt werden, bevor der Herr ihn wirkungsvoll benutzen kann. (Testimonies for the Church, Bd. 7, S. 194)

Mitarbeiter Gottes sollten täglich um den Heiligen Geist beten. Der Ablauf der Zeit hat nichts an der Verheißung Christi, den Heiligen Geist als seinen Stellvertreter zu senden, geändert. Es liegt keineswegs an Einschränkungen seitens Gottes, wenn die Reichtümer seiner Gnade nicht erdwärts zu den Menschen fließen. Wenn die Erfüllung seiner Verheißung nicht so wahrgenommen wird, wie es sein könnte, liegt es daran, dass die Verheißung nicht so geschätzt wird, wie es sein sollte. Wären alle willens dazu, so würden sie auch alle mit dem Geist erfüllt werden. Wo man aber nur wenig über den Mangel an Heiligem Geist nachdenkt, zeigen sich geistliche Dürre, geistliche Finsternis, geistlicher Verfall und geistlicher

Tod. Wo immer minderwertige Dinge die Aufmerksamkeit beanspruchen, wird es an der göttlichen Kraft fehlen, die zum Wachstum und Wohlergehen der Gemeinde nötig ist und die alle anderen Segnungen nach sich zieht. Und das, obwohl sie in unermesslicher Fülle angeboten wird.

Da dies das Mittel ist, durch das wir Kraft empfangen können, warum hungern und dürsten wir dann nicht nach der Gabe des Geistes? Warum reden wir nicht von ihr, beten wir nicht um sie und predigen wir nicht über sie? Wenn schon Eltern ihren Kindern gute Gaben geben, „wie viel mehr wird der Vater im Himmel den Heiligen Geist geben denen" (Lk 11,13), die ihm dienen! Jeder Diener des Evangeliums sollte um die tägliche Taufe mit dem Geist Gottes bitten. Mitarbeiter Christi sollten gruppenweise zusammenkommen und um besondere Hilfe und himmlische Weisheit flehen, damit sie klug zu planen und richtig zu handeln vermögen. Vor allem sollten sie Gott bitten, seine erwählten Boten in den Missionsgebieten mit der reichen Fülle seines Geistes zu taufen. Die Gegenwart des Heiligen Geistes wird der Wahrheitsverkündigung der Mitarbeiter Gottes eine Macht verleihen, wie sie keine Ehre und Herrlichkeit der Welt zu geben vermag. (Das Wirken der Apostel, S. 51f.)

Die Lehrer unserer Schulen brauchen das tägliche Gebet. Jeder Lehrer sollte täglich Unterweisung von Christus empfangen und sich ständig von ihm leiten lassen. Er wird seine Arbeit erst dann richtig verstehen oder ausführen, wenn er viel betet. Nur mit göttlicher Hilfe, verbunden mit ernstlicher, selbstloser Mühe, kann er hoffen, seine Aufgabe weise und gut zu erfüllen.

Erst wenn ein Lehrer die Notwendigkeit des Gebets erkennt und sein Herz vor Gott beugt, wird er den eigentlichen Kern der [christlichen] Erziehung bewahren. Er sollte wissen, wie man betet und wie man sich im Gebet ausdrückt … Ein Lehrer sollte in seinen Gebeten die Frucht des Glaubens offenbaren. Er sollte lernen, wie man zu Gott kommt und ihn bittet, bis man die Gewissheit hat, dass die Bitten erhört wurden. (Counsels to Parents, Teachers and Students, S. 231)

Kapitel 13

Das persönliche Gebet

Wir können im Gebet über alles mit dem Herrn sprechen. Nur wenige schätzen oder nutzen das köstliche Vorrecht des Gebets. Wir sollten zu Jesus gehen und ihm alle unsere Bedürfnisse sagen. Wir können ihm unsere kleinen Sorgen und Probleme genauso bringen wie unsere größeren Schwierigkeiten. Was uns auch beunruhigt oder Not bereitet, sollten wir im persönlichen Gebet dem Herrn vorlegen. Wenn wir spüren, dass wir die Gegenwart Christi bei jedem Schritt brauchen, dann wird Satan nur wenig Gelegenheit haben, uns mit seinen Versuchungen zu belästigen. Es ist sein ausgeklügeltes Bemühen, uns von unserem besten und verständnisvollsten Freund fernzuhalten. Wir sollten niemanden außer Jesus zu unserem Vertrauten machen. Mit ihm können wir gefahrlos über alles sprechen, was unser Herz bewegt. (Aus der Schatzkammer der Zeugnisse, Bd. II, S. 50, rev.)

Ohne persönliches Gebet können wir nicht geistlich wachsen. Wir sollten viel im Stillen beten. Christus ist der Weinstock, wir sind die Reben [Joh 15,5a]. Und wenn wir wachsen und Frucht tragen wollen, müssen wir beständig Saft und Nahrung von dem lebendigen Weinstock nehmen, denn getrennt von ihm haben wir keine Kraft [V. 5b]. (Frühe Schriften von Ellen G. White, S. 63)

Zum Leben einer christlichen Familie gehört das gemeinsame Gebet. Doch es kann das persönliche Beten nicht ersetzen, denn ohne es können wir nicht geistlich wachsen. Es genügt nicht, gemeinsam mit Anderen zum himmlischen Vater zu beten, denn geistliches

Das Gebet

Leben erwächst vor allem daraus, vor Gott allein stille zu werden und sich ihm zu öffnen.

Kein Ohr sollte hören, was du mit ihm zu besprechen hast. Im persönlichen Gebet bist du frei von Hemmungen und Ablenkungen und kannst dem Herrn auch das sagen, was sonst unausgesprochen bliebe. Zuversichtlich und innig kannst du dich an Gott wenden. Durch einfaches Vertrauen hältst du Gemeinschaft mit Gott, empfängst Leitung von ihm und die nötige Kraft für die Auseinandersetzung mit dem Bösen. Gott ist unsere Stärke. Satan kann keinen überwinden, der die Verbindung mit Gott aufrechterhält.

Keine Zeit und kein Ort ist ungeeignet, unsere Bitten vor Gott zu bringen. Nichts sollte uns davon abhalten, mit ihm zu reden. Morgens, bevor wir an unsere Aufgaben gehen, sollten wir beten. Aber selbst auf der Straße, bei der Arbeit oder in einer Besprechung können wir Gott anrufen und ihn um seine Hilfe bitten. Wer will, findet überall Gelegenheit, sich Gott zuzuwenden. Unsere Herzenstür kann ständig für Jesus offen sein und er durch seinen Geist in uns wohnen. (Der bessere Weg zu einem neuen Leben, S. 96f.)

Suche dir einen Ort, wo du ungestört beten kannst. „Wenn du aber betest, so geh in deine Kammer", sagte Jesus (Mt 6,6a EB). Suche dir einen Ort, wo du ungestört beten kannst. Jesus hatte solche stillen Plätze, wo er mit seinem Vater Gemeinschaft pflegte, und wir sollten sie auch haben. Wir sollten uns oft an solch einen Ort zurückziehen – wie bescheiden er auch sein mag –, um mit Gott allein sein zu können.

„Bete zu deinem Vater, der im Verborgenen ist!" (V. 6b) Mit der Berufung auf Jesus können wir mit dem Vertrauen eines Kindes zu Gott kommen. Dazu brauchen wir keinen Menschen als Mittler. Wir können ihm einfach unser Herz öffnen, denn er kennt und liebt uns.

An unserem stillen Platz des Gebets, wo uns niemand sieht und hört außer Gott, können wir unserem mitleidsvollen Vater alles sagen, was wir auf dem Herzen haben. Wenn es dann in uns still geworden ist, werden wir in unserem Herzen seine Stimme vernehmen können, denn er lässt keinen Schrei aus menschlicher Not unbeantwortet.

„Der Herr [ist] voll innigen Mitgefühls und barmherzig." (Jak 5,11 EB) Er wartet in seiner unermüdlichen Liebe darauf, dass seine eigensinnigen Kinder ihr Unrecht eingestehen und von ihm Vergebung erfahren möchten. Er achtet auf Zeichen unserer Dankbarkeit, so wie eine Mutter das anerkennende Lächeln ihres geliebten Kindes würdigt. Wir sollen begreifen, wie ernsthaft und liebevoll Gott sich nach uns sehnt. Er lädt uns ein, unsere Schwierigkeiten seinem Mitgefühl anzuvertrauen, unsere Sorgen seiner Liebe, unsere Wunden seiner Heilkraft, unsere Schwachheit seiner Stärke und unseren Mangel seiner Fülle. Noch nie hat er einen Menschen enttäuscht, der aufrichtig zu ihm kam. „Wenn ihr zum Herrn blickt, dann leuchtet euer Gesicht, euer Vertrauen wird nicht enttäuscht", versicherte David (Ps 34,6 Hfa). (Das bessere Leben im Sinne der Bergpredigt, S. 87f.)

Die Wirkung des persönlichen Betens. Wer Gott in der Stille sucht, ihm seine Probleme vorträgt und ihn um Hilfe bittet, wird nicht vergeblich beten, denn Jesus versprach erneut: „Dein Vater, der in das Verborgene sieht, wird dir's vergelten." (Mt 6,6c) Wenn wir Jesus zu unserem täglichen Begleiter machen, spüren wir, dass wir von unsichtbaren Mächten umgeben werden. Indem wir auf ihn blicken, werden wir seinem Bild ähnlich [2 Kor 3,18]. Durch intensives Betrachten werden wir verwandelt. Unser Charakter wird geläutert und veredelt für das himmlische Königreich.

Ganz sicher führen der Umgang und die innige Gemeinschaft mit unserem Herrn dazu, dass wir vertrauensvoller, selbstloser und eifriger werden. Immer mehr verstehen wir dann die große Bedeutung des Gebets. Wir werden besser verstehen, wie wir beten können und sollen. Wir werden von unserem himmlischen Vater erzogen, und das wird sich im Alltag in unserem Eifer und Fleiß zeigen.

Wer sich täglich ernsthaft im Gebet an Gott wendet, um seine Hilfe, Unterstützung und Kraft zu empfangen, wird bald hohe Ziele erstreben, eine klare Vorstellung von der Wahrheit und von seinen Pflichten erhalten, aus edlen Beweggründen handeln und eine große Sehnsucht nach Rechtschaffenheit verspüren. Durch eine ständige Verbindung mit Gott können wir den Menschen in

DAS GEBET

unserer Umgebung das Licht, den Frieden und die Gelassenheit vermitteln, die unser Leben bestimmen. Die Stärke, die wir aus der Zwiesprache mit Gott empfangen, verbunden mit dem Bemühen, unser Denken zu erziehen, dass wir auf andere Menschen achten, bereitet uns auf unsere täglichen Pflichten vor und bewahrt uns in jeder Situation den inneren Frieden.

Wenn wir Gott nahekommen, wird er uns Worte schenken, mit denen wir ihn loben können. Er wird uns eine Strophe aus dem Lied der Engel lehren, die dem himmlischen Vater danken. Alles, was wir tun, spiegelt dann das Licht und die Liebe unseres Erlösers wider, der in uns wohnt. Äußere Schwierigkeiten können ein Leben, das aus dem Vertrauen auf den Sohn Gottes geführt wird, nicht aus der Bahn werfen. (Das bessere Leben im Sinne der Bergpredigt, S. 87f.)

Das persönliche Gebet ist das Leben der Seele. Als gläubiger Mensch fühlt man sich stets bedürftig und von Gott abhängig; das Herz verlangt nach ihm. Das Gebet ist eine Notwendigkeit, denn es ist das Leben der Seele. Das Gebet im Familienkreis und in der Gemeinde ist wichtig und hat seinen Stellenwert, aber die verborgene Kommunikation mit Gott erhält das Leben der Seele ... An der verborgenen Stätte der Zwiesprache mit ihm sollen wir über sein herrliches Entwicklungsziel mit der Menschheit nachdenken. Dadurch werden wir befähigt, unsere Charakterentwicklung so zu gestalten, dass in uns Gottes Verheißung erfüllt wird: „Ich will unter ihnen wohnen und wandeln und will ihr Gott sein und sie sollen mein Volk sein." (2 Kor 6,16b)

Während seines Erdenlebens bezog Jesus Weisheit und Kraft aus Stunden einsamen Gebets. Wir sollten diesem Beispiel folgen und morgens und abends eine stille Zeit schaffen, in der wir ungestört Zwiesprache mit Gott halten können. Das schließt nicht aus, dass wir uns nicht auch im Laufe des Tages immer wieder in Gedanken Gott zuwenden könnten. Jeder unserer Schritte steht unter der Verheißung: „Denn ich bin der Herr, dein Gott. Ich nehme dich an deiner rechten Hand und sage: Hab keine Angst! Ich helfe dir." (Jes 41,13 Hfa) (Erziehung, S. 259f., rev.)

Persönliche Gebete müssen nicht laut gesprochen werden. Unsere Gebete sollen Gott nicht über etwas informieren, was ihm unbekannt wäre. Der Herr kennt die Geheimnisse jedes Menschen. Unsere Gebete brauchen nicht lang oder laut zu sein. Gott liest die verborgenen Gedanken. (Ruf an die Jugend, S. 156, rev.)

Das geistliche Leben kann nicht florieren, wenn das Beten nicht zu den besonderen Übungen des Verstandes gehört. Das Gebet in der Familie oder im Gottesdienst reicht allein nicht aus. Das Gebet im Verborgenen ist sehr wichtig. In der Abgeschiedenheit liegt das Innerste des Menschen offen vor den Augen Gottes, und jedes Motiv wird geprüft.

Wie wertvoll ist das persönliche Gebet! Die Seele kommuniziert mit Gott! Das Gebet im Verborgenen hört allein Gott. Kein neugieriges Ohr hört mit. Dabei ist der Beter frei von äußeren Einflüssen und von Aufregung. Ruhig, aber inbrünstig ruft er Gott an.

Das persönliche Gebet wird oft verfälscht und verliert seinen besonderen Charakter durch das Beten mit lauter Stimme. Statt des ruhigen, stillen Vertrauens und des Glaubens an Gott, wenn der Betende in leisem und demütigem Ton sein Herz ausschüttet, wird die Stimme zu schrillen Tönen erhoben; eine aufgeregte Atmosphäre entsteht, und das persönliche Gebet verliert seine besänftigende und heiligende Wirkung. Durch den Ansturm der Gefühle und [lauten] Worte kann die leise Stimme Gottes nicht mehr durchdringen, die den Christen in seiner abgeschiedenen, echten, tief empfundenen Andacht anspricht. Wenn das persönliche Gebet auf die richtige Weise gepflegt wird, bewirkt es viel Gutes. Ein Gebet, das die gesamte Familie oder gar die Nachbarschaft hört, ist kein persönliches Gebet, selbst wenn wir dies meinen, und wir empfangen daraus keine göttliche Kraft.

Ein positiver und nachhaltiger Einfluss kommt von Gott, der ins Verborgene sieht und dessen Ohr offen ist für das Gebet des Herzens. Durch ruhiges, einfaches Vertrauen haben wir Gemeinschaft mit Gott und empfangen göttliche Lichtstrahlen, die uns stärken und Kraft geben, die Anfechtungen Satans zu ertragen. Gott ist die Quelle der Kraft. (Testimonies for the Church, Bd. 2, S. 189f.)

Das Gebet

Geistliche Stärke zum Leben in dieser Welt kommt nur durch das persönliche Gebet. Diejenigen, die die ganze Waffenrüstung Gottes anziehen [Eph 6,11–18] und sich jeden Tag Zeit nehmen zur Betrachtung Jesu und zum Nachdenken über ihn, zum Beten und zum Studium der Bibel, werden mit dem Himmel verbunden sein und einen rettenden, verändernden Einfluss auf ihre Mitmenschen haben. Sie werden tiefe Gedanken, edle Motive und klare Vorstellungen von der Wahrheit und von ihrer Pflicht Gott gegenüber besitzen. Sie werden sich nach Reinheit, Licht, Liebe, nach allen Gnadengaben des Himmels sehnen. Mit ihren ernsten Gebeten werden sie bis in „das Innere hinter dem Vorhang" [des himmlischen Allerheiligsten] gelangen (Hbr 6,19). Diese Christen werden mit einer heiligen Kühnheit in die Gegenwart des Unendlichen kommen. Sie werden spüren, dass das Licht und die Herrlichkeit des Himmels für sie bestimmt sind, und durch diese enge Vertrautheit mit Gott werden sie geläutert, erhöht und veredelt. Dies ist das Vorrecht wahrer Christen.

Abstrakte Meditation [über Gott und die Bibel] reicht nicht, eifrige Aktivität reicht nicht; beides sind zwar wesentliche Faktoren der christlichen Charakterbildung, aber erst die Stärke, die wir durch ernstes, persönliches Gebet erlangen, bereitet uns darauf vor, den Verführungen der Gesellschaft zu widerstehen. Und doch sollen wir uns nicht von der Welt absondern, denn unsere christliche Erfahrung besteht darin, dass wir „das Licht der Welt" sein sollen (Mt 5,14). Nichtchristen werden uns nicht schaden können, wenn wir uns in ihre Gesellschaft begeben, um sie mit Gott bekanntzumachen, wenn wir stark genug sind, ihrem Einfluss zu widerstehen. (Testimonies for the Church, Bd. 5, S. 112f.)

Inmitten der Gefahren dieser letzten Tage besteht die einzige Sicherheit für die Jugend in ständig zunehmender Wachsamkeit und im Gebet. Der junge Mensch, der seine Freude im Lesen des Wortes Gottes und in der Stunde des Gebets findet, wird durch die Quelle des Lebens beständig erfrischt. Er wird eine moralische Vortrefflichkeit und eine Tiefe der Gedanken erreichen, die sich Andere nicht vorstellen können. Gemeinschaft mit Gott führt zu guten

Gedanken, edlem Streben, einem klaren Verständnis der Wahrheit und positiven Absichten in unserem Handeln. Diejenigen, die sich auf diese Weise mit Gott verbinden, werden von ihm als seine Söhne und Töchter anerkannt. Sie werden beständig höhere Ziele erreichen und klarere Erkenntnisse über Gott und die Ewigkeit erhalten, bis der Herr sie zu Kanälen des Lichts und der Weisheit für die Welt werden lässt. (Ruf an die Jugend, S. 156, rev.)

Das persönliche Gebet führt zur Selbsterkenntnis und zum Pflichtbewusstsein. Nichts vermittelt eine so klare Selbsterkenntnis wie das persönliche Gebet. Er, der in das Verborgene sieht und alle Dinge kennt, wird deinen Verstand erleuchten und auf deine Bitten antworten. Klare, einfache Pflichten, die nicht vernachlässigt werden dürfen, werden dir deutlich werden. (Testimonies for the Church, Bd. 5, S. 163)

Wer sich vom persönlichen Gebet abhalten lässt, wird Fehler machen. Wenn wir es zulassen, dass uns die Hektik der Arbeit davon abhält, den Herrn täglich zu suchen, werden wir die größten Fehler machen; wir werden Verluste erleiden, denn der Herr ist nicht mit uns. Wir haben die Tür verschlossen, sodass er keinen Zugang zu unserer Seele mehr hat. Aber wenn wir beten, selbst wenn unsere Hände beschäftigt sind, ist das Ohr des Erlösers offen für unsere Bitten. ... Gott kümmert sich an dem Platz um dich, wo dich deine Pflicht hinführt. Aber versuche, so oft wie möglich dorthin zu gehen, wo man das Gebet pflegt. (Medical Ministry, S. 216)

Die Vernachlässigung des persönlichen Gebets ist fortschreitend. Hüte dich davor, das Gebet im Verborgenen und das Studium des Wortes Gottes zu vernachlässigen. Das sind deine Waffen gegen den, der bestrebt ist, deinen Fortschritt himmelwärts zu verhindern. Die erste Vernachlässigung des Gebets und des Bibelstudiums macht die zweite Vernachlässigung leichter. Der erste Widerstand gegen das Flehen des Heiligen Geistes bereitet den Weg für den zweiten. So wird das Herz verhärtet und das Gewissen abgestumpft. (Ruf an die Jugend, S. 59, rev.)

Das Gebet

Beschäftige dich nicht mit der Art von Vergnügen, die dich am persönlichen Gebet hindert. Jedes Vergnügen, bei dem ihr im Glauben um den Segen Gottes bitten könnt, ist ungefährlich. Aber Jedes Vergnügen, das euch für das Gebet im Verborgenen untüchtig macht, euch die Andacht beim Beten raubt oder von der Teilnahme an einer Gebetsversammlung abhält, ist nicht sicher, sondern gefährlich. (Ruf an die Jugend, S. 245, rev.)

„Götzen" lassen das persönliche Gebet vergessen. Unser Schöpfer verlangt unsere ganze Hingabe und Treue. Alles, was unsere Liebe zu Gott beeinträchtigen oder uns am Dienst für ihn hindern könnte, wird damit zum Götzen. Für manche sind ihr Grundbesitz, ihre Häuser oder ihre Geschäfte wie Götzen. Geschäftliche Unternehmungen werden mit großem Eifer und viel Energie verfolgt, während der Dienst für Gott zur Nebensache wird. Die Familienandacht wird vernachlässigt und das persönliche Gebet vergessen. (Signs of the Times, 26. Januar 1882; zitiert im Seventh-day Adventist Bible Commentary, Bd. 2, S. 1011f.)

Wir müssen ständig wachsam sein und täglich beten. Am Anfang des Bösen steht die Vernachlässigung der Wachsamkeit und des Gebets im Verborgenen, dann folgt die Nachlässigkeit in anderen religiösen Pflichten, und so wird allen folgenden Sünden der Weg bereitet. Jeder Christ ist den Verlockungen der Welt, dem Drang seiner fleischlichen Natur und den direkten Versuchungen Satans ausgesetzt. Niemand ist sicher. Unabhängig von unseren Glaubenserfahrungen oder unserer Position müssen wir ständig wachsam sein und beten. Täglich müssen wir uns vom Geist Gottes kontrollieren lassen, sonst werden wir von Satan kontrolliert. (Testimonies for the Church, Bd. 5, S. 102)

Kapitel 14

Das Gebet in der Familie

Eltern sollen ihre Kinder jeden Morgen und Abend um sich versammeln und beten. Das Leben Abrahams, des Freundes Gottes [Jak 2,23b], war ein Leben des Gebets. Überall, wo er seine Zelte aufschlug, errichtete er dicht daneben auch einen Altar [1 Mo 12,7.8], auf dem er morgens und abends Opfer darbrachte. Brach er sein Zelt ab, blieb der Altar zurück. Erreichte ein wandernder Kanaaniter jenen Altar, so wusste er, wer dort gewesen war. Wenn er dann sein Zelt aufgeschlagen hatte, besserte er den Altar aus und betete den lebendigen Gott an.

So sollten christliche Heime Lichter in der Welt sein. Von ihnen sollten morgens und abends Gebete als süßer Geruch zu Gott emporsteigen. Dann werden seine Gnadengaben und Segnungen gleich dem Morgentau auf die Betenden herabkommen.

Väter und Mütter, sammelt eure Kinder jeden Morgen und Abend um euch und erhebt eure Herzen in demütigem Flehen zu Gott um seinen Beistand! Eure Lieben sind Versuchungen ausgesetzt; täglich sind Jung und Alt auf ihren Wegen von Schwierigkeiten umgeben. Wer ein Leben in Geduld, Liebe und Freude führen möchte, muss beten. Nur wenn wir beständig Hilfe von Gott empfangen, können wir den Sieg über die Selbstsucht davontragen.

Weiht euch und eure Kinder jeden Morgen aufs Neue dem Herrn. (Aus der Schatzkammer der Zeugnisse, Bd. III, S. 78f., rev.)

Wie die Patriarchen vor alters sollten alle, die bekennen, Gott zu lieben, ihm einen Altar errichten, wo immer sie wohnen. Wenn es je eine Zeit gab, in der jedes Haus ein Bethaus sein müsste, ist das heute. Väter und Mütter sollten sich oft fürbittend für sich und ihre Kinder an Gott wenden. Als Priester der Familie pflege der Vater mit seiner Frau und den Kindern das Morgen- und Abendgebet. In solchem Haus wird Jesus gern verweilen. Jede christliche Familie sollte heiliges Licht ausstrahlen. Liebe sollte sich in Taten beweisen. Sie würde sich auf alle Beziehungen auswirken und sich in bewusster Freundlichkeit und gütiger, selbstloser Höflichkeit zeigen. Es gibt Familien, in denen nach diesen Grundsätzen gehandelt wird; bei ihnen wird Gott angebetet und herrscht echte Liebe. Von ihnen steigen morgens und abends Gebete zu Gott auf, und seine Segnungen kommen auf den Bittenden wie der Morgentau herab. (Patriarchen und Propheten, S. 122f, rev.)

Der Herr interessiert sich besonders für die Familien seiner Kinder hier auf der Erde ... In jeder Familie soll das Gebet am Morgen und in den Abendstunden zu Gott aufsteigen und die Verdienste des Erlösers zu euren Gunsten vor Gott bringen. Am Morgen und am Abend blickt das himmlische Universum auf jede betende Familie. (My Life Today, S. 29)

Die ersten Gedanken eines Christen am Morgen sollten Gott gelten. Die Arbeit und eigene Interessen sollten erst an zweiter Stelle stehen. Kinder soll man lehren, die Stunde des Gebets zu achten und Ehrfurcht vor ihr zu haben ... Es ist die Pflicht christlicher Eltern, morgens und abends durch ernstes Gebet und ausdauernden Glauben einen Schutzwall um ihre Kinder zu errichten. Sie sollen sie geduldig anweisen und sie freundlich und unermüdlich lehren, wie sie leben können, um Gott zu gefallen. (Child Guidance, S. 519)

Das Gebet in der Familie gibt Stärke und Segen. Wir sollten noch viel mehr zu Gott beten. Das gemeinsame Gebet – mit unseren Kindern und für sie – gibt uns große Stärke Kraft und viel Segen. Wenn meine Kinder Unrecht getan haben, und ich mit ihnen freundlich gesprochen und dann mit ihnen gebetet habe, gab es danach nie die Notwendigkeit, sie zu bestrafen. Ihre Herzen waren zärtlich bewegt durch den Heiligen Geist, der als Antwort auf das Gebet wirkte. (Child Guidance, S. 525)

Lehrt eure Kinder, die Andachtszeit zu respektieren. Erzieht eure Kinder, freundlich, rücksichtsvoll, sanftmütig und hilfsbereit zu sein und vor allem geistliche Dinge zu respektieren und die Forderungen Gottes ernst zu nehmen. Lehrt sie, die Stunde des Gebets zu respektieren. Morgens sollen sie rechtzeitig aufstehen, um an der Familienandacht teilzunehmen. (Child Guidance, S. 521)

Die Familienandacht soll nicht vernachlässigt werden, auch wenn viel zu tun ist. Die Familienandacht sollte sich nicht nach den Umständen richten. Ihr sollt nicht nur gelegentlich beten und das Gebet vernachlässigen, wenn viel zu tun ist. Wenn ihr so handelt, lehrt ihr eure Kinder, das Gebet als etwas Unwichtiges anzusehen. Gebet bedeutet für die Kinder Gottes sehr viel. Dankopfer sollen morgens und abends zu Gott aufsteigen, wie der Psalmist uns sagt: „Kommt, lasst uns dem Herrn zujubeln! Wir wollen ihn laut preisen, ihn, unseren mächtigen Retter! Lasst uns dankbar zu ihm kommen und ihn mit fröhlichen Liedern besingen!" (Ps 95,1.2 Hfa)

Ihr Väter und Mütter, auch wenn ihr noch so viel zu tun habt, versäumt es nicht, eure Familie um den Altar Gottes zu versammeln! Bittet um den Schutz heiliger Engel in eurem Hause. Denkt daran, dass eure Lieben Versuchungen ausgesetzt sind. (Child Guidance, S. 520)

Auch wenn Gäste da sind, sollte die Familienandacht nicht ausfallen. Lasst uns bei unseren Bemühungen um das Wohl und Glück unserer Gäste unsere Verpflichtungen Gott gegenüber nicht vergessen. Die Stunde des Gebets sollte unter keinen Umständen vernachlässigt werden. Unterhaltet und amüsiert euch nicht so lange, bis alle zu müde für die Andachtszeit sind. Wenn ihr dies tut, präsentiert ihr Gott ein unnützes Opfer. Wir sollten unser Gebet zur frühen Abendstunde sprechen, wenn wir ohne Eile und noch verständlich beten können, und unsere Stimme zu freudigem, dankbarem Lob erheben.

Das Gebet

Alle, die bei Christen zu Gast sind, sollen erleben, dass die Stunde des Gebets die wertvollste, heiligste und glücklichste Stunde des Tages ist. Diese Andachtszeit übt einen veredelnden und erhebenden Einfluss auf alle aus, die an ihr teilnehmen. Sie bringt dem Geist Frieden und Ruhe. (Child Guidance, S. 520f.)

Die Familienandacht sollte kurz sein und anregend gestaltet werden. In jeder Familie sollte man eine bestimmte Zeit für die Morgen- und Abendandacht haben. Wie angemessen ist es für die Eltern, ihre Kinder noch vor dem Frühstück um sich zu versammeln, um dem himmlischen Vater für den Schutz in der Nacht zu danken und ihn um seine Hilfe, Führung und Obhut für den Tag zu bitten! Am Abend ist es angebracht, dass die Eltern mit ihren Kindern noch einmal vor Gott treten und ihm für die Segnungen des vergangenen Tages danken!

Die Andacht sollte der Vater oder … die Mutter leiten und dazu ein Schriftwort wählen, das anziehend und leicht verständlich ist. Die Andacht sollte kurz sein. Wird ein langes Kapitel gelesen und ein längeres Gebet gesprochen, wirkt die Andacht ermüdend; man fühlt sich erleichtert, wenn sie endlich beendet ist. Gott wird entehrt, wenn die Andachtsstunde trocken, ermüdend, langweilig und so wenig anziehend ist, dass die Kinder ungern daran teilnehmen.

Väter und Mütter, gestaltet die Andachtsstunde besonders anregend. Warum sollte diese Zeit nicht die angenehmste und schönste des ganzen Tages sein? Einige Augenblicke der Vorbereitung würden es ermöglichen, sie anziehend und nutzbringend zu gestalten. Von Zeit zu Zeit sollte eine Abwechslung in der Andacht eintreten. So könnte man über das verlesene Bibelwort Fragen stellen und einige bedeutungsvolle und passende Bemerkungen hinzufügen. Auch kann man ein Loblied singen lassen. Das Gebet sollte kurz und treffend sein. In einfachen Worten danke der Betende Gott für seine Güte und bitte ihn um seine Hilfe. Je nach den Umständen können sich auch die Kinder am Lesen und am Gebet beteiligen. Erst die Ewigkeit wird offenbaren, wie viel Gutes solche Andachten bewirkt haben. (Aus der Schatzkammer der Zeugnisse, Bd. III, S. 77f., rev.)

Das Gebet in der Familie

Jedes Kind soll die Familienandacht mitgestalten. Alle sollen ihre Bibeln mitbringen und ein oder zwei Verse lesen. Dann singt ein bekanntes Lied, gefolgt von einem Gebet. Dafür hat uns Christus ein Beispiel gegeben. Das Vaterunser war nicht gedacht, als bloße Form wiederholt zu werden, sondern es ist ein Beispiel dafür, wie unsere Gebete sein sollen – einfach, ernst und verständlich. Sagt dem Herrn mit einfachen Bitten, was ihr nötig habt, und dankt ihm für seine Gnadengaben. So werdet ihr Jesus als willkommenen Gast in euer Heim und Herz einladen. In der Familie sind lange Gebete, die sich auf entfernte Dinge beziehen, nicht angebracht. Sie machen die Gebetszeit zu einer ermüdenden Zeit, sie sollte aber vielmehr als Vorrecht und Segen angesehen werden. Macht diese Zeit zu einer interessanten und fröhlichen Zeit. (Child Guidance, S. 524)

In der Familiengemeinde sollen die Kinder lernen, zu beten und auf Gott zu vertrauen. Lehrt sie, sich Gottes Gesetz einzuprägen. Hinsichtlich der Gebote erhielten die Israeliten die Unterweisung: Du „sollst sie deinen Kindern einschärfen und davon reden, wenn du in deinem Hause sitzt oder unterwegs bist, wenn du dich niederlegst oder aufstehst" (5 Mo 6,7). Kommt in Demut [zu Gott], mit einem Herzen voller Liebe und in dem Bewusstsein der Versuchungen und Gefahren für euch und eure Kinder. Im Glauben bringt sie zum Altar [Gottes] und erbittet für sie die Fürsorge des Herrn. Übt mit den Kindern, ihre einfachen Worte des Gebets zu sprechen. Sagt ihnen, dass Gott sich freut, wenn sie ihn anrufen. (Counsels to Parents, Teachers and Students, S. 110)

Sprecht das Gebet bei der Familienandacht klar und deutlich. Haltet eure Kinder durch euer eigenes Beispiel dazu an, mit klarer, deutlicher Stimme zu beten. Lehrt sie, ihren Kopf nicht auf den Stuhl zu legen und niemals das Gesicht mit den Händen zu bedecken. So können sie ihre einfachen Gebete sprechen und gemeinsam das Vaterunser beten. (Child Guidance, S. 522f.)

Eine Familienandacht, die zur leeren Form geworden ist, akzeptiert Gott nicht. In vielen Fällen ist die Morgen- und Abendandacht

Das Gebet

nur noch eine Formsache, eine stumpfsinnige, monotone Wiederholung von erlernten Sätzen, in denen weder Dankbarkeit noch die Bedürfnisse ausgedrückt werden. Einen solchen Dienst akzeptiert der Herr nicht. Aber die Bitten eines demütigen Herzens und eines zerschlagenen Geistes [Jes 57,15] wird er nicht zurückweisen. Wenn wir unserem himmlischen Vater unsere Herzen öffnen, wenn wir unsere völlige Abhängigkeit anerkennen, wenn wir unsere Bedürfnisse nennen, wenn wir unsere dankbare Liebe ausdrücken – dann handelt es sich um ein echtes Gebet. (Child Guidance, S. 518)

Eltern brauchen ganz besonders Gottes Hilfe. Jede Familie soll ihren Gebetsaltar aufstellen und daran denken, dass „die Furcht des Herrn der Weisheit Anfang" ist (Ps 110,10; Spr 9,10a). Wenn irgendwelche Menschen auf der Welt die Stärke und Ermutigung brauchen, die der Glaube vermittelt, dann diejenigen, die für die Erziehung und Ausbildung von Kindern verantwortlich sind. Eltern können ihre Aufgabe nicht auf gottgefällige Weise ausführen, wenn ihr tägliches Beispiel ihre Kinder lehrt, es sei möglich, ohne Gott zu leben. Wenn sie ihre Kinder nur für dieses Leben erziehen, dann werden sie sie nicht auf die Ewigkeit vorbereiten. Sie werden so sterben, wie sie gelebt haben – ohne Gott –, und die Eltern werden für den Verlust ihrer Seelen verantwortlich gemacht werden. Ihr Väter und Mütter: Morgens und abends müsst ihr Gott am Familienaltar suchen, damit ihr lernt, wie ihr eure Kinder weise, sensibel und liebevoll erziehen könnt. (Child Guidance, S. 517)

Eltern sollen Gott um Führung und ein klares Unterscheidungsvermögen bitten. Eltern, demütigt euch vor Gott. Arbeitet gründlich mit euren Kindern. Bittet den Herrn, euch die Missachtung seines Wortes zu vergeben, weil ihr es versäumt habt, eure Kinder die Wege zu lehren, die sie gehen sollten. Bittet um Licht und Führung, um ein sensibles Gewissen und ein klares Unterscheidungsvermögen, damit ihr eure Fehler und euer Scheitern erkennt. Gott wird solche Gebete aus einem demütigen und zerschlagenen Herzen hören. (Child Guidance, S. 557)

Das Gebet in der Familie

Eltern sollen Gott bitten, sie in ihrer Aufgabe zu führen; dann gewinnen sie ein klares Verständnis für ihre große Verantwortung. Im Gebet können sie ihre Kinder dem Herrn anvertrauen. Seine Weisungen bewahren sie vor Fehlentscheidungen in der Familie. (Glück fängt zu Hause an, S. 125, rev.)

Eltern können durch ihre Gebete ein Bollwerk gegen Satan errichten. Eltern könnten durch aufrichtiges, inbrünstiges Gebet ihre Kinder mit einem Zaun umgeben. In völligem Glauben sollten sie darum beten, dass Gott bei ihnen bleibe und heilige Engel sie und ihre Kinder vor der grausamen Macht Satans bewahre. (Aus der Schatzkammer der Zeugnisse, Bd. III, S. 77)

Ihr habt Kinder in die Welt gesetzt, die nicht gefragt wurden, ob sie leben wollen. Ihr seid weitgehend verantwortlich für ihr zukünftiges Glück und ihr ewiges Wohlergehen. Euch obliegt die Aufgabe – ob ihr dies wisst oder nicht –, eure Kinder für Gott zu erziehen, eifersüchtig das erste Nahen des gerissenen Feindes zu beobachten und darauf vorbereitet zu sein, ein Bollwerk gegen ihn zu errichten. Baut eine Festung aus Gebet und Glauben um eure Kinder und achtet sorgfältig auf sie. Nicht einen Moment seid ihr sicher vor den Angriffen Satans. (Testimonies for the Church, Bd. 2, S. 397f.)

Es gibt keine dauerhafte Zuneigung, selbst innerhalb der Familie, wenn man kein gemeinsames Ziel hat und wenn der Wille Gottes nicht bejaht wird. Alle Fähigkeiten und Neigungen sollen in Einklang mit dem Wesen Jesu gebracht werden.

Wenn die Eltern in der Liebe zu Gott und der Ehrfurcht vor ihm einig sind, in ihrer Familie Autorität zu haben, werden sie erkennen, wie notwendig es ist, viel zu beten und in allem nüchtern und überlegt zu handeln. In steter Gemeinschaft mit Gott werden sie erkennen, dass himmlische Boten sie beschützen als Antwort auf ihre Gebete. Sie werden ihre Charakterschwächen überwinden und der Vollkommenheit ein Stück näher kommen. (Glück fängt zu Hause an, S. 121f., rev.)

Das Gebet

Der ganze Himmel nimmt Anteil an der Aufgabe der Eltern. Ihr Eltern, setzt ihr euch mit unermüdlicher Energie für das Wohl eurer Kinder ein? Der Gott des Himmels sieht eure Sorge, euer ernstes Bemühen und eure beständige Wachsamkeit. Er hört eure Gebete. Erzieht eure Kinder mit Geduld und Feingefühl für den Herrn. Der ganze Himmel nimmt Anteil an eurer Aufgabe. Engel des Lichts werden sich mit euch verbinden, wenn ihr versucht, eure Kinder zum Himmel zu führen. Gott wird euch beistehen und eure Mühe mit Erfolg krönen. Christus hat Freude daran, eine christliche Familie zu ehren; denn eine solche Familie ist ein Symbol für die himmlische Familie. (Advent Review and Sabbath Herald, 29. Januar 1901; vgl. Glück fängt zu Hause an, S. 64)

Gott wird Eltern helfen, die ihre Kinder sorgfältig und unter Gebet erziehen. Ohne menschliches Bemühen ist die göttliche Mühe vergeblich. Gott wird gewaltig wirken, wenn Eltern in vertrauensvoller Abhängigkeit von ihm ihre heilige Verantwortung erkennen und versuchen, ihre Kinder richtig zu erziehen. Er wird Eltern helfen, die ihre Kinder gewissenhaft und unter Gebet leiten. Er wird in ihnen „nicht nur das Wollen" bewirken, „sondern auch das Vollbringen" (Phil 2,13 GNB).

Menschliches Bemühen allein verschafft unseren Kindern keinen vollkommenen Charakter, aber mit Gottes Hilfe kann dieses große, heilige Werk gelingen. (Glück fängt zu Hause an, S. 65, rev.)

Als „gute Verwalter der verschiedenartigen Gnade[ngaben] Gottes" (1 Ptr 4,10) sollen Eltern in Geduld und Liebe ihre Aufgabe erfüllen. Von ihnen wird erwartet, dass sie sich als treu erweisen [1 Kor 4,2]. Alles soll im Glauben geschehen. Beständig müssen sie darum beten, dass Gott ihren Kindern seine Gnadengaben schenkt. Nie sollen sie in ihrem Werk erlahmen, ungeduldig oder mürrisch werden. Sie müssen die Nähe Gottes suchen und ein enges Verhältnis zu ihren Kindern haben. Wenn Eltern geduldig und liebevoll sind und sich ernstlich bemühen, ihren Kindern zu helfen, den höchsten Stand der [sittlichen] Reinheit und des Anstands zu erreichen, werden sie Erfolg haben. (Glück fängt zu Hause an, S. 65f., rev.)

Das Gebet in der Familie

Die Gebete der Mütter haben großen Einfluss. Gläubige Eltern betrachten ihre Kinder mit unbeschreiblichen Gefühlen der Hoffnung und der Furcht und fragen sich in ihrer Erziehung immer wieder, welche Rolle ihre Kinder in dem großen Konflikt spielen werden, der ihnen bevorsteht. Voller Sorge fragt sich die Mutter: *Welchen Standpunkt werden sie einnehmen? Was kann ich tun, damit sie ihre Aufgabe gut erfüllen und einmal die ewige Herrlichkeit erleben können?* Eine Mutter trägt eine große Verantwortung. Auch wenn sie in keinem Parlament sitzt, ist doch ihre Aufgabe für Gott und für die Gesellschaft von großer Bedeutung. Sie erzieht ihre Kinder und hilft ihnen dabei, einen Charakter zu entfalten, der vor schlechten Einflüssen bewahrt und Anderen ein Vorbild zum Guten ist. Mit ihren anhaltenden, vertrauensvollen Gebeten kann sie den Arm bewegen, der die Welt bewegt. (Glück fängt zu Hause an, S. 97, rev.)

Der Einfluss einer betenden Mutter kann gar nicht hoch genug geschätzt werden. Auf allen ihren Wegen fragt sie nach Gott. Sie nimmt ihre Kinder mit vor den Thron der Gnade und bringt sie vor Jesus, den sie um seinen Segen für sie bittet. Für solche Kinder ist die Wirkung solcher Gebete wie eine „Quelle des Lebens" (Spr 16,22 EB). Diese im Glauben gesprochenen Gebete sind die Stütze und Kraft einer gläubigen Mutter. Wenn wir das Gebet mit unseren Kindern vernachlässigen, verlieren wir eine der größten Segnungen, die uns zur Verfügung stehen, eine der größten Hilfsmittel inmitten der Probleme, Sorgen und Lasten unseres Lebens. (The Adventist Home, S. 266)

Die Macht der Gebete einer Mutter kann nicht hoch genug eingeschätzt werden. Sie, die neben ihrem Sohn und ihrer Tochter kniet, in den Wechselfällen der Kindheit, in den Anfechtungen der Jugend, wird bis zum jüngsten Gericht nicht wissen, welchen Einfluss ihre Gebete auf das Leben ihrer Kinder hatten. Wenn sie durch den Glauben mit dem Sohn Gottes verbunden ist, kann die sanfte Hand der Mutter ihren Sohn vor der Macht der Versuchung bewahren und ihre Tochter vor der Sünde schützen. Wenn die Leidenschaften um die Vorherrschaft kämpfen, können die Macht der

Liebe und der bremsende, entschlossene Einfluss der Mutter das rechte Verhalten bewirken. (The Adventist Home, S. 266)

Sei die helfende Hand von Christus, um seine Ziele zu verwirklichen. Durch das Gebet kannst du Erfahrungen machen, die den Dienst an deinen Kindern zu einem vollkommenen Erfolg werden lassen. (Child Guidance, S. 69)

Würden Mütter nur die Bedeutung ihrer Aufgabe erkennen, dann pflegten sie viel mehr das Gebet im Verborgenen. Sie würden ihre Kinder vor Gott bringen und ihn um Segen und Weisheit bitten, um ihre heilige Pflicht in rechter Weise zu erfüllen. Jede Gelegenheit wäre ihnen recht, das Verhalten und die Gewohnheiten ihrer Kinder zum Guten zu prägen, allzu vorherrschende Charakterzüge zurückzudrängen und schwach ausgebildete Eigenschaften zu fördern. Dabei sollte ihr eigenes Leben ein reines, edles Vorbild sein.

Die Mutter kann ihre Aufgabe mit Zuversicht anpacken, wenn sie sich bei allen ihren Bemühungen immer völlig auf Gottes Hilfe verlässt. Ihre ganze Kraft gilt dem Ziel, dass ihre Kinder eine positive charakterliche Entwicklung nehmen. Es gilt höhere Lebensziele anzustreben, als nur das eigene Vergnügen zu suchen. (Glück fängt zu Hause an, S. 98, rev.)

Der Vater aller Menschen, der seinen Sohn auf die Erde sandte ... wird die Gebete gläubiger Mütter nicht überhören. Er wird sich nicht von euren Bitten abwenden und euch und die Euren am großen Tag des letzten Kampfes nicht den Täuschungen Satans überlassen. Eure Aufgabe besteht darin, mit Einfachheit und Treue zu arbeiten, und Gott wird das Werk eurer Hände segnen. (Child Guidance, S. 526)

Der Einfluss einer betenden, gottesfürchtigen Mutter wird bis in die Ewigkeit reichen. Sie selbst mag sterben, aber ihr Werk wird weiterbestehen. (Testimonies for the Church, Bd. 4, S. 500)

Kapitel 15

Gebete in Versammlungen

Gebetsversammlungen zu besuchen ist wichtig. Nutze jede Gelegenheit, dorthin zu gehen, wo das Gebet gepflegt wird. Ob uns wirklich etwas an der Gemeinschaft mit Gott liegt, zeigt sich auch daran, dass wir mit anderen Christen zusammenkommen und die Gelegenheiten nutzen, gemeinsam zu beten und in der Bibel zu studieren. (Der bessere Weg zu einem neuen Leben, S. 96)

Wenn der Heilige Geist am Herzen wirkt und den Seelentempel von seiner Befleckung durch Weltlichkeit und Vergnügungsliebe reinigt, werden alle in die Gebetsversammlung kommen, treu ihre Pflicht tun und voll Ernst und Eifer danach trachten, so viel Segen wie möglich zu empfangen. Der treue Mitarbeiter des Herrn wird jede Gelegenheit nutzen, die Lichtstrahlen zu empfangen, die vom Thron Gottes kommen, und sein Licht wird wiederum auf Andere scheinen. (Testimonies for the Church, Bd. 4, S. 461)

Am Abend, am Mittag oder am frühen Morgen sollen sich kleine Gruppen versammeln, um die Bibel zu studieren. Sie sollen miteinander beten, damit sie vom Heiligen Geist gestärkt, erleuchtet und geheiligt werden. Christus möchte, dass dies im Herzen jedes Mitarbeiters geschieht. Wenn ihr die Tür öffnet, dann wird großer Segen zu euch kommen. Engel Gottes werden eure Versammlung besuchen. Ihr werdet von den Blättern des Lebensbaumes essen. Welch ein Zeugnis von der liebevollen Gemeinschaft mit euren Mitgläubigen werdet ihr von dieser wertvollen Zeit ablegen können, wenn ihr um den Segen Gottes gebetet habt! Jeder soll seine

Erfahrung mit einfachen Worten erzählen. Dadurch wird mehr Trost und Freude vermittelt als durch all die schönen Musikinstrumente, die man in die Gemeinden bringen könnte. Christus wird in eure Herzen kommen. Nur auf diese Weise könnt ihr eure Rechtschaffenheit erhalten. (Testimonies for the Church, Bd. 7, S. 195)

Gebet in öffentlichen Versammlungen ist wichtig. Das persönliche Gebet, das Gebet in der Familie, das Gebet in öffentlichen Versammlungen zur Anbetung Gottes – alle sind wichtig. Und wir sollen entsprechend unseren Gebeten leben und mit Jesus in seinem Werk zusammenarbeiten. (Testimonies for the Church, Bd. 7, S. 239)

In unseren gottesdienstlichen Versammlungen sollen unsere Stimmen durch Lob und Gebet die Anbetung des himmlischen Vaters zum Ausdruck bringen, damit alle wissen, dass wir Gott in Einfachheit und Wahrheit und in der Schönheit der Heiligkeit anbeten [Ps 29,2 KJV]. (Counsels to Teachers, Parents, and Students, S. 245)

Öffentliche Gebete sollten kurz und treffend sein. Die öffentlich dargebrachten Gebete sollen kurz und treffend sein. Gott will nicht, dass der Gottesdienst durch lange Bitten ermüdend wirkt ...

Nur wenige Minuten genügen für ein gewöhnliches öffentliches Gebet. Es mag Zeiten geben, wo in einer besondern Art und Weise Bitten vom Geiste Gottes eingegeben werden ... Zu solchen Zeiten mag ein längeres Gebet passend sein. (Diener des Evangeliums, S. 155f., rev.)

Öffentliche Gebete sollten deutlich artikuliert werden. Diejenigen, die [öffentlich] beten und reden, sollen ihre Worte richtig aussprechen und klar, deutlich und gleichmäßig artikulieren. Wenn es in der rechten Weise dargebracht wird, ist ein Gebet eine Macht zum Guten. Es ist ein Mittel, das der Herr verwendet, um den Menschen die wertvollen Schätze der Wahrheit mitzuteilen.

Doch viele Gebete sind nicht das, was sie sein sollten. Das liegt an den mangelhaften Stimmen derer, die sie aussprechen. Satan freut sich, wenn die an Gott gerichteten Gebete kaum zu hören sind.

Gottes Volk soll lernen, wie man auf eine Art und Weise spricht und betet, die den großen Wahrheiten gerecht wird, die ihm anvertraut sind. Die vorgebrachten Zeugnisse und gesprochenen Gebete sollen klar und deutlich sein. Dann wird Gott verherrlicht. (Testimonies for the Church, Bd. 6, S. 382)

Bei öffentlichen Gebeten soll eine respektvolle und einfache Sprache verwendet werden. Einige halten es für ein Zeichen der Demut, in einer gewöhnlichen Weise mit Gott zu reden, als ob sie mit einem menschlichen Wesen sprächen. Sie entheiligen Gottes Namen, indem sie unnötig und unehrerbietig in ihrem Gebet die Worte „allmächtiger Gott" wiederholen – inhaltsschwere, heilige Worte, die nie über die Lippen kommen sollten, es sei denn in unterwürfigem Ton und mit dem Gefühl heiliger Scheu.

Hochfliegende Ausdrücke sind unpassend für das Gebet, ob es öffentlich, im Familienkreis oder im Kämmerlein verrichtet wird. Besonders im öffentlichen Gebet sollte man sich einer einfachen Sprache bedienen, damit alle das Gesagte verstehen und mitbeten können. Es ist das vom Herzen kommende Gebet des Glaubens, das im Himmel gehört und auf Erden beantwortet wird. (Diener des Evangeliums, S. 157)

Gebete sind wichtig für eine wirkungsvolle Predigt. Der Prediger sollte mit ernster und würdiger Miene das Podium betreten. Wenn er das Sprechpult betritt, sollte er sich in stillem Gebet vor Gott beugen und Gott ernstlich um Beistand bitten. Welch einen Eindruck wird dies machen! Feierlicher Ernst wird über die Versammelten kommen. Ihr Prediger redet mit Gott, er befiehlt sich Gott an, ehe er es wagt, vor die Gemeinde zu treten. Ehrfurcht ruht auf allen ... Mit dem Prediger sollte sich jeder in der Versammlung, ... mit gebeugtem Haupt in stillem Gebet vereinen, damit Gott die Versammlung durch seine Gegenwart ehren und der von menschlichen Lippen verkündigten Wahrheit Kraft verleihen möge.

Wird die Versammlung mit Gebet eröffnet, dann sollte sich jedes Knie in der Gegenwart des Heiligen beugen und sich jedes Herz in stiller Andacht zu Gott erheben. Die Gebete treuer Anbeter werden erhört, und die Predigt des Wortes wird wirkungsvoll sein. Die Gleichgültigkeit der Anbeter im Hause Gottes ist ein wesentlicher Grund, wenn die Predigt nicht mehr Gutes schafft. Das Lied ist eines der Mittel Gottes zur Rettung von Seelen, wenn es klar und deutlich von vielen Gliedern gesungen wird. Der ganze Gottesdienst sollte mit solchem Ernst und solcher Ehrfurcht durchgeführt werden, als wäre der Herr der Gemeinde sichtbar zugegen. (Aus der Schatzkammer der Zeugnisse, Bd. II, S. 174, rev.)

In öffentlichen Gebeten nur ausnahmsweise für die eigene Familie beten. Unordnung erregt Gottes Missfallen, deshalb sollten Gebete und Lieder nach einer festgelegten Reihenfolge vor sich gehen. Es ist besser, für unsere Familien in der Gemeinde nur dann zu beten, wenn uns ein tiefes Verlangen dazu treibt, während Gottes Geist sie überführt. Im Allgemeinen ist die häusliche Gebetsgemeinschaft der geeignetere Ort, um unsere Angehörigen der Fürsorge Gottes anzuvertrauen. Sind die Gebetsgegenstände auch für eine Familienandacht ungeeignet, dann ist das Kämmerlein der richtige Platz, mit Gott darüber Zwiesprache zu halten. Im Haus Gottes jedoch sollten wir um den gegenwärtigen Segen für die Versammlung bitten und erwarten, dass Gott unsere Gebete hört und erhört. Solche Versammlungen werden lebendig und ansprechend sein. (Aus der Schatzkammer der Zeugnisse, Bd. I, S. 40, rev.)

Gebete in Gemeinschaftsversammlungen. Lange, prosaische Reden und Gebete sind nirgends angebracht, und schon gar nicht bei einer Gemeinschaftsversammlung.[1] Sie langweilen die Engel und die Leute, die sie hören. Unsere Gebete sollten kurz und prägnant sein. Wenn der Geist Gottes die Herzen der Betenden durchdringt, dann wird er alle leeren Formen und alle Langeweile wegfegen. (Advent Review and Sabbath Herald, 10. Oktober 1882)

---

[1] Dies waren Versammlungen einer Gruppe von Adventisten in der Tradition der methodistischen „Klassenversammlungen", die in der Frühzeit unserer Kirche oft anstelle von Predigtgottesdiensten stattfanden. Näheres dazu siehe Russell Burrill, *Gemeinschaft, wie Christus sie meint*, Advent-Verlag, Lüneburg 2006, Kap. 9.

GEBETE IN VERSAMMLUNGEN

Unsere öffentlichen Gebete sollten kurz sein und nur unsere tatsächlichen Bedürfnisse zum Ausdruck bringen. Mit Einfachheit und mit einfachem, festem Glauben sollen wir um die Dinge bitten, die wir wirklich brauchen. Das Gebet aus einem reumütigen Herzen ist der lebendige Atem der Seele, die nach Gerechtigkeit hungert. (Signs of the Times, 3. Dezember 1896)

Unsere Gebets- und Gemeinschaftsversammlungen sollten Zeiten besonderer Hilfe und Ermutigung sein. Jeder Einzelne kann etwas dazu beitragen, diese Versammlungen so interessant und nutzbringend wie möglich zu machen. Am besten geschieht das, wenn wir mit Gott täglich neue Erfahrungen machen und nicht zögern, bei unseren Zusammenkünften über seine Liebe zu sprechen. Wenn ihr nämlich nichts Böses und keinen Unglauben in eure Herzen dringen lasst, können sie auch bei euren Treffen nicht spürbar werden. (Im Dienst für Christus, S. 257f., rev.)

Als Kinder des himmlischen Königs solltet ihr lernen, euer Zeugnis mit klarer, deutlicher Stimme vorzutragen und auf eine Weise, dass niemand den Eindruck bekommen kann, ihr würdet ungern über die Barmherzigkeit des Herrn sprechen. Bei einer Gemeinschaftsversammlung sollten die Gebete zur Erbauung aller gesprochen werden, und die Teilnehmer sollten dem Beispiel folgen, das uns mit dem wunderbaren Gebet des Herrn gegeben wurde. Das Gebet Jesu ist einfach, klar und umfassend, aber dennoch nicht lang und geistlos wie die trockenen öffentlichen Gebete, die man oft hört. Diese geistlosen Gebete sollten besser nicht gesprochen werden, denn sie sind weder ein Segen noch wirken sie aufbauend. Sie sind eine leere Form ohne lebendige Kraft. (Christian Education, S. 129)

Anweisungen für die Durchführung von Gebetsversammlungen.
Gemeinschafts- und Gebetsversammlungen sollten so durchgeführt werden, dass sie nicht ermüden ... Bei allgemeinen Anlässen sollte nicht länger als zehn Minuten gebetet werden. Nachdem die Versammlung durch Singen oder Belehrung etwas aufgelockert wurde, lasst jene beten, die sich dazu gedrungen fühlen.

Das Gebet

Alle sollten es als christliche Pflicht betrachten, so kurz wie nur möglich zu beten. Sagt dem Herrn ohne Umschweife, was ihr begehrt. Im persönlichen Gebet haben alle Gelegenheit, so lange und so ausführlich zu beten, wie es ihnen beliebt. Dort können sie für alle ihre Verwandten und Freunde Fürbitte einlegen. Das Kämmerlein ist der Ort, an dem sie all ihre persönlichen Schwierigkeiten, Prüfungen und Versuchungen vor Gott ausbreiten können. Der allgemein übliche Gottesdienst ist jedoch nicht der Ort, um die Intimsphäre des Herzens zu offenbaren.

Worin besteht der Sinn unserer Zusammenkünfte? Etwa darin, dass wir durch das Gebet Gott mit allem, was wir wissen, bekanntmachen? Wir versammeln uns, um einander durch Austausch unserer Gedanken und Empfindungen zu erbauen. Indem wir an den Hoffnungen und Bestrebungen unserer Mitgeschwister Anteil nehmen, sammeln wir Kraft, Erkenntnis und Mut. Durch unsere ernsten, von Herzen kommenden, glaubensvollen Gebete werden wir von der Quelle unserer Kraft erquickt und gestärkt. Diese Versammlungen sollten ein besonderes Erlebnis sein und für alle, die Sinn für religiöse Dinge haben, eindrucksvoll gestaltet werden.

Ich fürchte, es gibt manche, die ihre Schwierigkeiten Gott nicht im persönlichen Gebet vorlegen, sondern sie für die Gebetsstunden aufheben und dort ihr Gebet für mehrere Tage nachholen. Sie vereiteln geradezu die Gebetsversammlungen. Sie strahlen kein Licht aus und erbauen keinen einzigen Menschen. Ihre kalten, trockenen Gebete und langen, abschweifenden Zeugnisse werfen nur einen Schatten. Alle sind froh, wenn sie endlich aufhören, und es ist fast unmöglich, die Kälte und Verwirrung zu vertreiben, die ihre Gebete in die Versammlung gebracht haben. Nach der Erkenntnis, die mir zuteil wurde, sollten unsere Versammlungen einen geistlichen Charakter tragen, den Anderen zum Segen gereichen und nicht zu lang sein. Zurückhaltung, Stolz, Eitelkeit und Menschenfurcht gehören ebenso wenig in unsere Zusammenkünfte wie belanglose Streitfragen oder irgendwelche Vorurteile. Einfachheit, Sanftmut, Vertrauen und Liebe sollten in den Herzen der Geschwister wohnen, die sich versammeln, um erquickt und ermutigt zu werden. (Aus der Schatzkammer der Zeugnisse, Bd. I, S. 250f., rev.)

Kapitel 16

Die Körperhaltung beim Beten

Das Gebet im Knien verstärkt die Ehrfurcht vor Gott. Sowohl öffentlich als auch in der privaten Andacht ist es unser Vorrecht, unsere Knie vor dem Herrn zu beugen, wenn wir ihm unsere Gebete darbringen. Jesus, unser Vorbild, „kniete nieder und betete" (Lk 22,41). Von seinen Jüngern wird berichtet, dass auch sie beim Beten niederknieten (siehe Apg 9,40; 20,36; 21,5). Paulus schrieb: „Deshalb beuge ich meine Knie vor dem Vater ..." (Eph 3,14). Als Esra vor Gott die Sünden Israels bekannte, kniete er (Esra 9,5). Daniel „fiel dreimal am Tag auf seine Knie, betete, lobte und dankte seinem Gott" (Dan 6,11b).

Wahre Ehrfurcht vor Gott wird uns durch das Bewusstsein seiner unermesslichen Größe und die Erkenntnis seiner Gegenwart eingeflößt. Ein jedes Herz sollte einen tiefen Eindruck von diesem Empfinden des Unsichtbaren haben. Die Zeit und der Ort des Gebets sind heilig, weil Gott gegenwärtig ist, und durch die Ehrfurcht bekundende Haltung wird das Gefühl noch verstärkt. „Heilig und hehr ist sein Name" (Ps 111,9), erklärte der Psalmist. Die Engel verhüllen ihre Angesichter, wenn sie den Namen Gottes aussprechen. Mit welcher Ehrfurcht sollten wir ihn dann auf unsere Lippen nehmen, die wir gefallene und sündige Geschöpfe sind!

Es würde für Alt und Jung gut sein, über jene Bibeltexte nachzudenken, die uns zeigen, wie der durch Gottes besondere Gegenwart gekennzeichnete Ort betrachtet werden soll. „Zieh deine Schuhe von deinen Füßen", befahl Gott Mose beim brennenden Dornbusch, „denn der Ort, darauf du stehst, ist heiliges Land" (2 Mo 3,5). Nachdem Jakob das Gesicht von der Himmelsleiter gehabt hatte, rief er aus: „Fürwahr, der HERR ist an dieser Stätte, und ich wusste es nicht ... Hier ist nichts anderes als Gottes Haus, und hier ist die Pforte des Himmels." (1 Mo 28,16.17) (Diener des Evangeliums, S. 158f., rev.)

Wofür unsere Körperteile gedacht sind. Du hast deinen Verstand bekommen, damit du verstehen kannst, wie du vorgehen sollst. Du hast deine Augen bekommen, damit du die von Gott gegebenen Gelegenheiten erkennst, und deine Ohren sollen auf die Gebote Gottes hören. Deine Knie sollen sich dreimal am Tag zum Gebet beugen, und deine Füße sollen auf den Wegen der göttlichen Gebote gehen. (Testimonies for the Church, Bd. 6, S. 297)

Knien ist die angemessene Haltung bei öffentlichen Gebeten. Brieflich wurde ich gefragt, in welcher Gebetshaltung man sich Gott nahen solle. Was bewegt manche unserer Brüder dazu, stehend zu beten? Einer, der fünf Jahre in Battle Creek ausgebildet wurde, sollte eines Tages einen Vortrag von mir mit einem Gebet einleiten. Er blieb stehen und wollte gerade anfangen zu beten, da fühlte ich mich gedrungen, ihn öffentlich zurechtzuweisen. Ich sprach ihn mit seinem Namen an und sagte: „Geh auf deine Knie." Das ist immer die angemessene Gebetshaltung. [Lk 22,41.42; Apg 9,40; 7,58.59; 20,36; 21,5; Esra 9,5.6; Ps 95,6; Eph 3,14 zitiert.]

Das Sich-Beugen im Gebet vor Gott ist die angemessene Haltung. Diese Art der Anbetung verlangte man damals von den drei jungen Gefangenen in Babylon ... Doch die drei Juden weigerten sich, irgendeinem Götzenbild kniefällige Verehrung zu zollen, weil solche Huldigung allein dem wahren Gott zukam [Dan 3,10–12]. Das Niederfallen vor dem Standbild wäre einer Anbetung des babylonischen Königs gleichgekommen. Die Juden weigerten sich, so etwas zu tun, obwohl sie wussten, dass sie dafür in den Feuerofen geworfen würden. Doch Christus ließ sie nicht allein, sondern stellte sich an ihre Seite und bewahrte sie mitten im Feuer.

Im öffentlichen und privaten Gebet ist es unsere Pflicht, dass wir unsere Abhängigkeit von Gott auch dadurch zum Ausdruck bringen, dass wir unsere Knie beugen, wenn wir Bitten an ihn richten ...

Wir hoffen, dass unsere Brüder bei der Anbetung des wahren Gottes nicht weniger Achtung und Ehrfurcht bekunden, als die Heiden sie ihren Götzen zollen. Es könnte sonst sein, dass deren Verhalten am Tage des Gerichts für uns zum Vorwurf wird. Ich wende mich besonders an die Lehrer unserer Schulen: Brüder und Schwestern, entehrt Gott nicht durch Ehrfurchtslosigkeit und Prahlerei. Steht nicht in eurem Pharisäismus da und sprecht scheinheilige Gebete [Lk 18,10.11]. Vertraut nicht eurem eigenen Vermögen, sondern beugt eure Knie oft vor Gott und betet ihn an.

Und wenn ihr zusammenkommt, um Gott anzubeten, dann fallt vor ihm auf die Knie. Bezeugt damit, dass ihr bereit seid, ihm Leib, Seele und Geist zu übergeben. Gibt es Leute unter uns ... die Gottes Wort auch in dieser Hinsicht nach Anweisungen durchforscht haben? ... Meint ihr, dass es richtig ist, wenn Studenten nach ihrem Studium mit verkehrten Vorstellungen über Anbetung und Ehrfurcht vor Gott in ihre Länder zurückkehren? Und sollten die jungen Leute nicht auch lernen, denen Achtung entgegenzubringen, die im Dienst für Gott und sein Werk ergraut sind?

Ich rate jedem, der in Amerika oder anderswo eine unserer Schulen besucht: Lass dich nicht vom Geist der Respektlosigkeit erfassen. Mehr als alles Andere brauchst du eine Ausbildung, die dich befähigt, Anderen in ihrer Charakterbildung zu helfen, damit sie den Anforderungen des Lebens gewachsen sind. Halte dich deshalb lieber an Mitschüler und Lehrer, die wahre Frömmigkeit auszeichnet und die Verstand in den Angelegenheiten Gottes haben.

Wir leben in einer gefahrvollen Zeit. Als Adventgläubige bekennen wir, die Gebote Gottes zu halten, aber wir verlieren deren Geist der Anbetung. Dieser Geist der Ehrfurcht lehrt uns, wie wir uns unserem Schöpfer nahen sollen – in Heiligkeit und Ehrfurcht durch den Glauben an unseren Vermittler ... Ein Mensch soll auf gebeugten Knien [zu Gott] kommen, als ein Untertan der Gnade, ein Bittsteller am Thron der Gnade. Die unverdienten Gnadenerweise Gottes werden ihn im Herzen dankbar sein lassen und er wird dies in Dankesworten und Lobpreis ausdrücken. Engel haben ihm sein Leben lang bewahrend zur Seite gestanden und ihn vor vielen Fallen bewahrt, die er nicht gesehen hat. Für dieses Getragensein wird er

Gott nicht genug im Gebet danken können. (Manuskript 84b, 1897, in: Für die Gemeinde geschrieben, Bd. 2, S. 321–324, rev.)

Pastoren sollen vor der Predigt zum Gebet niederknien. Entsprechend dem Licht, das mir gegeben wurde, ist es Gott angenehm, wenn die Pastoren sich niederknien, sobald sie auf die Kanzel gehen, und Gott feierlich um Hilfe bitten. Was für ein Eindruck entsteht dadurch? Auf diese Weise entsteht bei den Gemeindegliedern ein Empfinden der Feierlichkeit und der Ehrfurcht. Ihr Pastor spricht mit Gott; er weiht sich Gott, bevor er es wagt, vor den Menschen zu stehen. Eine feierliche Atmosphäre legt sich auf die Zuhörer, und Engel Gottes kommen sehr nahe. Prediger sollen zuerst zu Gott aufsehen, wenn sie die Kanzel betreten und damit allen zeigen: Gott ist die Quelle meiner Stärke. (Testimonies for the Church, Bd. 2, S. 612)

Das Beispiel Salomos bei der Einweihung des Tempels. Als Salomo beim Gottesdienst anlässlich der Vollendung des Tempelbaus wie ein Bittsteller zum Weihegebet niederkniete, zeigten sich alle seine nachahmenswerten Charakterzüge aus jener Zeit, da er die Lasten der Regierung zu tragen begann und vor Gott bekannte: „Ich aber bin noch jung" (1 Kön 3,7) – seine Demut, seine ausgeprägte Liebe zu Gott, seine tiefe Ehrfurcht vor göttlichen Dingen, sein Misstrauen sich selbst gegenüber sowie sein Lobpreis des unendlichen Schöpfers.

Christi Nachfolger müssen sich heutzutage vor der Neigung hüten, den Geist der Ehrerbietung und der Gottesfurcht zu verlieren. Die Heilige Schrift lehrt die Menschen, wie sie sich ihrem Schöpfer nahen sollen: in Demut und Ehrfurcht und im Glauben an einen göttlichen Mittler. (Propheten und Könige, S. 30)

„Mitten in den Vorhof" des Tempels hatte Salomo „eine Kanzel aus Kupfer", eine Tribüne, setzen lassen, „fünf Ellen lang und breit und drei Ellen hoch" (2 Chr 6,13). Salomo stand auf dieser Tribüne und segnete mit erhobenen Händen die gewaltige Menschenmenge vor ihm, und „die ganze Gemeinde Israel ... stand" (V. 3). „Gelobt sei der HERR, der Gott Israels", rief Salomo aus, „der durch seinen Mund meinem Vater David zugesagt und es mit seiner Hand erfüllt hat, als er sagte: ... Jerusalem habe ich erwählt, dass mein Name daselbst sei" (V. 4.6).

Hierauf kniete Salomo auf der Tribüne nieder und sprach vor den Ohren des ganzen Volkes das Einweihungsgebet. Mit zum Himmel emporgehobenen Händen flehte der König, während alle Anwesenden sich bückten und ihre Angesichter der Erde zukehrten: „HERR, Gott Israels, es ist kein Gott dir gleich weder im Himmel noch auf Erden, der du hältst den Bund und die Barmherzigkeit deinen Knechten, die vor dir wandeln von ganzem Herzen ..." (V. 14) (Propheten und Könige, S. 25)

Der König Salomo stand auf einem bronzenen Podest vor dem Altar und segnete das Volk. Dann kniete er nieder, und mit erhobenen Händen brachte er ein ernstes und feierliches Gebet vor Gott, während die versammelte Gemeinde niederfiel. Als Salomo sein Gebet beendet hatte, kam ein wundersames Feuer vom Himmel und verzehrte das Opfer [2 Chr 7,1]. (The Story of Redemption, S. 194)

Langes Knien im Gottesdienst ermüdet die Anwesenden und vermittelt keine geistliche Stärkung. Aus der Erkenntnis, die mir darüber zuteil wurde, sage ich, dass Gott, wenn wir uns zu seiner Anbetung versammeln, von uns nicht verlangt, dieses Beisammensein langweilig und ermüdend zu gestalten, indem wir längere Zeit unsere Knie beugen und mehreren langen Gebeten lauschen. Wer einen anfälligen Gesundheitszustand besitzt, kann diese Zumutung nicht ohne größte Ermüdung und Erschöpfung ertragen. Durch so langes Niederknien ermüdet der Körper und – was noch schlimmer ist – dem Geist werden diese anhaltenden Gebete so lästig, dass von einer geistlichen Erquickung keine Rede sein kann. Solch eine Versammlung wirkt auf [die Anwesenden] bedrückender als irgendetwas Anderes. Sie fühlen sich geistig und körperlich erschöpft und empfangen keine geistliche Stärkung. (Aus der Schatzkammer der Zeugnisse, Bd. I, S. 249f.)

Das Gebet

Öffentliche Gebete können auch im Stehen gesprochen werden. Die langen Gebete mancher Prediger waren ein großer Fehlschlag. So lange zu beten, wie manche dies tun, ist absolut unangebracht. Sie überanstrengen ihre Kehle und ihre Stimmorgane, und dann erzählen sie, sie würden aufgrund ihrer harten Arbeit zusammenbrechen. Sie schaden sich selbst völlig unnötig. Viele haben das Gefühl, dass Gebete ihre Stimmorgane stärker schädigen als das predigen. Dies ist die Folge der unnatürlichen Haltung ihres Körpers und ihres Kopfes. Sie können stehen und [ein Gebet] sprechen und fühlen sich dann nicht geschädigt. Die Körperhaltung beim Beten sollte vollkommen natürlich sein.

Langes Beten ermüdet und passt nicht zum Evangelium von Christus. Eine halbe Stunde, ja schon eine Viertelstunde ist viel zu lang. Ein paar Minuten genügen, um dein Anliegen vor Gott zu bringen und ihm zu sagen, was du möchtest; und dann beziehe die Zuhörer ein statt sie zu ermüden und ihr Interesse an Andacht und Gebet zu vermindern. Dann werden sie erfrischt und gestärkt statt erschöpft sein. Viele machen den Fehler, zu lange zu beten und zu lange zu predigen. (Testimonies for the Church, Bd. 2, S. 617)

Nicht immer ist eine kniende Gebetshaltung erforderlich. Wir können nicht immer kniend beten, aber der Weg zum Gnadenthron steht uns immer offen. Wenn wir sehr beschäftigt sind, dürfen wir um Hilfe bitten; und der Eine, der uns nicht enttäuscht, verspricht uns: „Ihr werdet [Hilfe] bekommen." Der Christ kann und wird Zeit zum Beten finden. Daniel war ein Staatsmann; er trug große Verantwortung; dennoch suchte er Gott dreimal am Tag, und der Herr gab ihm den Heiligen Geist. Genauso dürfen Menschen heute im heiligen Tempel des Höchsten Zuflucht suchen ...

Alle, die es aufrichtig wünschen, werden einen Ort finden, an dem sie mit Gott Gemeinschaft pflegen können, wo kein Ohr sie hören kann außer dem Einen, der die Schreie der Hilflosen, Verzweifelten und Bedürftigen hört – der sogar bemerkt, wenn ein Spatz zur Erde fällt. Er sagt: „Ihr seid wertvoller als viele Sperlinge." (Mt 10,29b.31b EB) (Counsels on Health, S. 423f.)

Die Körperhaltung beim Beten

Wir können auch ohne zu knien beten. Wir müssen beständig beten, mit einem demütigen Geist und einer sanftmütigen und bescheidenen Einstellung. Wir brauchen nicht auf eine Gelegenheit zu warten, vor Gott niederzuknien. Wir können zum Herrn beten und mit ihm sprechen, wo wir auch sein mögen. (Selected Messages, Bd. 3, S. 266)

Wo wir auch sind, womit wir uns auch beschäftigen – unsere Herzen sollen sich im Gebet zu Gott erheben. Das bedeutet, augenblicklich zu beten. Wir brauchen nicht zu warten, bis wir unsere Knie beugen können, um zu beten. Als Nehemia einmal zum persischen König hineinkam, fragte der ihn, warum er so traurig aussehe und welche Bitte er vortragen wolle. Aber Nehemia wagte nicht, sofort zu antworten. Wichtige Interessen standen auf dem Spiel. Das Schicksal seines Volkes hing davon ab, welchen Eindruck er auf den Monarchen machte, und Nehemia schickte ein Gebet zum Gott des Himmels, bevor er es wagte, dem König zu antworten [Neh 2,4]. Das Ergebnis war, dass er alles bekam, worum er gebeten oder was er sich gewünscht hatte. (Signs of the Times, 20. Oktober 1887)

Alle eure guten Vorsätze und Absichten werden euch nicht befähigen, die Prüfung der Versuchung zu bestehen. Ihr müsst Menschen des Gebets sein. Eure Bitten dürfen nicht schwach sein, ihr dürft sie nicht nur gelegentlich und ab und zu einmal vorbringen, sondern ernsthaft, ausdauernd und beständig. Es ist nicht notwendig, zum Gebet allein zu sein oder sich hinzuknien; mitten in eurer Arbeit könnt ihr eure Herzen oft zu Gott erheben und euch an seine Kraft halten; dann werdet ihr Menschen mit hehren und heiligen Absichten sein, edle Menschen, die sich durch nichts von Wahrheit, Recht und Gerechtigkeit abbringen lassen. (Testimonies for the Church, Bd. 4, S. 542f.)

Das Gebet

Kapitel 17

Das Gebet um Vergebung

Die Bitte um Vergebung einer Sünde und Befreiung von ihr wird immer sofort erhört. Jesu Wundertat an dem Aussätzigen veranschaulicht sein Wirken, die Seele von Sünden zu reinigen ... [Die] Sünde ... hat sich tief in den Menschen eingefressen, ist tödlich und kann unmöglich durch menschliche Kraft geheilt werden ... Wer Jesus zu Füßen fällt und im Glauben sagt: „Herr, wenn du willst, kannst du mich reinigen", wird die Antwort hören: „Ich will's tun; sei rein!" (Mt 8,2.3)

In einigen Fällen gewährte Jesus nicht gleich den gewünschten Segen; aber bei dem Aussatz wurde die Bitte sofort erfüllt. Bitten wir um irdische Segnungen, so mag die Erhörung unseres Gebets verzögert werden oder Gott mag uns etwas Anderes geben als das Erbetene. Wenn wir aber um Befreiung von der Sünde bitten, hilft er sofort. Es ist sein Wille, uns von der Sünde zu befreien, uns zu seinen Kindern zu machen und uns zu befähigen, ein gerechtes Leben zu führen. Christus „hat sein Leben für unsere Sünden hingegeben. Er hat uns davon befreit, so leben zu müssen, wie es in dieser vergänglichen, vom Bösen beherrschten Welt üblich ist." (Gal 1,4 Hfa) „Wir sind Gott gegenüber voller Zuversicht, dass er uns hört, wenn wir ihn um etwas bitten, das seinem Willen entspricht. Und wenn wir wissen, dass er uns hört bei allem, was wir bitten, dann wissen wir auch, dass wir schon haben, worum wir ihn bitten." (1 Joh 5,14.15 GNB) „Wenn wir aber unsere Sünden bekennen, dann erfüllt Gott seine Zusage treu und gerecht: Er wird unsere Sünden vergeben und uns von allem Bösen reinigen." (1 Joh 1,9 Hfa) (Das Leben Jesu / Der Eine – Jesus Christus, S. 252, rev.)

DAS GEBET

Sobald sich ein Kind Gottes dem Gnadenthron nähert, wird es ein Schützling des großen Fürsprechers. Bei der ersten Äußerung von Reue und der Bitte um Vergebung nimmt Jesus sich der Sache des Bittenden an, macht sie zu seiner eigenen und bringt das Flehen als sein Bitten vor den Vater. (Aus der Schatzkammer der Zeugnisse, Bd. III, S. 24)

Gottes Vergebung schließt Befreiung von der Sünde ein. Gottes Vergebung ist kein bloßer Rechtsakt, durch den er uns die verdiente Strafe erlässt. Sie schließt nicht nur Vergebung unserer Schuld, sondern auch Befreiung von der Sünde ein. Sie ist ein Ausströmen erlösender Liebe, die unser Herz verändert. (Das bessere Leben im Sinne der Bergpredigt, S. 115)

Jesus hört das Gebet um Vergebung auch von Kindern. Es ist nicht wesentlich, dass jeder mit Sicherheit sagen kann, wann ihm seine Sünden vergeben wurden. Man soll die Kinder lehren, dass sie mit ihren Irrtümern und Fehlern bereits in der Kindheit zu Jesus kommen dürfen. Lehrt sie, dass sie ihn jeden Tag für alles Unrecht, was sie getan haben, um Vergebung bitten sollen, dass Jesus das einfache Gebet eines reuigen Herzens hört und ihnen vergeben und sie annehmen wird, wie er die Kinder angenommen hat, die während seines Erdenlebens zu ihm gebracht worden sind. (Child Guidance, S. 494f.)

Vergebung und Reue sind beide Gaben Gottes. „Verwirf mich nicht von deinem Angesicht, und nimm deinen Heiligen Geist nicht von mir", betete David (Ps 51,13). Reue und Vergebung sind beide Gaben Gottes durch Jesus Christus [Apg 5,31]. Durch den Einfluss des Heiligen Geistes werden wir von Sünde überzeugt [Joh 16,8] und empfinden unser Bedürfnis nach Vergebung. Zwar wird nur dem reuigen Sünder vergeben; aber es ist die Gnade des Herrn, die das Herz bereuen lässt.

Er kennt alle unsere Schwächen und Unzulänglichkeiten und wird uns helfen. Er wird das Gebet des Glaubens hören; aber die Aufrichtigkeit des Gebets kann sich nur an unseren Bemühungen erweisen, nach Übereinstimmung mit dem großen moralischen Maßstab zu streben, an dem der Charakter jedes Menschen geprüft werden wird. Wir müssen unser Herz dem Einfluss des Heiligen Geistes öffnen und seine umwandelnde Kraft erfahren. (Advent Review and Sabbath Herald, 24. Juni 1884)

Das Bekenntnis muss die Sünde beim Namen nennen. Ein echtes Sündenbekenntnis hat immer spezifischen Charakter und nennt die Sünden beim Namen. Es gibt Sünden, die man nur Gott bekennen sollte; es gibt Unrecht gegenüber anderen Menschen, die dadurch verletzt wurden, oder es mag um Sünden gehen, die allgemeine Auswirkungen haben und vor der Gemeinde bekannt werden sollten. Doch jedes Bekenntnis sollte bestimmt und zum Punkt sein und die begangenen Sünden genau benennen. (Testimonies for the Church, Bd. 5, S. 639)

Folgen des aufrichtigen Gebets um Vergebung. Wenn du im Vertrauen um die Dinge bittest, die Gott versprochen hat, wirst du sie empfangen. Wende dich an Jesus um die Dinge, die du brauchst. Bitte ihn um Vergebung der Sünden, und wenn du im Glauben bittest, zieht Frieden in dein Herz ein, du wirst denen vergeben, die dich verletzt haben, und deine Bitten werden mit Liebe zu Gott aufsteigen. Wenn du betest, wirst du „nüchtern zum Gebet" (1 Ptr 4,7b), und jeder Gedanke, jedes Wort und jede Tat werden mit deiner aufrichtigen Bitte um eine Reformation in deinem Leben übereinstimmen.

Das Gebet des Glaubens wird entsprechende Frucht bringen. Nur aufgesagte Worte ohne Aufrichtigkeit und den brennenden Wunsch nach Hilfe, ohne die Erwartung der Erfüllung, werden jedoch nichts bewirken. (Advent Review and Sabbath Herald, 28. März 1912)

Wir erhalten die Gewissheit der Vergebung durch Vertrauen auf Gottes Verheißung. Keiner kann seine Schuld abbüßen, sein Herz erneuern und aus eigenem Bemühen ein rechtschaffener Mensch werden. Aber Gott hat zugesagt, das alles durch Christus für uns zu tun. Wir brauchen dieser Verheißung nur zu vertrauen. Sobald du deine Sünden bekennst, dich Gott hingibst und Jesus folgen und dienen willst, erfüllt er seine Zusagen an dir. Wenn du seinem Versprechen vertraust, dass deine Schuld vergeben und dein Herz gereinigt ist, dann schafft Gott diese Tatsache und du bist geistlich gesund – genauso, wie Christus dem gelähmten Mann die Fähigkeit gab zu gehen, als er glaubte, dass er es tun könne [Joh 5,8.9]. *Es ist so, wenn du darauf vertraust!*

Wir sollten nicht warten, bis wir etwas davon fühlen, sondern sagen: *Ich vertraue darauf, dass es so ist, nicht weil ich es spüre, sondern weil der Herr es versprochen hat!* Jesus sagte in dem Sinne: „Wenn ihr Gott um irgendetwas bittet, müsst ihr nur darauf vertrauen, dass er eure Bitte schon erfüllt *hat*, dann *wird* sie auch erfüllt." (Mk 11,24 GNB)

Diese Zusage gilt grundsätzlich, ist allerdings an eine Bedingung geknüpft: Unsere Bitten müssen dem Willen Gottes entsprechen [1 Joh 5,14]. Aber es ist Gottes ausdrücklicher Wille, uns von Sünden zu reinigen, uns zu seinen Kindern zu machen und uns zu einem echten christlichen Leben zu befähigen. Deshalb dürfen wir getrost um diese Segnungen *bitten,* fest daran *glauben,* dass wir sie empfangen, und Gott sofort *danken,* dass wir sie empfangen *haben.*

Es ist das Vorrecht der Gläubigen, zu Jesus zu gehen, gereinigt zu werden, seine Gerechtigkeit zugerechnet zu bekommen und vor Gott und seinem Gesetz untadelig dazustehen …

Fortan gehören wir nicht mehr uns selbst, denn Christus hat einen hohen Preis für uns gezahlt [1 Ptr 1,18]. Durch den simplen Akt der Hingabe und des Vertrauens auf Gottes Verheißungen hat der Heilige Geist in uns ein neues, geistliches Leben gezeugt. Wir sind nun als Kinder in die Familie Gottes hineingeboren [Joh 1,12.13], und Gott liebt uns genauso wie seinen Sohn! (Der bessere Weg zu einem neuen Leben, S. 50f.)

Wer um Vergebung bittet, muss selbst bereit sein, Anderen zu vergeben. Das Gebet, das Christus seine Jünger lehrte, enthält die Bitte: „Vergib uns unsere Schuld, wie auch wir vergeben unsern Schuldigern." (Mt 6,12) Wir können dieses Gebet nicht von Herzen beten und wagen, unversöhnlich zu sein, denn wir bitten den

Herrn, uns die Übertretungen gegen ihn genauso zu vergeben, wie wir jenen vergeben, die gegen uns gesündigt haben. Doch nur wenige erkennen die wahre Bedeutung dieses Gebets. Wenn jene, die nicht vergeben wollen, die Tiefe dieser Aussage verstanden hätten, würden sie nicht wagen, es zu wiederholen und Gott zu bitten, so mit ihnen zu verfahren, wie sie ihre Mitmenschen behandeln. (Testimonies for the Church, Bd. 3, S. 95)

Wenn wir im Gebet vor Gott kommen, müssen wir unsere Herzen prüfen, damit wir erkennen, welcher Geist uns beherrscht. Wenn wir jenen, die an uns gesündigt haben, nicht vergeben, werden unsere eigenen Gebete auch nicht erhört. „Vergib uns unsere Schuld, wie auch wir allen vergeben haben, die an uns schuldig geworden sind." (Mt 6,12 GNB) Wenn wir als Sünder uns dem Gnadenthron nahen, können wir diese Bitte nur dann von Herzen äußern, wenn wir gegenüber allen, die uns Unrecht getan haben, in unserem Herzen Vergebung empfinden. Zu dieser Bitte gibt Jesus einen Kommentar: „Denn wenn ihr den Menschen ihre Verfehlungen vergebt, so wird euch euer himmlischer Vater auch vergeben. Wenn ihr aber den Menschen nicht vergebt, so wird euch euer Vater eure Verfehlungen auch nicht vergeben." (Mt 6,14.15) (Signs of the Times, 21. August 1884)

Wer selbst nicht bereit ist zu vergeben, schließt sich dadurch von der Gnade Gottes aus. Wir dürfen nicht meinen, das Recht zu haben, einem Anderen, der uns Unrecht getan hat, die Vergebung so lange vorzuenthalten, bis er sich bei uns entschuldigt hat. Zweifellos ist er aufgefordert, seinen Fehler demütig einzugestehen und zu bereuen; aber wir sollen eine barmherzige Einstellung gegenüber unseren Schuldnern hegen, ob sie nun ihr falsches Verhalten bekennen oder nicht. Auch wenn wir sehr verletzt worden sind, sollten wir keinen Groll hegen oder uns selbst bemitleiden. So, wie wir hoffen, dass Gott uns unsere Schuld vergibt, sollen wir auch den Menschen verzeihen, die uns Unrecht getan haben. (Das bessere Leben im Sinne der Bergpredigt, S. 114)

Das Gebet

Bitte um Vergebung und Überwindung von Sünden. Es ist dringend notwendig, dass wir beten, damit wir Kraft von oben erhalten, um die Versuchungen des Feindes zu erkennen und ihnen zu widerstehen. Aber Satan versucht beständig, die Menschen vom Beten abzuhalten, indem er ihre Zeit mit Geschäften oder Vergnügungen erfüllt oder sie so weit in die Verdorbenheit führt, dass sie kein Interesse mehr am Beten haben. Der Herr Jesus hat den Himmel für alle geöffnet, die zu ihm kommen, und er lädt die Kinder und jungen Menschen ein zu kommen ...

Wie ein Kind seine Mutter oder seinen Vater um Brot bittet, wenn es hungrig ist, genauso sollt ihr den Herrn um die Dinge bitten, die ihr nötig habt. Wenn eure Sünden schwer auf eurem Herzen liegen, sollt ihr zu Gott kommen und sagen: „Vergib mir meine Sünden um Christi willen!" Jedes aufrichtige Gebet wird im Himmel gehört werden und jede ernste Bitte um Gnade und Stärke wird beantwortet werden. (The Youth's Instructor, 7. Juli 1892)

Wer sich ganz auf die Verdienste Christi verlässt, ist unbesiegbar. Wenn wir angesichts der Sündhaftigkeit der Sünde hilflos vor dem Kreuz niederfallen und um Vergebung und Kraft beten, wird unser Gebet gehört und [sofort] beantwortet. Wer seine Anliegen in Christi Namen vor Gott bringt, wird niemals abgewiesen werden. Der Herr sagt: „Wer zu mir kommt, den werde ich nicht hinausstoßen." (Joh 6,37) Unsere Hilfe kommt von dem, der alles in seinen Händen hält. Der Friede, den er verleiht, ist die Gewissheit seiner Liebe zu uns [Röm 8,38.39].

Niemand ist hilfloser und dennoch unbesiegbarer als der Christ, der seine eigene Nichtigkeit empfindet und sich ganz auf die Verdienste des gekreuzigten und auferstandenen Erlösers verlässt. Gott würde dem einen [Gläubigen], der sich völlig auf Christus verlässt, eher alle Engel des Himmels zur Hilfe senden, als zu gestatten, dass er überwunden wird. (Das Wirken des Heiligen Geistes, S. 295)

Kapitel 18

Das Gebet als Waffe in Versuchungen

Beten ist das Erfolgsrezept des Himmels zur Überwindung von Sünde. Es gibt viele, die wenig Frieden und Freude haben, obwohl sie den Geboten Gottes zu gehorchen trachten. Diese mangelnde Erfahrung liegt in der ungenügenden Ausübung ihres Glaubens begründet. Sie gehen, als befänden sie sich ... in einer verdorrten Einöde. Sie beanspruchen wenig für sich, während sie viel anfordern könnten, denn Gottes Verheißungen sind unbegrenzt. Sie vermitteln kein zuverlässiges Bild von der Heiligung, die durch Gehorsam der Wahrheit gegenüber erlangt wird.

Der Herr möchte, dass alle seine Söhne und Töchter glücklich, friedfertig und gehorsam sind. Diese Segnungen erlangt der Christ dadurch, dass er sich im Glauben übt. Durch den Glauben kann jeder charakterliche Mangel ausgeglichen, jede Verunreinigung beseitigt, jeder Fehler behoben und jede Tugend entwickelt werden.

Das Gebet ist das uns vom Himmel verordnete Mittel, das uns siegreich in der Auseinandersetzung mit der Sünde und erfolgreich in der Entwicklung eines christlichen Charakters sein lässt. Die göttlichen Einflüsse, die als Antwort auf das Gebet des Glaubens wirksam werden, vollbringen im Beter all das, worum er bittet. Um Vergebung der Sünden, um den Heiligen Geist, um eine christusähnliche Gesinnung, um Weisheit und Kraft, sein Werk zu tun, ja um jede verheißene Gabe dürfen wir bitten [dann sollen wir auch glauben, dass wir empfangen werden, und Gott sofort danken, dass wir empfangen haben]. Wir haben die Zusage von Jesus: „Ihr werdet alles bekommen, wenn ihr im festen Glauben darum bittet." (Mt 21,22 Hfa) (Das Wirken der Apostel, S. 561, rev.)

DAS GEBET

Wachsamkeit und Gebet verwandelt Schwachheit in Stärke. Sie [viele im Volk Gottes] erkennen die Bedeutung von Selbsterkenntnis und Selbstbeherrschung nicht. Sie wachen und beten nicht, und so fallen sie in Versuchung [Mt 26,41a]. Wenn sie wachsam wären, würden sie ihre schwachen Punkte erkennen, die sie für die Versuchung am meisten verwundbar machen. Durch Wachsamkeit und Gebet könnten ihre schwächsten Punkte so bewacht werden, dass sie ihre stärksten werden, und sie könnten der Versuchung begegnen, ohne überwunden zu werden. Jeder Nachfolger Christi sollte sich täglich selbst prüfen, damit er über sein eigenes Verhalten genau Bescheid weiß. (Testimonies for the Church, Bd. 2, S. 511)

Auf seinen Knien empfängt ein Christ die Kraft, den Versuchungen zu widerstehen. Engel hören das Lob und das Gebet des Glaubens. Sie bringen die Bitten zu Christus, der im Heiligtum für sein Volk Fürbitte leistet und seine eigenen Verdienste für sie geltend macht. Wahres Gebet verlässt sich auf Gottes Allmacht und verhilft den Menschen zum Sieg. Auf seinen Knien empfängt ein Christ die Kraft, den Versuchungen zu widerstehen. (Advent Review and Sabbath Herald, 1. Februar 1912

Die täglichen Versuchungen machen das Beten zur Notwendigkeit. Die Versuchungen, denen wir täglich ausgesetzt sind, machen das Gebet zu einer Notwendigkeit. Damit wir von der Macht Gottes durch den Glauben gestärkt werden, sollten unsere gedanklichen Wünsche um Hilfe, Licht, Stärke und Erkenntnis beständig in stillen Gebeten zu Gott aufsteigen. Aber Gedanken und Gebete können ernsthafte Veränderungen nicht ersetzen. Arbeit und Gebet sind beide nötig zur Vervollkommnung eines christlichen Charakters. (Testimonies for the Church, Bd. 4, S. 459)

Durch stilles Beten immer mit dem Herrn verbunden bleiben. Die Ursache dafür, dass so viele in der Versuchung sich selbst überlassen sind, liegt darin, dass sie den Herrn nicht überallhin mitnehmen. Wenn wir es zulassen, dass unsere Gemeinschaft mit Gott unterbrochen wird, dann sind wir schutzlos. Selbst alle deine guten Ziele und Absichten werden dich nicht dazu befähigen, dem Bösen zu widerstehen. Deshalb müsst ihr Männer und Frauen des Gebets sein. Eure Bitten dürfen nicht zaghaft, nur gelegentlich und von Stimmungen abhängig sein, sondern ernst, kontinuierlich und beständig. Es ist nicht immer notwendig, sich zum Gebet niederzuknien. Pflege die Gewohnheit, mit dem Heiland zu sprechen, wenn du allein bist, wenn du gehst und wenn du mit deiner täglichen Arbeit beschäftigt bist. Lass das Herz beständig in stiller Bitte um Hilfe, Erhellung, Stärke und Erkenntnis erhoben sein. (Auf den Spuren des großen Arztes, S. 427)

In der Versuchung ist augenblickliches Beten nötig. Wenn die Seele [von Sünde] gereinigt wurde, ist es die Pflicht eines Christen, sie unbefleckt zu erhalten ... Nur in Christi Stärke können wir unsere Worte und Taten bewachen. Wenn wir unser Herz [vor Verfehlungen] bewahren wollen, müssen wir augenblicklich beten und dürfen nicht müde werden, am Thron der Gnade um Hilfe zu bitten [Hbr 4,16]. Wer den Namen Christ trägt, sollte mit Ernsthaftigkeit und Demut zu Gott kommen und ihn um Hilfe bitten. Unser Erlöser hat uns gesagt, dass wir „allezeit beten" sollen (Lk 18,1). Ein Christ kann nicht immer eine Gebetshaltung annehmen, aber seine Gedanken und Wünsche können immer nach oben gerichtet werden. Unsere Selbstsicherheit würde schwinden, wenn wir weniger reden und mehr beten würden. (Sons and Daughters of God, S. 99)

Bete sofort, um der Versuchung widerstehen zu können. Im täglichen Leben wirst du mit Überraschungen, Enttäuschungen und Versuchungen konfrontiert werden. Was sagt das Wort Gottes? „Leistet dem Teufel Widerstand" – durch festes Vertrauen auf Gott – „und er wird vor euch fliehen. Nähert euch Gott, und er wird sich euch nähern. Reinigt eure Hände von Schuld, ihr Sünder! Gebt eure Herzen Gott hin." (Jak 4,7.8 GNB) ...

Schau immer und überall auf Jesus, sende ein stilles Gebet aus aufrichtigem Herzen, damit du erkennst, wie du seinen Willen erfüllen kannst. Wenn dann der Feind wie eine Flut hereinbricht, wird dir der Geist des Herrn einen Schild gegen den Feind aufstellen. Wenn du nahe daran bist nachzugeben, die Geduld und Selbstbeherrschung zu verlieren, hart und verletzend zu werden, Fehler zu finden und anzuklagen, dann ist es höchste Zeit, dieses Gebet zum Himmel zu schicken: „Hilf mir, Gott, der Versuchung zu widerstehen, alle Bitterkeit, allen Zorn und alle bösen Worte aus meinem Herzen zu vertreiben. Gib mir deine Sanftmut, deine Demut, deine Geduld und deine Liebe. Lass mich meinen Erlöser nicht entehren und die Worte und Motive meiner Frau, meiner Kinder, meiner Brüder und Schwestern im Glauben nicht falsch interpretieren. Hilf mir, freundlich, mitfühlend, liebevoll und vergebungsbereit zu sein." (The Adventist Home, S. 214f.)

Wie Jugendliche Versuchungen widerstehen können. Wir wissen, dass die Gefahren und Versuchungen, denen die Jugend heute ausgesetzt ist, nicht gering sind, und jedes Mittel, das benutzt werden kann, um Sünden zu unterdrücken und Rechtschaffenheit zu fördern, von den Jugendlichen selbst angewandt werden sollte. Wir leben in einer Zeit, in der der Widerstand gegen das Böse beständige Wachsamkeit und Gebet erfordert.

Gottes wertvolles Wort ist der Maßstab für junge Menschen, die dem König des Himmels treu sein wollen. Sie sollen die Heilige Schrift studieren, einen Text nach dem anderen auswendig lernen und sich das Wissen aneignen, was der Herr gesagt hat ... Und in Versuchungen sollten sich die Jugendlichen dann das Wort Gottes in Erinnerung rufen und den Herrn mit demütigem Herzen und im Glauben um Weisheit bitten, seinen Weg zu erkennen, und um die Kraft, ihn auch zu gehen ...

Unsere jungen Leute sollen gegen jede Gewohnheit kämpfen, die sie in irgendeiner Weise von Pflicht und Andacht abhält. Sie sollen feste Gebetszeiten haben und sie nie versäumen, wenn dies irgend möglich ist. Wenn sie anfangen, gegen ihre sündigen Gewohnheiten aus der Zeit, als sie Christus noch nicht nachgefolgt sind, zu kämpfen, werden sie für Satans Einflüsterungen leichte Beute werden. Aber ausgerüstet mit dem Wort Gottes, das sie in Herz und Sinn tragen, werden ihnen alle Angriffe der Feinde Gottes und der Menschen nichts anhaben können. (My Life Today, S. 315)

Tägliches Beten kann Niederlagen in Siege verwandeln. Wenn ein Christ, der täglich mit Gott kommuniziert, vom Weg abkommt, weil er einen Augenblick lang versäumt, fest auf Jesus zu blicken, dann geschieht das nicht, weil er absichtlich sündigen würde; denn wenn er seinen Fehler bemerkt, kehrt er um und richtet seinen Blick erneut auf Jesus. Sein Fehler, den er begangen hat, macht ihn nicht weniger liebenswert für Gott. Er weiß, dass er mit dem Erlöser Gemeinschaft hat; und wenn er auf irgendeine Weise für seinen Fehler getadelt wird, dann wird er nicht mürrisch und beklagt sich über Gott, sondern verwandelt seine Niederlage in einen Sieg. Aus den Worten des Meisters lernt er seine Lektion und achtet darauf, dass er nicht erneut getäuscht wird. (Advent Review and Sabbath Herald, 12. Mai 1896)

Gebet kann Gehorsam nicht ersetzen. Gott hat seine Verheißungen an Bedingungen geknüpft, und unsere Pflichten können durch das Gebet nicht ersetzt werden. „Wenn ihr mich liebt, werdet ihr meine Gebote befolgen", sagte Jesus. Und weiter: „Wer meine Gebote annimmt und sie befolgt, der liebt mich wirklich." (Joh 14,15.21 GNB) Wer Gott seine Bitten vorträgt und sich auf dessen Verheißungen beruft, ohne die entsprechenden Bedingungen zu erfüllen, beleidigt den Herrn. Er bringt seine Anliegen „im Namen Jesu" vor, tut aber nicht das, was wahren Glauben an Christus und echte Liebe zu ihm beweisen würde.

Viele verwirken die Möglichkeit, vom Vater angenommen zu werden. Wir müssen uns selbst prüfen, ob das Vertrauen echt ist, mit dem wir zu Gott kommen. Wenn wir ungehorsam sind, legen wir dem Herrn gleichsam einen Scheck zur Einlösung vor, ohne die Bedingungen beachtet zu haben, unter denen er ausgezahlt werden kann. Wir erinnern Gott an seine Verheißungen und bitten ihn, sie zu erfüllen, obwohl er in diesem Fall dadurch seinen eigenen Namen entehren würde.

Die Verheißung lautet: „Wenn ihr aber fest mit mir verbunden bleibt und euch meine Worte zu Herzen nehmt, dürft ihr von Gott erbitten, was ihr wollt; ihr werdet es erhalten." (Joh 15,7 Hfa) Johannes erklärte: „Wenn wir uns an Gottes Gebote halten, zeigt uns dies, dass wir Gott kennen. Wenn jemand behauptet: ‚Ich kenne Gott', hält sich aber nicht an seine Gebote, so ist er ein Lügner; die Wahrheit ist nicht bei ihm zu finden. Doch wer nach dem lebt, was Gott gesagt hat, an dem zeigt sich Gottes ganze Liebe. Daran ist zu erkennen, ob wir wirklich mit Christus verbunden sind." (1 Joh 2,3–5 Hfa) (Bilder vom Reiche Gottes, S. 111, rev.)

Gebete nützen nichts, wenn im Herzen Sünde gehegt wird. „Denn es ist erschienen die heilsame Gnade Gottes allen Menschen und nimmt uns in Zucht, dass wir absagen dem ungöttlichen Wesen und den weltlichen Begierden und besonnen, gerecht und fromm in dieser Welt leben", erklärte Paulus (Tit 2,11.12). Und Jesus sagte: „Darum sollt ihr vollkommen sein, wie euer Vater im Himmel vollkommen ist." (Mt 5,48) Was nützen eure Gebete, wenn ihr in eurem Herzen Sünde hegt? Wenn ihr euch nicht gründlich ändert, werdet ihr wie die Israeliten vor Alters des Tadels überdrüssig werden und wie sie von Gott abfallen.

Manche von euch nehmen zwar den Tadel mit Worten an, akzeptieren ihn aber im Herzen nicht. Ihr macht weiter wie vorher und werdet immer unempfänglicher für den Einfluss des Geistes Gottes, immer blinder, zeigt immer weniger Weisheit, Selbstbeherrschung, moralische Kraft, immer weniger Eifer und Lust auf religiöse Übungen. Wenn ihr euch nicht bekehrt, werdet ihr euch am Ende ganz von Gott abwenden. Als ihr getadelt wurdet, habt ihr keine entschiedenen Veränderungen in eurem Leben vollzogen, denn ihr habt eure Charakterschwächen und den großen Gegensatz zwischen eurem Leben und dem Leben Christi nicht erkannt. Es war eure Taktik, euch so darzustellen, dass ihr das Vertrauen eurer Geschwister nicht ganz verlieren würdet. (Testimonies for the Church, Bd. 4, S. 332)

Kapitel 19

Göttliche Führung durch Gebet

Vertraut euch Gott an, und er wird euch führen. Wer sich Gott ganz anvertraut hat und in seinem Dienst steht, braucht sich keine ängstlichen Sorgen um den kommenden Tag zu machen. Unser Herr kennt das Ende von Anfang an. Er weiß bereits, was die Zukunft bringen wird, die für uns noch ungewiss ist.

Wenn wir die Regelung unserer Angelegenheiten selbst in die Hand nehmen und uns auf unser eigenes Wissen und Können verlassen, muten wir uns damit mehr zu, als Gott von uns erwartet, und versuchen, es ohne seine Hilfe zu schaffen. Wir übernehmen dann eine Verantwortung, die eigentlich ihm zufällt, und setzen uns damit an seine Stelle. Dann kommen Ängste und Sorgen auf, und wir erwarten Gefahren und Verluste – und sie werden tatsächlich kommen.

Wenn wir wirklich darauf vertrauen, dass Gott uns liebt und nur unser Bestes will, werden wir uns um die Zukunft keine Sorgen mehr machen. Wir werden ihm vertrauen, wie ein Kind seinen fürsorglichen Eltern vertraut. Unsere Besorgnis und quälende Gedanken werden verschwinden, weil wir unseren Willen ihm unterstellt haben. (Das bessere Leben im Sinne der Bergpredigt, S. 102f.)

Viele sind nicht imstande, konkrete Pläne für die Zukunft zu machen. Ihr Leben schwebt im Ungewissen. Sie können die Konsequenzen bestimmter Geschehnisse noch nicht einschätzen, und dies erfüllt sie oft mit Angst und Ruhelosigkeit.

Erinnern wir uns doch daran, dass das Leben von Gotteskindern in dieser Welt ein Pilgerleben ist. Wir besitzen nicht die Weisheit, unser eigenes Leben richtig zu planen. Es steht uns nicht zu, unsere Zukunft zu gestalten. „Durch den Glauben wurde Abraham gehorsam, als er berufen wurde, in ein Land zu ziehen, das er erben sollte; und er zog aus und wusste nicht, wo er hinkäme." (Hbr 11,8) Christus schmiedete in seinem irdischen Leben keine Pläne von sich aus. Er akzeptierte stattdessen Gottes Pläne für ihn, und sein Vater entfaltete Tag für Tag *seine* Pläne. So sollten auch wir uns Gott unterordnen, damit sein Wille in unserem Leben ungehindert Wirklichkeit werden kann. Wenn wir ihm unsere Wege anvertrauen, wird er unsere Schritte lenken.

Zu viele scheitern völlig, obwohl sie eine glänzende Zukunft planen. Besser ist, du lässt Gott für dich planen. Vertraue wie ein kleines Kind der Führung durch den, der „die Füße seiner Frommen behütet" (1 Sam 2,9). Gott führt seine Kinder niemals anders, als sie wünschten, geführt zu werden, wenn sie das Ende schon vom Anfang her sehen und die Herrlichkeit wahrnehmen könnten, die daraus erwächst, dass sie als Mitarbeiter Gottes seine Pläne erfüllen. (Auf den Spuren des großen Arztes, S. 399)

Vertraue deine Pläne jeden Morgen Gott an. Wenn du in Christus bleiben willst, dann vertraue dich ihm jeden Morgen neu an. Bete in etwa so: „Herr, nimm mich ganz als dein Eigentum hin. All meine Pläne lege ich in deine Hand. Gebrauche mich heute in deinem Dienst. Bleibe in mir und gib mir Kraft. Lass alles, was ich tue, durch dich gewirkt sein." Dies ist eine tägliche Angelegenheit. Weihe dich dem Herrn jeden Morgen für diesen Tag. Übergib ihm alle deine Pläne, damit sie ausgeführt werden oder unterbleiben, so wie er es dir zeigt. So kannst du dein Leben Tag für Tag in die Hände Gottes legen. Auf diese Weise wird dein Leben immer mehr nach dem Vorbild des Lebens von Jesus geprägt. (Der bessere Weg zu einem neuen Leben, S. 68)

Bete um Gottes Führung. Du musst dein Urteilsvermögen schulen, damit es nicht schwach und nutzlos ist. Du solltest um Führung bitten und deinen Weg dem Herrn anbefehlen und ihm vertrauen [Ps 37,5]. (Fundamentals of Christian Education, S. 302)

Göttliche Führung durch Gebet

Gott wird Weisheit geben. Gott hat versprochen, denen Weisheit zu schenken, die ihn im Glauben darum bitten [Jak 1,5], und er wird sein Versprechen auch halten. Er möchte, dass wir ihn im Glauben beim Wort nehmen. (Testimonies for the Church, Bd. 5, S. 322)

Nicht auf Gefühle vertrauen. Eindrücke und Gefühle sind kein sicherer Beweis dafür, dass ein Mensch unter der Leitung des Herrn steht; denn Satan vermittelt diese Gefühle und Eindrücke gerade dann, wenn er sich unerkannt glaubt. Sie sind keine zuverlässigen Wegweiser. (Aus der Schatzkammer der Zeugnisse, Bd. I, S. 146)

Engel Gottes bringen uns Licht. Die sichtbare und unsichtbare Welt stehen in enger Verbindung. Wenn der Schleier gelüftet werden könnte, würden wir böse Engel sehen, wie sie Dunkelheit um uns verbreiten und mit aller Macht wirken, um uns zu täuschen und zu vernichten. Boshafte Menschen sind von bösen Geistern umgeben und werden von ihnen beeinflusst und unterstützt. Der Mensch des Glaubens und Gebets hat sich der göttlichen Führung übergeben, und Engel Gottes bringen ihm Licht und Stärke von oben. (Aus der Schatzkammer der Zeugnisse, Bd. II, S. 48, rev.)

Wer sich führen lassen will, wird Gottes Willen erkennen. Der Herr offenbart seinen Willen jenen, die seine Führung ernstlich und aufrichtig suchen. Der Grund für deine Ineffizienz [als Mitarbeiter Gottes] liegt [auch] darin, dass du nicht mehr bereit bist, den Willen Gottes zu erkennen und zu tun. (Testimonies for the Church, Bd. 3, S. 466)

Wir sollen Gottes Willen nicht durch zweifelhafte Methoden erfahren wollen. Niemand soll sich von den vernünftigen Prinzipien abbringen lassen, nach denen Gott sein Volk führt. Er tut uns seinen Willen nicht durch eine hochgeworfene Münze oder dergleichen Methoden kund. Damit arbeiten wir höchstens dem Satan in die Hände, der die Münze kontrolliert und auf diese Weise seine Pläne durchsetzt. Niemand soll sich täuschen lassen, indem er sein Vertrauen in derartige Methoden setzt, um dadurch Führung in wichtigen Angelegenheiten des Werkes Gottes zu erlangen. Er würde damit seine [christliche] Erfahrung gefährden. Gott arbeitet nicht planlos. Suche ihn ernsthaft im Gebet. Er wird deinen Verstand beeinflussen und dir die nötige Einsicht schenken. Kinder Gottes sollten unterwiesen werden, nicht auf menschliche Erfindungen und unsichere Tests zu vertrauen, um Gottes Willen für sie zu erfahren. Satan und seine Werkzeuge sind stets bereit, jede Möglichkeit zu nutzen, die sich ihnen bietet, um Gläubige von den reinen Prinzipien des Wortes Gottes abzulenken. Die Christen, die von Gott geleitet und belehrt werden, werden sich keiner Methoden bedienen, für die es kein „So spricht der Herr!" gibt. (Selected Messages, Bd. 2, S. 326; vgl. Für die Gemeinde geschrieben, Bd. 2, S. 334)

Elieser betete erfolgreich um Gottes Führung. Elieser erinnerte sich der Worte Abrahams, dass Gott seinen Engel mit ihm senden würde [1 Mo 24,7], und betete ernstlich um sichere Führung. Weil er in der Familie seines Herrn an selbstverständliche Freundlichkeit und Gastfreiheit gewöhnt war, betete er jetzt darum, eine Gefälligkeit möge ihm das von Gott [für Isaak] erwählte Mädchen zeigen.

Kaum hatte er sein Gebet beendet, erhielt er schon die Antwort. Unter all den Frauen, die sich am Brunnen versammelt hatten, zog eine durch ihr höfliches Verhalten seine Aufmerksamkeit auf sich. Als sie vom Brunnen kam, trat der Fremde auf sie zu und bat um etwas Wasser aus dem Krug auf ihrer Schulter. Freundlich willigte sie ein und erbot sich, auch für die Kamele Wasser zu schöpfen [V. 11–20]. Diesen Dienst erfüllten üblicherweise sogar Fürstentöchter für die Herden ihrer Väter. Auf diese Weise erhielt Elieser das gewünschte Zeichen …

Wenn etwas sorgfältig zu bedenken ist, wobei der Rat älterer, erfahrener Menschen nur nützen kann, dann ist das die Frage der Eheschließung. Und wenn je die Bibel als Ratgeber und das Gebet um Gottes Führung notwendig sind, dann vor jenem Schritt, der Menschen für das ganze Leben bindet. (Patriarchen und Propheten, S. 149f., 153)

Kapitel 20

Gebet für die Rettung von Menschen

Die Wiedergeburt weckt ein Verlangen, für die Erlösung anderer Menschen zu arbeiten und zu beten. Wenn die Selbstsucht [infolge der Wiedergeburt] stirbt, wird ein inniges Verlangen nach der Erlösung Anderer erweckt – ein Verlangen, das zu beharrlichen Bemühungen führen wird, ihnen Gutes zu tun. Wir werden „an allen Wassern" säen (Jer 32,20), und ernsthaftes Flehen – aufdringliche Gebete – werden zum Himmel um verlorener Menschen willen aufsteigen. (Gospel Workers, Ausg. 1892, S. 470)

Beten ist wichtig für missionarischen Erfolg. Wenn die Gemeindeglieder ihren Verstand für gut organisierte Anstrengungen und wohl durchdachte Pläne einsetzen würden, könnten sie hundertfach mehr für Christus erreichen als jetzt. Wenn sie mit ernsthaftem Gebet, mit Sanftmut und demütigem Herzen versuchen würden, anderen Menschen persönlich die Erkenntnis der Erlösung zu vermitteln, würde die Botschaft die Bewohner der ganzen Welt erreichen. (Advent Review and Sabbath Herald, 1. April 1893)

Wenn einige Geschwister sich in Einigkeit versammeln – mit Herzen, die sich um verlorene Menschen sorgen – und ernstlich und inbrünstig beten, werden ihre Bemühungen erfolgreich sein … In allen unseren Beratungen über den Fortschritt seines Werkes möchte Gott, dass wir uns völlig auf seine Macht verlassen, die unabdingbar zum Erfolg ist. Wie können wir Gott ehren … wenn wir ihn nicht intensiv darum bitten, seine Macht an den Verlorenen zu manifestieren? (Advent Review and Sabbath Herald, 23. August 1892)

Das Gebet

Wir sollen im Glauben zu Gott kommen und unser Flehen vor ihn bringen in dem Vertrauen, dass er sich für uns und für die einsetzt, die wir retten möchten. Wir müssen uns mehr Zeit für ernstliches Gebet nehmen. (Manuskript 38, 1905; zitiert im Seventh-day Adventist Bible Commentary, Bd. 3, S. 1146f.)

Wenn das Netz des Evangeliums ausgeworfen wurde, so achtet darauf – unter Tränen und ernstlichem Gebet. Die Mitarbeiter müssen entschlossen sein, sich nicht entmutigen zu lassen und das Netz nicht loszulassen, bis es, gefüllt mit der Frucht ihrer Arbeit, an Land gezogen ist [Mt 13,47.48]. (Signs of the Times, 16. März 1882)

Wählt euch immer wieder einen anderen Namen zur Fürbitte aus, bittet täglich um Gottes Führung, legt ihm alles in ernstem Gebet vor und arbeitet mit göttlicher Weisheit. Wenn ihr dies tut, werdet ihr erleben, dass Gott den Heiligen Geist sendet, um Menschen [von ihren Sünden] zu überzeugen, und die Macht der Wahrheit [wirken lässt], um sie zu bekehren. (Medical Ministry, S. 245)

Gebet führt zu den größten Siegen für das Werk Gottes. Die größten Siege, die für das Werk Gottes gewonnen werden, sind nicht das Ergebnis langwieriger Beweisführungen, weiten Einflusses, ansehnlicher Räume oder der Fülle an Mittel. Sie werden im Sprechzimmer Gottes gewonnen, wenn Menschen in ernsthaftem Glaubensringen den starken Arm Gottes ergreifen. (Diener des Evangeliums, S. 230, rev.)

Ermahnungen sind erfolgreicher, wenn wir vorher für die Menschen gebetet haben. Denke daran, dass der Erfolg einer Ermahnung sehr stark davon abhängt, auf welche Weise sie ausgesprochen wird. Vernachlässige das ernstliche Gebet nicht, damit du einen demütigen Geist bekommst und Engel Gottes vor dir hergehen, die die Herzen derer vorbereiten, die du erreichen möchtest, und einen himmlischen Einfluss auf sie ausüben, damit deine Bemühungen Frucht bringen. (Testimonies for the Church, Bd. 2, S. 53)

Unser Wahlspruch sollte sein: beten und arbeiten. Ihr werdet mit Schwierigkeiten zu kämpfen, Lasten zu tragen, Ratschläge zu geben, Pläne zu legen und auszuführen haben und Gott beständig um Hilfe bitten. Betet und arbeitet; arbeitet und betet. Wie Schüler in der Schule Christi sollt ihr von Jesus lernen. (Testimonies to Ministers, S. 498f.)

Wir können Stärke von Gott empfangen; er kann uns helfen und uns Gnade und himmlische Weisheit schenken. Wenn du im Glauben bittest, wirst du empfangen; aber du musst „besonnen und nüchtern [sein] zum Gebet" (1 Ptr 4,7b). Wachen, beten, arbeiten – das sollte dein Wahlspruch sein. (Testimonies for the Church, Bd. 2, S. 427)

Betet und arbeitet im Vertrauen und überlasst die Ergebnisse Gott. Setzt euer Vertrauen auf Gott. Betet viel und glaubt. Wenn ihr vertraut, hofft, glaubt und die Hand des Allmächtigen festhaltet, werdet ihr mehr als Überwinder sein.

Wahre Mitarbeiter [Gottes] wandeln und arbeiten durch den Glauben. Manchmal werden sie müde und sehen die langsamen Fortschritte des Werkes, wenn der Kampf zwischen den Kräften des Guten und des Bösen heftig tobt. Aber wenn sie sich weigern, zu scheitern oder sich entmutigen zu lassen, werden sie erleben, wie die Wolken aufbrechen und sich das Versprechen der Befreiung erfüllt. Durch den Nebel hindurch, mit dem Satan sie umgeben hat, werden sie die hellen Strahlen der „Sonne der Gerechtigkeit" (Mal 3,20) scheinen sehen.

Arbeitet im Glauben und überlasst die Ergebnisse Gott. Betet im Glauben, und das Wunder seiner Vorsehung wird die Antwort bringen. Manchmal mag es scheinen, als könntet ihr nicht erfolgreich sein. Aber arbeitet und glaubt, und legt in euer Bemühen Vertrauen, Hoffnung und Mut hinein. Wenn ihr getan habt, was ihr konntet, dann wartet auf den Herrn, beruft euch auf seine Treue, und er wird sein Wort erfüllen. Wartet – nicht ängstlich, sondern mit unerschrockenem Glauben und unerschütterlichem Vertrauen. (Testimonies for the Church, Bd. 7, S. 245)

Das Gebet

Gott hat uns geschickt, um in seinem Weinberg zu arbeiten. Es ist unsere Pflicht, alles zu tun, was wir können. „Säe am Morgen deine Saat aus, leg aber auch am Abend die Hände nicht in den Schoß! Denn du weißt nicht, ob das eine oder das andere gedeiht - oder vielleicht sogar beides zusammen!" (Pred 11,6 Hfa) Wir haben zu wenig Glauben und begrenzen damit Gott. Wir sollten dankbar sein, dass Gott sich herablässt, jeden von uns als sein Werkzeug zu gebrauchen. Jedes aufrichtige Gebet, das im Glauben gesprochen wird, erhält eine Antwort. Sie mag nicht so sein, wie wir es erwartet haben, aber sie wird in dem Augenblick kommen, wenn wir sie am meisten brauchen. „Wenn ihr in mir bleibt und meine Worte in euch bleiben, werdet ihr bitten, was ihr wollt, und es wird euch widerfahren", sagte Jesus (Joh 15,7). (Testimonies for the Church, Bd. 3, S. 209)

Der Herr wird sicherlich die Gebete seiner Mitarbeiter hören und erhören, wenn sie sich an ihn um Rat und Unterweisung wenden. (Evangelisation, S. 353, rev.)

Die ersten Jünger beteten ernsthaft, um für das Werk der Seelenrettung tauglich zu werden. Ernsthaft beteten die Jünger [vor Pfingsten] um die Befähigung, Menschen begegnen und ihnen im täglichen Umgang Worte sagen zu können, durch die Sünder zu Christus geführt würden. Alle Meinungsverschiedenheiten und alles Streben nach Macht gaben sie auf und schlossen sich zu einer wahrhaft christlichen Gemeinschaft zusammen. Je näher sie Gott kamen, desto mehr erkannten sie, welch ein Vorrecht ihnen zuteil geworden war, so eng mit Christus verbunden zu sein. Traurigkeit erfüllte ihre Herzen, wenn sie daran dachten, wie oft sie ihn durch die Trägheit ihrer Gedanken und durch ihren Mangel an Verständnis für die Lehren, die er zu ihrem Besten mitzuteilen versuchte, betrübt hatten.

Diese Tage der Vorbereitung waren Tage gründlicher Herzensprüfung. Die Jünger spürten ihre geistliche Not und baten den Herrn um „die Salbung von dem, der heilig ist" (1 Joh 2,20), um für das Werk der Seelenrettung tauglich zu werden. Sie flehten nicht nur für sich um Segen, sondern empfanden eine Bürde für das Seelenheil Anderer. Ihnen wurde bewusst, dass das Evangelium der Welt gebracht werden müsse; deshalb verlangten sie nach der Kraft, die Christus verheißen hatte. (Das Wirken der Apostel, S. 38f.)

Ellen Whites missionarisches Bemühen war erfolgreich durch Gebet. [Sie berichtete über ihre Arbeit als 17-jähriges Mädchen:] Ich hatte beschlossen, dass meine Bemühungen nicht aufhören sollten, bis diese lieben Menschen, die mir so wichtig waren, sich Gott übergeben hatten. Ich betete mehrere Nächte lang für jene, die ich ausgewählt und zusammengebracht hatte, um mit ihnen zu arbeiten und zu beten ...

Bei jeder unserer kleinen Hausversammlungen habe ich jede Einzelne [der jungen Frauen] immer wieder ermahnt und für sie gebetet, bis jede sich Jesus übergeben und die Verdienste seiner vergebenden Liebe angenommen hatte. Jede bekehrte sich zu Gott. (Testimonies for the Church, Bd. 1, S. 33f.)

Pastoren sollen um den Segen Gottes ringen. Prediger sollten ihr eigenes Herz vorbereiten, bevor sie sich aufmachen, Menschen zu helfen, denn diese sind ihnen oft weit voraus. Sie sollten nicht nachlassen, im Gebet zu ringen, bis der Herr sie segnet. Wenn in ihrem Herzen die Liebe Gottes brennt, werden sie nicht predigen, um ihre eigene Klugheit darzustellen, sondern um Christus zu verkünden, der die Sünden der Welt wegnimmt. (Testimonies for the Church, Bd. 5, S. 166)

Gott hört Gebete um die Bekehrung von Menschen. Wenn jene, die die Wahrheit [für diese Zeit] kennen, die Selbstverleugnung praktizieren, zu der uns Gottes Wort mahnt, wird die Botschaft kraftvoll vorangehen. Der Herr wird unsere Bitten um die Bekehrung von Menschen hören. Das Volk Gottes wird sein Licht scheinen lassen, und Ungläubige, die unsere „guten Werke sehen", werden unseren „Vater im Himmel preisen" (Mt 5,16b). (Ruf an die Jugend; S. 200, rev.)

Das Gebet

Dieses Werk erfordert, dass ihr auf Menschen achtet, als müsstet ihr Rechenschaft dafür ablegen. Die Güte Christi muss das Herz des Mitarbeiters durchdringen. Wenn ihr Menschen liebt, werdet ihr eine liebevolle Sorge für sie offenbaren. Ihr werdet für die Menschen, die ihr besucht, demütige, ernste, zu Herzen gehende Gebete sprechen. Der Wohlgeruch der Liebe Christi wird in eurem Wirken offenbar werden. Er, der sein eigenes Leben für das Leben der Menschen hingab, wird mit dem selbstlosen Arbeiter zusammenwirken, um menschliche Herzen zu bewegen. (Testimonies for the Church, Bd. 6, S. 75f.)

Versammelt euch, um für die Bekehrung von Menschen zu beten. Befinden sich nur zwei oder drei Gläubige an einem Ort, sollen sie sich zu einer Arbeitsgruppe zusammenschließen. Das Band ihrer Einigkeit bleibt erhalten, wenn sie in Liebe eng verbunden füreinander einstehen, sich ermuntern voranzugehen und so durch den gegenseitigen Beistand ermutigt und gestärkt werden … Arbeiten und beten sie im Namen Christi, wird sich deren Zahl vergrößern. (Aus der Schatzkammer der Zeugnisse, Bd. III, S. 71f., rev.)

Lasst die Gemeinde in Los Angeles täglich besondere Gebetszeiten für die gegenwärtigen Bestrebungen halten. Der Segen des Herrn wird über alle an der Arbeit teilhabenden Gemeindeglieder kommen, die in kleinen Gruppen täglich für deren Erfolg beten. Dadurch werden die Gläubigen Gnade empfangen, und das Werk des Herrn wird voranschreiten. (Evangelisation, S. 100)

Wenn doch das ernstliche Gebet des Glaubens überall verbreitet wäre: „Gib mir Menschen, die noch im Irrtum gefangen sind, oder ich sterbe!" Bringt ihnen die Wahrheit, wie sie in Jesus ist. (This Day With God, S. 171)

Jeder kann für den Fortschritt des Evangeliumswerkes beten. Es sind nicht alle zur Missionsarbeit in fremden Ländern berufen, aber alle können das Evangeliumswerk mit ihren Gebeten und Gaben unterstützen. (Testimonies for the Church, Bd. 6, S. 29)

Viel ist nötig, um zu wissen, wie man Menschen zu Jesus führen kann. Es ist nicht jedermanns Sache, verständnisvoll für die Rettung von Menschen zu arbeiten. Viele Überlegungen müssen dabei angestellt werden. Wir dürfen nicht aufs Geratewohl in das Werk des Herrn eintreten und dann Erfolg erwarten. Der Herr braucht Menschen mit Verstand, denkende Leute. Jesus verlangt nach Mitarbeitern, nicht nach Stümpern! Es fehlt Gott an scharf denkenden und erfahrenen Menschen, die das bedeutende Werk vollenden, das zur Rettung von Menschen notwendig ist.

Handwerker, Rechtsanwälte, Kaufleute, Männer jeglichen Gewerbes und Standes bilden sich weiter, um Meister ihres Faches zu werden. Sollten Christi Nachfolger weniger einsichtsvoll sein? Sollten sie, während sie doch offenbar in seinem Dienst stehen, die anzuwendenden Mittel und Wege nicht kennen? Unser Vorhaben, das ewige Leben zu erlangen, steht über jeder irdischen Erwägung. Um Menschen zu Jesus führen zu können, muss man die menschliche Natur kennen und das Trachten des menschlichen Herzens erforschen. Wir müssen sorgfältig nachdenken und inbrünstig beten, um zu erfahren, wie man sich Männern und Frauen mit der Botschaft Gottes nähern soll. (Aus der Schatzkammer der Zeugnisse, Bd. I, S. 414, rev.)

Gott sucht nach bescheidenen, ruhigen, nüchternen Menschen, die feste Prinzipien haben, die genauso gut beten wie reden können ... Die Sache Gottes leidet darunter, dass es zu wenig verständige und kluge Arbeiter gibt. Meine Brüder und Schwestern, der Herr hat euch mit intellektuellen Fähigkeiten gesegnet, die noch ausgebildet werden können. Pflegt eure Talente mit ausdauerndem Eifer. Übt und bildet euren Verstand durch Studium, Beobachtung und Nachdenken. Ihr könnt Gott nicht verstehen, wenn ihr nicht alle Kräfte nutzt. Eure geistigen Fähigkeiten werden gestärkt und entwickelt, wenn ihr in der Ehrfurcht vor Gott, mit Demut und ernstem Gebet an die Arbeit geht. Ein energisches Vorgehen wird Wunder wirken. Seid offene, feste, entschiedene Christen. Gebt Jesus die Ehre, sprecht von seiner Liebe, seiner Macht – und lasst so euer Licht in die Welt leuchten [Mt 5,16a]. (Life Sketches, S. 275)

Das Gebet

Betet inständig um Gottes Hilfe. Es gibt viele Menschen, die unsagbar nach Licht, Sicherheit und Kraft über das hinaus verlangen, was sie selbst erlangen konnten. Sie müssen gefunden werden und wir müssen geduldig und ausdauernd für sie arbeiten. Fleht zum Herrn in inständigem Gebet um Hilfe. Stellt Jesus dar, weil ihr ihn als euren persönlichen Heiland kennt. Lasst seine ergreifende Liebe, seine reiche Gnade von menschlichen Lippen verkündet werden. Ihr braucht keine Lehrpunkte vorzubringen, bis ihr danach gefragt werdet. Nehmt aber das Wort Gottes und zeigt mit zarter, einfühlender Liebe zu den Menschen die wertvolle Gerechtigkeit Christi, die sie wie wir benötigen, um gerettet zu werden. (Evangelisation, S. 392, rev.)

Das persönliche Gebet muss unserem Zeugnis vorangehen. Wir müssen zuerst Licht und Segen empfangen, damit wir etwas weitergeben können. Es ist das Vorrecht jedes Mitarbeiters, zuerst am verborgenen Ort des Gebets mit Gott zu reden und dann als sein Sprachrohr mit den Menschen. Männer und Frauen, die mit Gott kommunizieren, die in Christus bleiben, heiligen die Atmosphäre [die sie umgibt], denn sie arbeiten mit heiligen Engeln zusammen. Ein solches Zeugnis ist nötig für diese Zeit. (Testimonies for the Church, Bd. 6, S. 52)

Du sollst der Vermittler sein, durch den Gott zu Menschen spricht. Du wirst dich an wertvolle Gedanken erinnern, und mit einem Herzen, das von der Liebe Jesu überfließt, wirst du Worte von größter Bedeutung sprechen. Deine Einfachheit und Aufrichtigkeit werden am deutlichsten reden, und deine Worte werden in den Büchern des Himmels als passende Worte aufgeschrieben, die „wie goldene Äpfel auf silbernen Schalen" wirken (Spr 25,11). Gott wird sie zu einem heilenden Strom himmlischen Einflusses werden lassen, der Sündenbewusstsein und den Wunsch [nach Vergebung] wecken wird. Jesus wird deine Gebete vor Gott bringen und für den Sünder die Gabe des Geistes beanspruchen und sie in dessen Seele gießen. Und es „wird Freude sein vor den Engeln Gottes über einen Sünder, der Buße tut" (Lk 15,10). (Sons and Daughters of God, S. 274)

Wir sollen ernsthaft für die beten, die wir besuchen wollen. Wir sollten auch ernsthaft für die beten, die wir besuchen wollen. Unser lebendiger Glaube kann sie, Einen nach dem Anderen, in die Gegenwart Gottes führen. Der Herr kennt die Ziele und Absichten des menschlichen Herzens. Sein Geist kann, dem Feuer gleich, die steinernen Herzen schmelzen und das Gemüt mit Liebe und Mitgefühl erfüllen. (Im Dienst für Christus, S. 214)

Betet mit den Menschen und für sie. Jene, die geistlich gesinnt sind, sollen mit diesen Menschen sprechen. Betet mit ihnen und für sie. Verbringt viel Zeit im Gebet und mit sorgfältigem Bibelstudium. Alle sollen die wahren Tatsachen des Glaubens selbst erkennen, indem sie darauf vertrauen, dass sie den Heiligen Geist verliehen bekommen, weil sie einen wirklichen Hunger und Durst nach Gerechtigkeit verspüren. (Testimonies for the Church, Bd. 6, S. 65)

Lasst uns unter den Niedrigen, den Armen und Unterdrückten arbeiten. Wir sollten mit und für die Hilflosen beten, die keine Willenskraft mehr besitzen, um die Gelüste im Zaum zu halten, die von ihren Leidenschaften erniedrigt wurden. Wir müssen uns mit ernstlichen und ausdauernden Anstrengungen für die Rettung derer einsetzen, bei denen Interesse geweckt wurde. (Testimonies for the Church, Bd. 6, S. 84)

Das Gebet vermag Menschen viel eher als Worte aus Satans Fesseln zu befreien. Satan ist auf eurer Spur. Er ist ein listiger Gegner. Der feindselige Geist, dem ihr in eurer Arbeit begegnet, ist von ihm eingegeben. Die von ihm beherrscht werden, sprechen seine Worte nach. Könnte der Schleier von ihren Augen weggezogen werden, dann sähen sie, wie Satan alle seine Künste anwendet, um sie von der Wahrheit abzubringen und für sich zu gewinnen. Menschen werden leichter aus seinen Fesseln durch ein demütiges Gebet als durch viele Worte ohne Gebet befreit. Evangeliumsarbeiter sollen ihre Seelen beständig im Gebet zu Gott emporheben. (Mit dem Evangelium von Haus zu Haus, S. 79f., rev.)

Das Gebet

Fang an, für Andere zu beten und zu arbeiten! Fangt an, für andere Menschen zu beten ... Ein sanftmütiger, stiller Geist soll euer Leben schmücken. Lasst eure ernsten, demütigen Bitten um Weisheit zu ihm aufsteigen, damit ihr nicht nur eure eigene Seele, sondern auch andere Menschen retten könnt. Betet mehr, als ihr singt. Braucht ihr Gebet nicht nötiger als Gesang? Ihr jungen Männer und Frauen, Gott ruft euch zur Arbeit. Arbeitet für ihn! Verändert den Kurs eures Lebens völlig! Ihr könnt eine Arbeit tun, die diejenigen, die mit dem Wort Gottes und der Lehre dienen, nicht tun können. Ihr könnt Menschen erreichen, die ein Prediger nicht ansprechen kann. (Testimonies for the Church, Bd. 1, S. 513)

Wir erleben nicht die Fülle des Segens, weil wir nicht im Glauben bitten. Gott möchte, dass wir mit den Worten, die wir zu den Menschen sprechen, und mit unseren Gebeten deutlich machen, dass wir geistlich lebendig sind. Wir erleben nicht die Fülle des Segens, den der Herr für uns vorgesehen hat, weil wir nicht im Glauben bitten. Wenn wir an das Wort des lebendigen Gottes glauben würden, würden wir die reichsten Segnungen empfangen. Wir entehren Gott durch unseren Mangel an Glauben; deshalb können wir Anderen kein Leben weitergeben und kein lebendiges, aufbauendes Zeugnis für sie sein. Wir können nicht weitergeben, was wir nicht besitzen. (Testimonies for the Church, Bd. 6, S. 63)

Der Segen des Dienstes an anderen Menschen. Ein Leben des täglichen Gebets und Dankens, ein Leben, das den Weg anderer Menschen erleuchtet, kann nicht ohne ernsthaftes Bemühen aufrechterhalten werden. Aber solche Mühe wird kostbare Früchte bringen und nicht nur dem Empfänger, sondern auch dem Geber zum Segen werden. Der Geist selbstloser Arbeit für Andere verleiht unserem Charakter Tiefe und Stabilität und eine Liebenswürdigkeit, wie Christus sie besaß; er bringt seinem Besitzer Frieden und Fröhlichkeit. Das Streben wird veredelt. Es bleibt kein Raum für Trägheit und Selbstsucht. Wer die christlichen Tugenden übt, wird wachsen. In geistlicher Hinsicht wird er Sehnen und Muskeln entwickeln und im Wirken für Gott stark sein. Er wird klare geistliche

Begriffe, einen standhaften, wachsenden Glauben und überlegene Macht im Gebet besitzen. Wer über Seelen wacht und sich völlig der Rettung von Irrenden widmet, bewirkt am sichersten sein eigenes Heil [Phil 2,12b EB]. (Aus der Schatzkammer der Zeugnisse, Bd. III, S. 224f., rev.)

Suchen wir Andere für [Christus] zu gewinnen und bringen wir dies als Anliegen im Gebet vor ihn, dann ergreift der belebende Einfluss der Gnade Gottes unser Herz und schenkt unserer Liebe den göttlichen Eifer. Unser Glaubensleben wird echter, ernsthafter und ist mehr vom Gebet geprägt. (Bilder vom Reiche Gottes, S. 290)

Das Gebet für Andere lenkt das Denken ab von den eigenen unbedeutenden Anliegen. Bitte die Gemeinde um Fürbitte für die Menschen, für die du arbeitest; nenne sie vor der Gemeinde als Gebetsanliegen. Das ist genau das, was die Gemeindeglieder brauchen, um ihre Gedanken weg von den eigenen kleinen Problemen auf eine große Sorge und ein persönliches Interesse für einen Menschen zu lenken, der in der Gefahr steht verlorenzugehen. (Medical Ministry, S. 244f.)

Gebet ohne den intensiven Einsatz für Andere führt zum Formalismus. Gottes Absicht ist nicht, dass wir uns wie Einsiedler oder Mönche von der Welt zurückziehen, um ihn anbeten zu können. Vielmehr will er, dass wir uns am Leben von Jesus orientieren. Es vollzog sich im Wechsel zwischen Stunden im Gebet auf einem Hügel und dem Wirken für die Menschen. Wer nur betet und sonst nichts tut, wird bald aufhören zu beten oder seine Gebete werden zur bloßen Formalität. Wer sich vom Leben in der Gesellschaft zurückzieht und die Pflichten und Lasten des Christseins nicht auf sich nimmt, und nicht für seinen Herrn arbeitet, der so viel für ihn getan hat, wird bald keine Anliegen mehr haben, worum er Gott bitten kann. Nichts spornt ihn zum Gebet an, und seine Bitten werden selbstsüchtig. Er betet nicht mehr für die Nöte seiner Mitmenschen oder um Kraft zur Mitarbeit beim Bau des Reiches Gottes auf Erden. (Der bessere Weg zu einem neuen Leben, S. 98f.)

Das Gebet

Geht voran im Vertrauen auf Gott. Wir sollen uns einander zu lebendigem Glauben ermuntern, dessen Besitz Christus jedem Christen ermöglicht hat. Das Werk muss so vorangetragen werden, wie der Herr den Weg bereitet. Wenn er seine Kinder in Schwierigkeiten führt, dann sollen sie sich zum Gebet versammeln und eingedenk sein, dass alles von Gott kommt. Jene, die an den schwierigen Erfahrungen des Werkes Gottes in der letzten Zeit noch keinen Anteil hatten, werden bald durch Erlebnisse gehen, die ihr Vertrauen in Gott ernsthaft erproben. Gerade zu der Zeit, da seine Kinder keinen Weg mehr sehen, da das Rote Meer vor ihnen liegt und die Verfolger hinter ihnen her sind, gebietet Gott ihnen: „Geht voran!" [2 Mo 14,9.15] Dadurch prüft er ihren Glauben.

Wenn solche Erfahrungen an euch herantreten, dann geht im Vertrauen auf Christus voran. Geht Schritt für Schritt auf dem Wege, den er zeigt. Versuchungen werden an euch herantreten, aber geht vorwärts. Dies wird euch eine Erfahrung vermitteln, die euren Glauben stärkt und euch zu treuem Dienst befähigt. (Aus der Schatzkammer der Zeugnisse, Bd. III, S. 363, rev.)

Was wir in dieser Zeit brauchen. Werden wir das Werk Gottes in seinem Sinn vorwärtsbringen? Sind wir bereit, uns von Gott belehren zu lassen? Werden wir im Gebet mit Gott ringen? Werden wir die Taufe des Heiligen Geistes empfangen? Das ist es, was wir in dieser Zeit brauchen und auch empfangen dürfen. Dann werden wir vorangehen mit einer Botschaft des Herrn, und das Licht der Wahrheit wird scheinen wie ein Licht, das leuchtet, und alle Enden der Erde erreichen. Wenn wir demütig mit dem Herrn wandeln, wird er mit uns gehen. (Advent Review and Sabbath Herald, 1. Juli 1909)

Kapitel 21

Die Notwendigkeit der Fürbitte

Betet für die Mitarbeiter im Werk Gottes. In dieser Zeit sollten die Gläubigen oft aufrichtig und ernsthaft beten. Ihr Verstand sollte ständig in gebetsvoller Haltung sein. In den Heimen und Gemeinden soll ernstlich für jene gebetet werden, die sich der Verkündigung des Wortes Gottes widmen. (In Heavenly Places, S. 87)

Zu oft vergessen wir, dass unsere Mitarbeiter [im Werk Gottes] Kraft und Freudigkeit brauchen. Achtet darauf, sie in Zeiten besonderer Schwierigkeiten und Sorgen durch eure Anteilnahme und euer Mitgefühl aufzumuntern. Während ihr versucht, ihnen mit euren Gebeten beizustehen, lasst es sie auch persönlich wissen. Verkündet ihnen allenthalben Gottes Botschaft an seine Diener: „Sei getrost und unverzagt" (Jos 1,6). (Aus der Schatzkammer der Zeugnisse, Bd. III, S. 148)

Wenn junge Männer hinausgehen, um die Wahrheit zu verkündigen, solltet ihr für sie beten. Betet, dass Gott ihnen nahe sein und ihnen Weisheit, Kraft und Erkenntnis schenken möge. Betet, dass sie vor den Fallstricken Satans bewahrt und ihre Gedanken und Herzen rein bleiben mögen. Ich beschwöre euch, die ihr den Herrn fürchtet, keine Zeit mit sinnlosem Geschwätz oder nutzlosen Tätigkeiten zu verbringen, um euren Stolz oder eure Esslust zu befriedigen. Die gewonnene Zeit verbringt vielmehr im Ringen mit Gott für die Prediger, Evangelisten und Missionare. Stützt ihnen die Arme, wie Aaron und Hur die Arme von Mose gestützt haben [2 Mo 17,12]. (Testimonies for the Church, Bd. 5, S. 162)

Das Gebet

Brüder und Schwestern, habt ihr vergessen, dass eure Gebete die Arbeiter im großen Erntefeld wie scharfe Sicheln begleiten sollen? (Testimonies for the Church, Bd. 3, S. 162)

Unsere Mitmenschen brauchen unsere Gebete. Überall um uns herum gibt es Menschen, die Leiden haben und mitfühlende, liebevolle und gütige Worte sowie unsere demütigen, Anteil nehmenden Gebete brauchen. (Testimonies for the Church, Bd. 3, S. 530)

Keiner betet richtig, wenn er nur Segen für sich allein sucht. Wenn wir Gott unseren Vater nennen, erkennen wir alle seine Kinder als unsere Geschwister an. Wir alle gehören zum großen Netzwerk der Menschheit und sind alle Mitglieder einer Familie. In unsere Bitten sollen wir unsere Nachbarn genauso einschließen wie uns selbst. Keiner betet richtig, wenn er nur Segen für sich allein sucht. (Sons and Daughters of God, S. 267)

Bete und arbeite für andere Menschen. Wir sollen Menschen suchen, für sie beten und für sie arbeiten. Wir sollen ernsthafte Appelle an sie richten. Wir sollen inständig für sie beten. Unsere lahmen, leblosen Bitten müssen sich in intensives Flehen verwandeln. (Testimonies for the Church, Bd. 7, S. 12)

Es gibt Menschen, die den Mut verloren haben. Sprich mit ihnen, bete für sie. Es gibt Menschen, die das Brot des Lebens brauchen. Lies ihnen aus dem Wort Gottes vor. Es gibt eine Krankheit der Seele, die keine Salbe oder Arznei heilen kann. Bete für diese Menschen und bring sie zu Jesus Christus. Dann wird Christus in all deinem Wirken gegenwärtig sein, um menschliche Herzen zu bewegen. (Welfare Ministry, S. 71)

Betet um Segnungen, um Andere zu segnen. Unsere Gebete sollen kein egoistisches Bitten zum eigenen Nutzen sein. Lasst uns Gott um Gaben bitten, damit wir geben können. Das Prinzip des Lebens Christi soll auch unser Lebensprinzip sein: „Ich heilige mich selbst für [die Jünger], damit auch sie geheiligt seien." (Joh 17,19)

Dieselbe Hingabe, dieselbe Bereitschaft, sich aufzuopfern und den Forderungen von Gottes Wort nachzukommen, die für Christus so charakteristisch war, soll auch in seinen Mitarbeitern sichtbar werden. Unsere Aufgabe in der Welt besteht nicht darin, uns selbst zu dienen oder zu gefallen, sondern wir sollen Gott verherrlichen, indem wir mit ihm zusammenarbeiten, um Sünder zu retten. Wir sind aufgefordert, von Gott Segnungen zu erbitten, um sie an Andere austeilen zu können. Nur wenn wir sie weitergeben, werden wir selbst immer wieder neue empfangen können. Es ist nicht möglich, ununterbrochen himmlische Schätze zu erhalten, ohne unsere Mitmenschen daran teilhaben zu lassen. (Bilder vom Reiche Gottes, S. 110, rev.)

Betet für die Jugendlichen in der Gemeinde und mit ihnen. Die Jugendlichen sollen daran denken, dass sie hier sind, um den Charakter für die Ewigkeit zu bilden und der Herr erwartet, dass sie ihr Bestes tun. Die Älteren und Erfahreneren unter euch sollen auf die Jüngeren achten; und wenn sie merken, dass diese versucht werden, sollen sie sie beiseitenehmen und mit ihnen und für sie beten. (Ruf an die Jugend, S. 10, rev.)

Sabbatschulgesprächsleiter sollen mit und für ihre Gruppenmitglieder beten. Wir sollten uns mehr um andere Menschen sorgen und täglich um Kraft und Weisheit für den Sabbat beten. Gesprächsleiter, trefft euch mit euren Gruppenmitgliedern. Betet mit ihnen und lehrt sie, wie man betet. Lasst Ruhe ins Herz einkehren und formuliert kurze, einfache, aber innige Bitten. (Counsels on Sabbath School Work, S. 125)

Schüler sollen für ihre Lehrer bitten. Schüler sollten ihre eigenen Gebetszeiten haben, in denen sie inbrünstige, einfache Bitten aussprechen, dass Gott den Schulleiter und die Lehrer mit körperlicher Kraft, geistiger Klarheit, moralischer Stärke und geistlichem Unterscheidungsvermögen segnen möge und sie durch die Gnade Gottes für ihre Aufgaben befähigt werden. (Fundamentals of Christian Education, S. 293)

Das Gebet

Betet für Menschen, die euch verletzt haben. Gott beendete die Not Hiobs, als dieser betete – nicht für sich selbst, sondern für jene, die ihm laufend widersprachen [Hiob 42,8–10]. Als er den aufrichtigen Wunsch hatte, dass den Menschen, die ihm Unrecht angetan hatten, geholfen würde, empfing auch er Segen. Lasst uns beten, nicht nur für uns selbst, sondern auch für jene, die uns verletzt haben und uns immer noch verletzen. Betet, betet besonders in Gedanken. Gönnt dem Herrn keine Ruhe; denn seine Ohren sind offen für aufrichtige, hartnäckig vorgebrachte Gebete, wenn die Seele vor ihm demütig wird. (Brief 88, 1906, zitiert im Seventh-day Adventist Bible Commentary, Bd. 3, S. 1141)

Eltern sollen für ihre Kinder beten. Ihr Väter und Mütter, möchtet ihr euch nicht mit Energie, Ausdauer und Liebe euren Aufgaben widmen? Sät täglich die wertvolle Saat und betet ernstlich, dass Gott sie mit dem Tau der Gnade begießt und euch eine reiche Ernte schenkt. Der Sohn Gottes starb zur Erlösung einer sündigen, rebellischen Menschheit. Sollte uns irgendeine Mühe oder irgendein Opfer zu groß sein, um unsere geliebten Kinder zu retten? (Signs of the Times, 24. November 1881)

Wenn du deine Pflicht an deinen Kindern treu erfüllt hast, dann bring sie zu Gott und bitte ihn, dir zu helfen. Sage ihm, dass du deinen Teil erfüllt hast, und dann bitte Gott, seinen Teil zu tun – das, was du nicht leisten kannst. (Child Guidance, S. 256)

Die Aufgabe einer Mutter richtig zu erfüllen erfordert Begabung, Geschicklichkeit und geduldige, wohl überlegte Sorge sowie Selbstkritik und ernstes Gebet. Jede Mutter soll ständig danach streben, ihre Pflichten zu erfüllen. Sie soll ihre Kleinen in den Armen des Glaubens zu Jesus bringen, ihm ihre großen Bedürfnisse sagen und ihn um Weisheit und Stärke bitten. (Counsels to Parents, Teachers, and Students, S. 128)

Erwarte nicht, dass deine Kinder sich ohne geduldiges, intensives Bemühen, verbunden mit inbrünstigem Gebet, ändern werden.

Ihre unterschiedlichen Charaktere zu studieren und zu verstehen und sie jeden Tag nach dem göttlichen Vorbild zu formen ist eine Aufgabe, die große Sorgfalt und Ausdauer und einen festen Glauben an Gottes Verheißungen erfordert. (Signs of the Times, 4. Mai 1888)

Die Gebete der Eltern werden etwas bewirken. Ausdauernde Bemühungen, Gebet und Gottvertrauen in Verbindung mit einem guten Vorbild werden nicht ohne Frucht bleiben. Bringt eure Kinder im Glauben vor Gott und bemüht euch, ihren empfänglichen Gemütern einzuprägen, dass sie ihrem himmlischen Vater verpflichtet sind. (Ein Tempel des Heiligen Geistes, S. 173)

Gott wird das ernsthafte Gebet der Eltern hören – das von ausdauerndem Bemühen begleitet wird –, dass ihre Kinder von ihm gesegnet und treue Arbeiter für sein Werk werden sollten. Wenn Eltern auf die von Gott vorgesehene Weise ihre Pflicht tun, können sie sicher sein, dass ihre Bitten um seine Hilfe für ihre Arbeit zu Hause erfüllt werden. (Signs of the Times, 4. Mai 1888)

Sogar der Säugling im Arm der Mutter kann durch den Glauben der betenden Mutter „unter dem Schatten des Allmächtigen" (Ps 91,1) leben ... Wenn wir in Gemeinschaft mit Gott leben, dürfen auch wir erwarten, dass der göttliche Geist unsere Kleinen selbst von ihren frühesten Augenblicken an formt. (Das Leben Jesu / Der Eine – Jesus Christus, S. 506)

Die Gebete der Eltern können deren Kinder vor dem bösen Einfluss Satans bewahren. Seid beständig wachsam, um eure Kinder vor dem bösen Einfluss Satans zu bewahren. Dies können die Kinder nicht selbst tun, aber Eltern können viel tun. Durch ernstes Gebet und lebendigen Glauben werden große Siege errungen. (Spiritual Gifts, Bd. 4b, S. 139)

Gebete um die Bekehrung der Kinder bringen Gott zum Wirken. Die Mutter [des späteren Kirchenvaters] Augustinus [354–430] betete um die Bekehrung ihres Sohnes. Sie erkannte keinen Hinweis darauf, dass der Geist Gottes an seinem Herzen wirkte, ließ sich aber nicht entmutigen. Sie zeigte mit ihrem Finger auf die Bibeltexte, legte Gott seine eigenen Worte vor und flehte, wie dies nur eine Mutter tun kann. Ihre tiefe Demut, ihre drängenden Bitten, ihr unerschütterlicher Glaube siegten, und der Herr erfüllte ihren Herzenswunsch.

Heute ist er ebenso bereit, die Bitten seines Volkes zu hören. „Des HERRN Arm ist nicht zu kurz, dass er nicht helfen könnte, und seine Ohren sind nicht hart geworden, sodass er nicht hören könnte." (Jes 59,1) Wenn gläubige Eltern ihn ernsthaft suchen, wird er ihnen viele Argumente in den Mund geben und um seines Namens willen mächtig zur Bekehrung ihrer Kinder wirken. (Testimonies for the Church, Bd. 5, S. 322f.)

Kapitel 22

Gebet um Erweckung

Wir müssen um Erweckung beten. Eine Erweckung zu wahrer Frömmigkeit unter uns ist das größte und dringendste unserer Bedürfnisse. Danach zu streben, sollte unsere wichtigste Aufgabe sein. Wir müssen uns ernsthaft darum bemühen, die Segnungen Gottes zu empfangen – nicht etwa, weil Gott nicht bereit wäre, seinen Segen über uns auszugießen, sondern weil wir unvorbereitet sind, ihn zu empfangen. Unser himmlischer Vater gibt denen, die ihn darum bitten, den Heiligen Geist bereitwilliger, als Eltern ihren Kindern Gutes geben [Lk 11,13]. Aber es ist unsere Aufgabe, durch Unterordnung, Reue, Sündenbekenntnis und ernsthaftes Gebet die Bedingungen zu erfüllen, unter denen Gott uns seinen Segen versprochen hat. Eine Erweckung kann nur als Antwort auf Gebet erwartet werden. (Für die Gemeinde geschrieben, Bd. 1, S. 128, rev.)

Heute brauchen wir eine solche Erweckung zur wahren Herzensreligion, wie es im alten Israel geschah [zur Zeit Samuels; 1 Sam 7,3–6]. Wie die Israeliten damals müssen wir Frucht der Buße [Mt 3,8] bringen – unsere Sünden ablegen und den unreinen Tempel des Herzens reinigen, damit Christus in ihm regieren kann. Wir brauchen das Gebet – ernstes, siegreiches Gebet. Unser Erlöser hat dem wahrhaft reuigen Beter wertvolle Verheißungen geschenkt. Er wird seine Gegenwart nicht vergeblich suchen.

Auch durch sein eigenes Beispiel lehrte Jesus uns die Notwendigkeit des Gebets. Obwohl er die himmlische Majestät war, verbrachte er oft ganze Nächte in Gemeinschaft mit seinem Vater. Wenn der Erlöser der Welt nicht zu rein, zu weise oder zu heilig war, um

Gott um Hilfe zu bitten, sind wir sündige, irrende, sterbliche Wesen noch viel mehr auf diesen göttlichen Beistand angewiesen. Erfüllt von Reue und Glauben wird jeder wahre Christ „zum Thron der Gnade [kommen], damit wir Barmherzigkeit empfangen und Gnade finden zu der Zeit, wenn wir Hilfe nötig haben" (Hbr 4,16). (Signs of the Times, 26. Januar 1882)

Der Heilige Geist erfüllte zu Pfingsten die betenden Jünger.
Der Geist kam in solcher Fülle auf die wartenden, betenden Jünger, dass er jedes Herz erfasste [Apg 2,1–4]. Der Ewige offenbarte sich machtvoll seiner Gemeinde. Es schien, als sei dieser Einfluss jahrhundertelang zurückgehalten worden und als freute sich der Himmel nun, die Reichtümer der Gnadengaben des Geistes auf die Gemeinde ausgießen zu können. Unter dem Einfluss des Geistes vermischten sich Worte der Reue und des Bekennens mit Lobgesängen für vergebene Sünden. Worte des Dankes und der Weissagung waren zu hören. Der ganze Himmel neigte sich herab, um die Weisheit der unvergleichlichen, unbegreiflichen Liebe wahrzunehmen und anzubeten. Bewundernd riefen die Apostel: „Darin besteht die Liebe [Gottes]!" (1 Joh 4,10) Sie ergriffen die verliehene Gabe. Und was war die Folge? Das „Schwert des Geistes" (Eph 6,17) – neu geschärft und in das blitzende Licht des Himmels getaucht – brach sich Bahn gegenüber dem Unglauben. Tausende wurden an einem Tage bekehrt [Apg 2,41]. (Das Wirken der Apostel, S. 39f., rev.)

Obwohl Christus seinen Jüngern das Versprechen gegeben hatte, dass sie den Heiligen Geist empfangen werden [Apg 1,8], hob das nicht die Notwendigkeit des Gebets auf. Sie beteten noch ernster und „waren stets beieinander einmütig im Gebet" (V. 14). Alle, die sich heute in dem heiligen Werk engagieren, das Volk Gottes auf die Wiederkunft Christi vorzubereiten, sollten ebenfalls beharrlich beten. [Gospel Workers [1892], S. 371)

Wir sollen so intensiv um das Herabkommen des Heiligen Geistes bitten wie die Jünger zu Pfingsten. Wenn sie ihn damals nötig hatten, so brauchen wir ihn heute noch nötiger. Ohne den Geist und die Kraft Gottes werden wir uns vergeblich für die Verkündigung der Wahrheit einsetzen. (Australasian Union Conference Record, 1. April 1898)

Die nötige Vorbereitung auf den Empfang des Geistes. Jede Unreinheit muss aus dem Herzen entfernt werden. Es muss gereinigt werden, damit der Heilige Geist in ihm wohnen kann. Die ersten Jünger bekannten ihre Sünde und wandten sich von ihr ab, sie beteten ernstlich und weihten sich Gott, um für die Ausgießung des Heiligen Geistes zu Pfingsten bereit zu sein. Dasselbe Werk, aber in noch größerem Ausmaß, muss heute getan werden ...

Wenn wir nicht bei der Ausübung der christlichen Tugenden täglich Fortschritte machen, werden wir das Wirken des Heiligen Geistes im „Spätregen" (Hos 6,3; vgl. Joel 3,1.2) nicht erkennen. Er mag überall um uns herum Herzen erfüllen, aber wir erkennen oder empfangen ihn nicht ...

Wir brauchen die göttliche Gnade am Anfang und bei jedem Schritt, der uns vorwärtsbringt, und nur die göttliche Gnade kann das Werk vollenden. Wir dürfen nicht in einer sorglosen Haltung verweilen und die Ermahnungen Christi nie vergessen: „Wacht und betet" und: „Seid allezeit wach und betet" (Mt 26,41; Lk 21,36). Wenn wir Fortschritte machen wollen, brauchen wir die ständige Verbindung mit der göttlichen Macht. Vielleicht hatten wir bereits ein gewisses Maß des Geistes Gottes empfangen, aber durch Gebet und Glauben sollen wir beständig nach einem größeren Anteil am Geist Gottes streben. (Testimonies to Ministers, S. 507f.)

Beansprucht die Verheißung des Heiligen Geistes im Glauben. Nur denen, die demütig auf den Herrn harren und auf seine Führung und auf seine Gnadengabe achthaben, wird der Heilige Geist zuteil. Die Kraft Gottes wartet darauf, dass die Menschen nach ihr verlangen und sie annehmen. Wird dieser verheißene Segen im Glauben beansprucht, so bringt er alle anderen Segnungen mit sich. Er wird nach dem Reichtum der Gnade Christi gegeben werden und kann jeden Menschen erfüllen gemäß seiner Kapazität, ihn aufzunehmen. (Das Leben Jesu / Der Eine – Jesus Christus, S. 671, rev.)

Das Gebet

Betet bei jeder Versammlung um den Heiligen Geist. Wir müssen darum beten, dass Gott die Quelle des Wassers des Lebens öffnet. Und wir müssen selbst das lebendige Wasser empfangen. Lasst uns mit zerschlagenem Herzen sehr ernstlich darum bitten, dass jetzt – zur Zeit des Spätregens – die Gnadenschauer auf uns fallen. Bei jeder Versammlung, die wir besuchen, sollen unsere Gebete aufsteigen, damit Gott uns gerade in diesen Augenblicken erwärmt und erquickt. Wenn wir Gott um den Heiligen Geist bitten, dann wird jener in uns Sanftmut, Demut des Geistes und ein beständiges Empfinden der Abhängigkeit von Gott bewirken, damit der Spätregen uns vervollkommnet. Wenn wir im Glauben um den Segen beten, werden wir ihn empfangen, wie Gott es verheißen hat. (Testimonies to Ministers, S. 508)

Satan fürchtet sich, wenn Gottes Volk um den Heiligen Geist betet. Nichts fürchtet Satan so sehr, als dass das Volk Gottes alle Hindernisse beseitigt und den Weg frei macht, damit der Herr seinen Geist ausgießen kann über eine müde gewordene, unbußfertige Gemeinde. Wenn Satan sich durchsetzen würde, gäbe es bis zum Ende der Weltzeit keine Erweckung mehr, weder eine große noch eine kleine. Aber wir kennen seine Vorhaben und können seiner Macht widerstehen.

Wenn der Weg für Gottes Geist bereitet ist, wird der Segen kommen. Satan kann den Segensstrom, der auf die Kinder Gottes ausgegossen wird, genauso wenig unterbinden, wie er des Himmels Fenster schließen kann, um den Regen zu verhindern. Dämonen und böse Menschen können das Werk Gottes nicht verhindern oder seine Gegenwart von den Versammlungen seines Volkes fernhalten, wenn die Gläubigen mit demütigem, reuevollem Herzen ihre Sünden bekennen und ablegen und im Glauben seine Verheißungen in Anspruch nehmen. (Für die Gemeinde geschrieben, Bd. 1, S. 131, rev.)

Kapitel 23

Gebet für die Kranken

Eventuell gemeinsam mit Anderen um unsere Heilung bitten. Wenn wir an körperlichen Schwächen leiden, ist es sicherlich angebracht, dem Herrn zu vertrauen und unser Anliegen im Gebet vor unseren Gott zu bringen. Wenn wir meinen, wir sollten Menschen unseres Vertrauens bitten, gemeinsam mit uns im Gebet zu Jesus, dem großen Heiler, zu kommen, dann wird uns sicherlich geholfen werden, wenn wir im Glauben bitten. (Medical Ministry, S. 16)

Gottes Verheißungen für das Gebet um die Heilung von Kranken. Christus ist heute derselbe mitfühlende Arzt, der er während seines Dienstes auf Erden war. In ihm ist Heilkraft für jede Krankheit und Stärkung für jede Schwachheit. Seine heutigen Jünger sollen für die Kranken ebenso ernsthaft beten wie seine damaligen. Die Heilungen werden dann eintreten, denn „das Gebet des Glaubens wird dem Kranken helfen" (Jak 5,15a).

Wir haben die Kraft des Heiligen Geistes und die beruhigende Gewissheit des Glaubens, die sich auf Gottes Verheißungen stützen kann. Die Verheißung des Herrn, dass sie „auf Kranke die Hände legen" werden und es dann „besser mit ihnen werden" wird (Mk 16,18), gilt heute ebenso zuverlässig wie in den Tagen der Apostel. Sie hebt das Vorrecht der Kinder Gottes hervor, und unser Glaube sollte sich auf alles berufen, was sie umschließt. Christi Diener sind der Kanal seines Wirkens; durch sie will er seine heilende Macht ausüben. Es ist unsere Aufgabe, die Kranken und Leidenden in den Armen unseres Glaubens zu Gott zu bringen. Wir sollten sie lehren, ihr Vertrauen auf den großen Arzt zu setzen.

Das Gebet

Der Heiland will, dass wir die Kranken, die Hoffnungslosen und die Geplagten ermutigen, durch seine Stärke wieder Halt zu gewinnen. Durch Glaube und Gebet kann das Krankenzimmer in ein [Haus Gottes] verwandelt werden. (Auf den Spuren des großen Arztes, S. 180f.)

Keine menschliche Macht kann die Kranken retten, aber durch das Gebet des Glaubens hat der große Arzt seine Verheißung [Jak 5,15] an jenen erfüllt, die seinen Namen anriefen. Keine menschliche Macht kann Sünden vergeben oder den Sünder retten. Das kann nur Christus, der barmherzige Arzt des Körpers und der Seele. (Selected Messages, Bd. 3, S. 295)

Bei Kranken die natürlichen Heilmittel anwenden und sie auf Christus als großen Arzt verweisen. Wir sind dazu berufen, Andere zu lehren, wie sie ihre Gesundheit bewahren und wiedergewinnen können. Bei den Kranken sollten wir die Heilmittel anwenden, die Gott in der Natur bereitgestellt hat, und wir sollten auf den hinweisen, der allein Genesung schenken kann. Es obliegt uns, die Kranken und Leidenden auf den Armen des Glaubens zu Christus zu bringen und sie zu lehren, an den großen Arzt zu glauben. Dazu müssen wir seinen Verheißungen vertrauen und um die Offenbarung seiner Macht beten. Der eigentliche Inhalt des Evangeliums ist die Wiederherstellung unserer leiblichen und seelischen Gesundheit. Gott erwartet von uns, dass wir die Kranken, die Hoffnungslosen und die Betrübten auffordern, seine Stärke in Anspruch zu nehmen. (Das Leben Jesu / Der Eine – Jesus Christus, S. 828)

Die Kranken behandeln und zugleich um Heilung beten. Zusammen mit allen [medizinischen] Behandlungen unserer Kranken sollte ein einfaches, inniges Gebet um den Segen der Heilung gesprochen werden. Wir sollen die Kranken auf den mitfühlenden Erlöser und seine Macht hinweisen, Sünden zu vergeben und Krankheiten zu heilen. Die Leidenden können sich mit euch im Gebet vereinen und ihre Sünden bekennen. Sie werden Vergebung erlangen [Jak 5,15b]. (Selected Messages, Bd. 3, S. 296)

Diejenigen, die sich in der Arbeit von Haus zu Haus engagieren, werden in vieler Hinsicht Gelegenheiten zum Helfen finden. Sie sollten für die Kranken beten und alles in ihrer Macht Stehende tun, die Leiden zu lindern. (Testimonies for the Church, Bd. 6, S. 83f.)

Um Gesundheit beten und gleichzeitig Heilmittel anwenden. Ich habe beim Beten für Kranke so oft Extreme erlebt, dass ich das Gefühl habe, dass dieser Bereich vernünftige, geheiligte Überlegung erfordert, damit wir nicht in einer Weise vorgehen, die wir Glauben nennen, die aber tatsächlich nichts weniger als Vermessenheit ist.

Menschen, die unter Krankheiten leiden, müssen klug beraten werden, sodass sie vernünftig vorgehen; und während sie sich vor Gott stellen, damit für sie um Heilung gebetet wird, dürfen sie nicht gleichzeitig Behandlungsmethoden vernachlässigen, die im Einklang mit den Naturgesetzen stehen.

Wenn sie meinen, aufgrund des Gebets um Heilung sollten sie nicht die von Gott vorgesehenen Heilmittel zur Linderung von Schmerzen und zur Unterstützung der natürlichen Heilungsvorgänge anwenden, weil dies eine Verleugnung des Glaubens wäre, vertreten sie einen unklugen Standpunkt. Das ist keine Verleugnung des Glaubens, sondern steht in völliger Übereinstimmung mit den Absichten Gottes. (Counsels on Health, S. 381f.)

Es stellt keine Verleugnung des Glaubens dar, solche Heilmittel zu gebrauchen, die Gott uns zur Linderung von Schmerzen und zur Unterstützung des Heiligungswerkes der Natur gegeben hat. Es bedeutet nicht, seinen Glauben zu verleugnen, wenn man mit Gott zusammenarbeitet und die bestmöglichen Voraussetzungen für eine Heilung schafft.

Gott hat uns ermöglicht, Wissen über die Gesetze des Lebens zu erlangen. Dieses Wissen steht uns zur Verfügung und soll auch angewandt werden. Wir sollten jedes Mittel zur Wiederherstellung der Gesundheit anwenden, jeden möglichen Vorteil wahrnehmen und in Übereinstimmung mit den Naturgesetzen vorgehen. Wenn wir um die Gesundung des Kranken gebetet haben, können wir mit um so mehr Energie an der Heilung arbeiten, voll Dankbarkeit gegenüber Gott, dass wir das Vorrecht der Zusammenarbeit mit ihm haben, und verbunden mit der Bitte um seinen Segen für die Mittel, die er selbst uns gegeben hat.

Auch das Wort Gottes beschreibt den Gebrauch von Heilmitteln. Hiskia, ein König Israels, wurde krank, und ein Prophet Gottes überbrachte ihm die Botschaft, dass er sterben müsse. Er rief den Herrn an, und der erhörte seinen Diener und ließ ihm [durch Jesaja] sagen, dass ihm fünfzehn weitere Lebensjahre gegeben werden [Jes 38,1–5]. Nun hätte ein einziges Wort von Gott Hiskia sofort heilen können; aber er gab eine spezifische Heilungsanweisung: „Jesaja sprach, man solle ein Pflaster von Feigen nehmen und auf sein Geschwür legen, dass er gesund würde." (V. 21)

Als Jesus einen Blinden heilte, bestrich er die Augen des Kranken mit einem Brei aus Erde und sprach zu ihm: „Geh zum Teich Siloah … und wasche dich! Da ging er hin und wusch sich und kam sehend wieder." (Joh 9,7) Auch diese Heilung hätte allein durch ein Wort des großen Arztes geschehen können, aber Jesus machte von den einfachen Mitteln der Natur Gebrauch. Das ist zwar kein Freibrief zur Anwendung aller chemischen Medikamente, die heute auf dem Markt sind, aber es unterstützt den Einsatz einfacher und natürlicher Heilmittel. (Auf den Spuren des großen Arztes, S. 186f., rev.)

Wenn ich ernstlich für die Kranken gebetet habe, was mache ich dann? Höre ich auf, alles, was ich kann, für ihre Genesung zu tun? Nein, ich strenge mich nur umso mehr an mit viel Gebet, dass der Herr die Mittel segnen möge, die er selbst gegeben hat, und uns heilige Weisheit schenken möge, um mit ihm bei der Genesung der Kranken zusammenzuarbeiten. (Healthful Living [1897], S. 240)

Dankbarkeit und Lobpreis fördern die Gesundheit wie nichts Anderes. Nichts trägt mehr zur Förderung körperlicher und seelischer Gesundheit bei, als eine Haltung der Dankbarkeit und des Lobes. Es ist entschieden unsere Pflicht, der Schwermut sowie Gedanken und Gefühlen der Unzufriedenheit zu widerstehen – ebenso sehr, wie es eine Pflicht ist zu beten. (Auf den Spuren des großen Arztes, S. 203f., rev.)

Krankenschwestern sollen um die Heilung der Patienten beten. Wenn Missionsschwestern für die Kranken sorgen und die Not der Armen lindern, werden sie viele Gelegenheiten finden, mit ihnen zu beten, ihnen aus dem Wort Gottes vorzulesen und vom Erlöser zu sprechen ... Sie können Hoffnung in das Leben der Niedergedrückten und Entmutigten bringen. (Medical Ministry, S. 246f.)

Die Kranken werden durch die geduldige Aufmerksamkeit der Krankenschwestern zu Christus geführt, die ihre Bedürfnisse erkennen und den großen Missionsarzt bitten, den Leidenden barmherzig anzusehen und ihn den beruhigenden Einfluss seiner Gnade und seine wiederherstellende Macht spüren zu lassen. (Medical Ministry, S. 191f.)

Gebete für die Kranken in unseren Einrichtungen. In unseren Einrichtungen soll man die Stimme des Gebets für die Kranken hören, damit sie mit dem zusammenarbeiten, der Körper und Seele heilen kann. Viele von denen, die Satan willig untertan waren, werden sich Christus, dem großen Heiler zuwenden. (Brief 338, 1905, an John H. Kellogg, zitiert in Manuscript Releases, Bd. 6, S. 379)

Als wir noch nicht mit Einrichtungen gesegnet waren, in denen die Kranken Hilfe erfuhren, haben wir die meisten scheinbar hoffnungslosen Fälle mit sorgfältiger Behandlung und ernstem Gebet des Glaubens zu Gott erfolgreich bewältigt. Heute lädt der Herr die Leidenden ein, ihm zu vertrauen. Des Menschen Verlegenheit ist Gottes Gelegenheit. (Selected Messages, Bd. 3, S. 295f.)

Das Gebet um Gesundheit wird nicht erhört werden, wenn jemand ständig die Gesundheitsprinzipien missachtet. Viele haben erwartet, dass sie vor Krankheit bewahrt werden, bloß deshalb, weil sie Gott darum gebeten haben. Aber Gott hat ihre Gebete nicht erhört, weil ihr Glaube nicht durch Werke vollendet wurde [Jak 2,22b]. Gott wird kein Wunder wirken, um jene vor Krankheit zu bewahren, die nicht für ihre Gesundheit Sorge tragen, sondern ständig die Gesundheitsgesetze übertreten und keine Anstren-

Das Gebet

gungen unternehmen, um Krankheiten zu verhindern. Wenn wir alles tun, was wir unsererseits können, dann dürfen wir erwarten, dass die gesegneten Resultate folgen werden, und können Gott im Glauben bitten, unsere Bemühungen um die Bewahrung unserer Gesundheit zu segnen. Er wird dann unser Gebet erhören, wenn sein Name dadurch geehrt wird. Aber alle sollten verstehen, dass wir ein Werk zu tun haben. Gott wird nicht in wunderbarer Weise zur Erhaltung der Gesundheit der Personen wirken, die durch ihre sorglose Unachtsamkeit gegenüber den Gesundheitsgesetzen auf dem sicheren Weg sind, sich selbst krank zu machen.

Jene, die ihren Appetit befriedigen und wegen ihrer Unmäßigkeit leiden und dann Medikamente nehmen, um ihre Leiden zu lindern, können sicher sein, dass Gott nicht eingreifen wird, um ihre Gesundheit und ihr Leben zu retten, die sie so unvernünftig aufs Spiel setzen. Die Ursache hat ihre Wirkung hervorgebracht. Als letztes Mittel folgen manche den Anweisungen des Wortes Gottes und bitten um die Gebete der Ältesten der Gemeinde für die Wiederherstellung ihrer Gesundheit. Gott sieht es nicht als passend an, solche Gebete zu erhören, denn er weiß, dass sie ihre Gesundheit – wenn sie wiederhergestellt werden würde – erneut auf dem Altar des ungezügelten Appetites opfern würden. (Medical Ministry, S. 13f.)

Wenn wir Unrecht im Herzen dulden, wird der Herr uns nicht erhören. Alles, was im Gebet für die Kranken getan werden kann, ist, Gottes Hilfe um ihretwillen ernstlich zu erbitten und in völligem Vertrauen die Angelegenheit seinen Händen zu überlassen. Wenn wir Unrecht in unserem Herzen dulden, wird der Herr uns nicht erhören; denn er kann mit den Seinen verfahren, wie es ihm beliebt. Er wird sich selbst verherrlichen, wenn er in denen und durch diejenigen wirkt, die ihm bedingungslos folgen, sodass man erkennen wird, dass es der Herr ist und dass ihre Werke in Gott vollbracht werden. (Aus der Schatzkammer der Zeugnisse, Bd. I, S. 195)

Wir sollen Gott vertrauensvoll um Genesung des Kranken bitten, aber nicht darauf drängen. Wenn in einem Krankheitsfall dem Darbringen von Gebeten für den Kranken nichts im Wege steht, soll die Angelegenheit dem Herrn im ruhigen Vertrauen, nicht in leidenschaftlicher Erregung übergeben werden. Er allein ist mit dem vergangenen Leben des Einzelnen vertraut und weiß, wie sich dessen Zukunft gestalten wird. Er kennt die Herzen aller Menschen und weiß, ob der Kranke, wenn er wieder gesund wird, seinen Namen verherrlichen oder ihn durch Abtrünnigkeit und Abfall entehren würde. Alles, was wir zu tun haben, besteht darin, Gott zu bitten, den Kranken zu heilen, wenn dies seinem Willen entspricht, und zu glauben, dass er die Gründe, die wir ins Feld führen, ebenso hört wie die aufrichtigen Gebete, die wir darbringen. Sieht der Herr, dass er dadurch wirklich geehrt wird, wird er unsere Gebete erhören. Aber es ist nicht recht, auf Genesung des Kranken zu drängen, ohne sich dem Willen Gottes unterworfen zu haben. (Aus der Schatzkammer der Zeugnisse, Bd. I, S. 195, rev.)

Ein Beispielgebet. Ich würde mit dieser Bitte vor den Herrn kommen: „Herr, wir können diesem Kranken nicht ins Herz sehen, aber du weißt, ob es für ihn und zur Verherrlichung deines Namens gut ist, wenn du ihn wieder gesund machst. In deiner großen Güte hab Erbarmen mit diesem Menschen und lass seinen Körper gesunden. Das Werk soll ganz dein Werk sein." (Healthful Living, S. 239)

Warum wir dem Herrn die Erhörung des Gebets um Heilung überlassen sollen. Wir haben uns [früher] in ernstem Gebet um das Krankenbett von Männern, Frauen und Kindern geschart und meinten, dass sie durch die Erhörung unserer aufrichtigen Gebete vor dem Tod bewahrt blieben. Wir dachten, dass wir in diesen Gebeten zuversichtlich sein müssten und wenn wir Glauben üben würden, nichts weniger als das Leben erbitten. Wir wagten nicht zu sagen: „... wenn es zur Ehre Gottes ist", weil wir befürchteten, dass es den Anschein des Zweifels haben könnte.

Besorgt haben wir die uns gewissermaßen von den Toten Zurückgegebenen beobachtet. Wir sahen einige von ihnen, insbesondere junge Menschen, die gesund wurden, aber dann Gott vergaßen, ein zügelloses Leben führten, ihren Eltern und Freunden Kummer und Schmerz bereiteten und denen zur Schande gereichten, die für sie gebetet hatten. Sie lebten nicht zur Ehre und Verherrlichung Gottes, sondern schmähten ihn durch ihr lasterhaftes Leben.

Wir schreiben dem Herrn nicht länger einen Weg vor, noch versuchen wir, ihm unsere Wünsche nahezubringen. Wenn ihn das Leben der Kranken verherrlichen kann, beten wir für die Erhaltung ihres Lebens; doch nicht unser Wille, sondern sein Wille soll geschehen. Unser Glaube kann genauso fest und noch verlässlicher sein, wenn wir unseren Wunsch dem allweisen Gott anheim stellen und ihm ohne fieberhafte Unruhe alles vertrauensvoll überlassen. Wir haben seine Verheißung. Wir wissen, dass er uns „erhört, wenn wir ihn um etwas bitten, was seinem Willen entspricht" (1 Joh 5,14 Hfa). Die Gewährung unserer Wünsche dürfen wir Gott nicht gebieten, sondern müssen sie von ihm erbitten. (Aus der Schatzkammer der Zeugnisse, Bd. I, S. 196, rev.)

Beim Gebet für die Kranken ist Ausdauer notwendig. Beim Gebet für die Kranken ist es wichtig, Glauben zu haben, denn es ist in Übereinstimmung mit dem Wort Gottes: „Des Gerechten Gebet vermag viel, wenn es ernstlich ist." (Jak 5,16) Deshalb können wir das Beten für die Kranken nicht aufgeben, und wir würden sehr traurig sein, wenn wir nicht das Vorrecht hätten, zu Gott zu kommen, ihm alle unsere Schwachheiten und Krankheiten vorzulegen, dem barmherzigen Erlöser all dies zu erzählen und darauf zu vertrauen, dass er unsere Bitten hört. Manchmal werden unsere Gebete sofort beantwortet, manchmal müssen wir geduldig warten und um die Dinge, die wir brauchen, beständig und intensiv weiterbitten, wie Jesus mit dem Beispiel des bittenden Freundes um Mitternacht zeigte [Lk 11,5–8]. (Counsels on Health, S. 380)

Im Krankheitsfall Vorsorge zu treffen ist keine Verleugnung des Glaubens. Viele, die die heilende Gnade des Herrn erbitten, meinen, sie müssten eine direkte und sofortige Antwort auf ihre Gebete erhalten, weil andernfalls ihr Glaube unzureichend sei. Deshalb brauchen diejenigen, die von Krankheit geschwächt sind, weisen Rat, um besonnen zu handeln. Sie sollten ihre Pflicht gegenüber ihren Angehörigen, die sie möglicherweise überleben werden, nicht verletzen, aber auch nicht versäumen, die Kräfte der Natur zur Heilung einzusetzen. (Auf den Spuren des großen Arztes, S. 185f.)

Viele, die ihr Haus bestellen sollten, versäumen dies, wenn sie die Hoffnung haben, sie würden infolge einer Gebetserhörung wieder gesund werden. Getrieben von einer falschen Hoffnung empfinden sie keine Notwendigkeit, ihren Kindern, Eltern oder Freunden mahnende und beratende Worte zu sagen. Das ist ein großes Unglück. Weil sie davon überzeugt sind, sie würden geheilt, wenn für sie gebetet würde, wagen sie es nicht, Vorsorge zu treffen, wie ihr Besitz aufgeteilt und wie für ihre Familie gesorgt werden soll, und drücken auch keinerlei Wünsche hinsichtlich der Dinge aus, über die sie sprechen würden, wenn sie der Meinung wären, sie würden bald sterben. Auf diese Weise kommt viel Unheil über Familien und Freunde; denn Vieles, was geklärt werden müsste, bleibt im Unklaren, weil die Betroffenen fürchten, das Reden darüber wäre eine Verleugnung ihres Glaubens. Weil sie davon überzeugt sind, sie würden aufgrund des Gebets wieder gesund, versäumen sie es, die nötigen medizinischen Maßnahmen zu treffen, die sie treffen könnten, denn sie befürchten, auch dies wäre eine Verleugnung ihres Glaubens. (Counsels on Health, S. 376)

Das Gebet um Wunderheilungen kann zum Fanatismus führen. „Warum", fragt der eine oder andere, „betet man nicht um Wunderheilung der Kranken und baut stattdessen so viele Sanatorien?" Wenn dies geschähe, würde sich in unseren Reihen ein starker Fanatismus ausbreiten. Es würde jene auf den Plan rufen, die sehr viel Selbstvertrauen besitzen. (Evangelisation, S. 525, rev.)

Anweisungen für das Gebet um Heilung mit Salbung des Kranken. Im Wort Gottes finden wir klare Anweisungen für das Gebet um die Heilung eines Kranken. „Wer von euch krank ist, soll die Ältesten der Gemeinde rufen, damit sie für ihn beten und ihn im Namen des Herrn mit Öl salben. Ihr vertrauensvolles Gebet wird den Kranken retten. Der Herr wird die betreffende Person wieder aufrichten und wird ihr vergeben, wenn sie Schuld auf sich geladen hat." (Jak 5,14.15 GNB) Die Darbringung eines solchen Gebets ist eine höchst heilige Handlung und sollte nicht ohne sorgfältige Überlegung begonnen werden. In vielen Fällen, in denen Krankenheilungsgebete gesprochen werden, stellt das, was Glaube genannt wird, nichts Anderes als Vermessenheit dar.

Viele Menschen ziehen sich Krankheiten durch eine nachlässige Lebensweise zu. Sie haben nicht in Übereinstimmung mit den Naturgesetzen oder den Prinzipien strikter moralischer Reinheit gelebt. Andere haben mit ihren Ess-, Trink-, Bekleidungs- oder Arbeitsgewohnheiten die Gesetze der Gesundheit missachtet. Oft ist irgendein Laster die Ursache von Schwachheit des Geistes oder des Körpers. Würden diese Personen nun von Gott mit Heilung gesegnet, würden viele von ihnen denselben Kurs der leichtfertigen Übertretung von Gottes Natur- und Sittengesetzen fortsetzen. Sie würden meinen, sie hätten die Freiheit, ihren ungesunden Lebensstil wie gewohnt weiterzuführen und sich ohne Einschränkung ihren Begierden hinzugeben. Wenn Gott an diesen Personen ein Heilungswunder vollbrächte, würde er sie damit zur Sünde ermutigen.

Es ist vergebliche Mühe, Menschen zu lehren, in Gott den Arzt für ihre Gebrechen zu sehen, wenn ihnen nicht gleichzeitig verdeutlicht wird, dass sie ungesunde Lebenspraktiken aufgeben müssen. Um durch Gebet geheilt zu werden müssen sie aufhören, Böses zu tun, und lernen, Gutes zu tun [Jes 1,16.17]. Ihre Umgebung muss gesundheitsförderlich, ihre Lebensgewohnheiten richtig sein. Sie müssen in Übereinstimmung mit dem Gesetz Gottes leben – dem Natur- wie dem Sittengesetz.

Jenen, die ein Gebet um Wiederherstellung ihrer Gesundheit wünschen, sollte verdeutlicht werden, dass jeder Verstoß gegen Gottes Gesetz – sowohl das Natur- wie das Sittengesetz – Sünde ist, und dass diese bekannt und aufgegeben werden muss, um den Segen Gottes zu erhalten. Jakobus fordert uns auf: „Bekennt einander eure Sünden und betet füreinander, damit ihr geheilt werdet." (Jak 5,16 Hfa) Wer um ein Heilungsgebet bittet, dem sollten folgende Gedanken nahegelegt werden: „Wir können nicht in deinem Herzen lesen oder die geheimen Dinge deines Lebens wissen. Diese kennen nur du und Gott. Aber wenn du deine Sünden bereust, ist es deine Pflicht, sie zu bekennen." Sünden persönlicher Art sollen Christus, dem einzigen Mittler zwischen Gott und den Menschen, bekannt werden. Denn „wenn jemand sündigt, so haben wir einen Fürsprecher bei dem Vater, Jesus Christus, der gerecht ist" (1 Joh 2,1). Jede Sünde ist eine Missachtung Gottes und soll deshalb ihm – durch Christus – bekannt werden. Jede offensichtliche Sünde aber sollte auch entsprechend offen bekannt werden. An einem Mitmenschen begangenes Unrecht sollte auch diesem gegenüber bereinigt werden. Wenn jemand, der um Gesundung bittet, sich übler Nachrede schuldig gemacht und in der Familie, der Nachbarschaft oder der Gemeinde Zwietracht gesät hat, wenn er Entfremdung voneinander und Uneinigkeit hervorgerufen hat oder durch irgendeine falsche Lebensgewohnheit Andere zur Sünde verführt hat, dann sollten diese Dinge zuerst vor Gott und den Menschen, denen Unrecht geschah, bekannt werden. „Wenn wir aber unsere Verfehlungen eingestehen, können wir damit rechnen, dass Gott treu und gerecht ist: Er wird uns dann unsere Verfehlungen vergeben und uns von aller Schuld reinigen." (1 Joh 1,9 GNB)

Wenn alles Unrecht dann bereinigt ist, dürfen wir die Bedürfnisse des Kranken in stillem Vertrauen dem Herrn vorlegen, so wie es sein Geist uns eingibt. Er kennt jeden Einzelnen mit Namen und sorgt für ihn so, als gäbe es auf der Erde keinen Anderen, für den er seinen geliebten Sohn hingab. Weil Gottes Liebe so groß und zuverlässig ist, sollte der Kranke ermutigt werden, ihm zu vertrauen und zuversichtlich zu sein. Um sich selbst besorgt zu sein, verursacht leicht Schwachheit und Krankheit. Wenn der Kranke aber Niedergeschlagenheit und Schwermut überwindet, verbessern sich seine Aussichten auf Gesundung; denn „des Herrn Auge achtet auf alle ... die auf seine Güte hoffen" (Ps 33,18).

Beim Gebet für Kranke sollten wir bedenken: „Wir wissen nicht, was wir beten sollen" (Röm 8,26). Wir wissen nicht, ob die erbetene Heilung dem Kranken zum Besten gereicht oder nicht. Deshalb sollte unser Beten den folgenden Gedankengang einschließen: „Herr, du kennst jedes Geheimnis der Seele. Du bist auch mit diesem Menschen vertraut. Jesus, sein Fürsprecher, gab sein Leben für

Das Gebet

ihn. Seine Liebe zu ihm ist größer, als unsere überhaupt sein kann. Wenn es also dir zur Ehre und dem Kranken zum Guten dient, bitten wir dich im Namen Jesu, dass er wieder gesund wird. Wenn dies aber nicht dein Wille ist, bitten wir, dass deine Gnade ihn trösten und deine Gegenwart ihm in seinem Leiden helfen möge."

Gott kennt schon von Anfang an auch das Ende. Er ist mit den Herzen aller Menschen vertraut; er entschlüsselt jedes Geheimnis der Seele. Er weiß somit, ob diejenigen, für die wir beten, die Versuchungen bestehen würden, die auf sie zukämen, wenn sie am Leben blieben, oder nicht. Er weiß, ob ihr weiteres Leben für sie und die Welt ein Segen oder ein Fluch würde. Dies ist ein Grund, warum wir, wenn wir Gott mit Ernst unsere Bitten vorlegen, sagen sollten: „Aber dein Wille soll geschehen, nicht der meine!" (Lk 22,42 GNB) …

Der folgerichtige Weg besteht darin, unsere Wünsche unserem allweisen himmlischen Vater zu übergeben und dann in völligem Vertrauen ihm alles anheimzustellen. Wir wissen, dass Gott uns erhört, wenn wir seinem Willen gemäß um etwas bitten [1 Joh 5,14]. Aber unsere Anliegen ohne einen unterwürfigen Geist fordernd vorzutragen, ist nicht richtig. Unsere Gebete müssen die Gestalt einer Fürbitte, nicht die einer Forderung aufweisen. (Auf den Spuren des großen Arztes, S. 182–185, rev.; ähnlich: Lebensglück, S. 151–154, und Diener des Evangeliums, S. 191–194 [das Original ist identisch])

Vertraut Gott unabhängig davon, wie das Gebet beantwortet wird. Wenn wir um die Heilung Kranker gebetet haben, dann lasst uns den Glauben an Gott nicht verlieren, wie auch immer der Fall ausgehen mag. Wenn der Herr entschieden hat, den Kranken zur Ruhe zu legen, dann lasst uns den bitteren Kelch annehmen, und daran denken, dass die Hand des himmlischen Vaters ihn uns reicht. Wenn aber der Kranke wieder gesund wird, sollte nicht vergessen werden, dass er in einer erneuten Verpflichtung seinem Schöpfer gegenüber steht. (Auf den Spuren des großen Arztes, S. 187, rev.)

Kapitel 24

Das Vorbild Jesu im Beten

Jesu Menschsein machte das Beten zu einer Notwendigkeit. Als Mensch fühlte Jesus das Bedürfnis, von seinem Vater gestärkt zu werden. Er hatte auserwählte Gebetsstätten. Er liebte es, in der Einsamkeit der Berge mit seinem Vater Gemeinschaft zu pflegen. In diesen Zwiesprachen empfing seine heilige, menschliche Natur die Kraft für die Pflichten und Anfechtungen des Tages. Unser Erlöser identifizierte sich mit unseren Bedürfnissen und Schwachheiten, insofern er ein demütig Bittender wurde, der von seinem Vater neue Stärke erbat, und so belebt und erquickt wurde und gerüstet war für alle Aufgaben und Versuchungen. Er ist in allem unser Vorbild.

Er ist unser Bruder in unseren Schwächen, besitzt aber nicht dieselben Leidenschaften. Als der Sündlose schreckte sein Wesen vor dem Bösen zurück. In einer sündigen Welt ertrug er Kämpfe und Seelenqualen. Sein Menschsein ließ das Gebet zur Notwendigkeit und zum Vorrecht werden. Nachdrücklich verlangte er nach göttlicher Hilfe und göttlichem Trost. Sein Vater war bereit, ihm – der zum Wohl der Menschen die himmlischen Freuden verlassen und seine Wohnung in einer lieblosen und undankbaren Welt gewählt hatte – beides zu geben. Christus fand Trost und Freude in der Gemeinschaft mit seinem Vater. Hier konnte er sein Herz von den Sorgen erleichtern, die ihn quälten. Er war „ein Mann der Schmerzen und mit Leiden vertraut" (Jes 53,3 EB).

Am Tage arbeitete er mit allem Eifer, um anderen Menschen Gutes zu tun und sie vor dem Verderben zu bewahren. Er heilte die Kranken, tröstete die Betrübten, brachte den Verzagten Frohsinn und Hoffnung und rief Tote ins Leben zurück. Nachdem sein

Das Gebet

Tagewerk beendet war, kehrte er Abend für Abend dem städtischen Treiben den Rücken und beugte seine Gestalt in einem abgelegenen Hain in demütigem Gebet vor seinem Vater. Zuweilen ließ der Mond seinen glänzenden Lichtschein auf die gebeugte Gestalt Jesu fallen, bis schließlich Wolken und Finsternis alles Licht wieder vertrieben. Während er in der Haltung eines Bittstellers verweilte, legten sich Tau und Reif auf sein Haupt und seinen Bart. Oftmals betete er die ganze Nacht hindurch. Er ist unser Vorbild. Wenn wir uns dessen erinnerten und ihm nacheiferten, würden wir durch Gott viel stärker sein. (Aus der Schatzkammer der Zeugnisse, Bd. I, S. 201f., rev.)

Der Sohn Gottes betete oft, als er auf der Erde war. Er identifizierte sich mit unseren Bedürfnissen und Schwächen und wurde selbst ein Bittsteller: Er erbat von seinem Vater neue Kraft und Stärke, um für seine Aufgaben und die Versuchungen Satans gerüstet zu sein. Auch darin ist er uns ein Beispiel und Vorbild. Der Sohn Gottes wurde unser Bruder mit den Schwächen des Menschseins. Er ist „versucht worden in allem wie wir" (Hbr 4,15). Doch als der Sündlose schreckte seine Natur vor dem Bösen zurück – anders als wir. Er ertrug Kämpfe und Seelenqualen in einer sündigen Welt. Seine menschliche Natur machte das Gebet zu einer Notwendigkeit – und einem Vorrecht. In dieser Gemeinschaft mit dem Vater empfing er Kraft, Trost und Freude.

Wenn er, der Gottessohn und Erlöser der Menschheit, nicht auf das Gebet verzichten konnte, wie viel mehr haben wir als schwache, sündige Menschen es nötig, ausdauernd und inbrünstig zu beten! (Der bessere Weg zu einem neuen Leben, S. 90f.)

Das Gebet erfrischte Jesus. Tagsüber widmete er sich den Menschen, die zu ihm kamen, heilte und belehrte sie und deckte die tückischen Spitzfindigkeiten der Schriftgelehrten auf. Ständig im Dienst für Andere war Jesus oft so sehr erschöpft, dass seine Mutter und die Jünger manchmal ernstlich um sein Leben besorgt waren. Wenn er aber am Ende eines arbeitsreichen Tages nach Stunden des Gebets zu ihnen zurückkam, lag auf seinem Antlitz tiefer Friede, und alles an ihm wirkte erfrischt. Jeden Morgen machte er sich nach Stunden in Gemeinschaft mit Gott auf, um den Menschen das Licht des Himmels zu bringen. (Das bessere Leben im Sinne der Bergpredigt, S. 104)

Die frühen Morgenstunden verbrachte er oft an irgendeinem abgeschiedenen Ort. Er dachte nach, studierte die Heilige Schrift oder betete. Mit Gesang hieß er das Morgenlicht willkommen. Mit Dankliedern erfreute er sich und brachte den Erschöpften und Entmutigten die Freude des Himmels nahe. (Counsels on Health, S. 162)

Jesus lebte in ständiger Verbindung mit seinem Vater. Nicht erst am Kreuz opferte sich Christus für die Menschheit auf, sondern vom ersten Tag seines Wirkens an. „Wo er hinkam, tat er Gutes" (Apg 10,38 GNB); die Erfahrungen jeden Tages waren ein Ausströmen seines Lebens. Nur auf eine Art konnte solch ein Leben aufrechterhalten werden: Jesus verließ sich auf Gott und lebte in ständiger Verbindung mit ihm. Auch Menschen kommen dann und wann zum Thron Gottes ... Sie verweilen dort eine Zeitlang und das Ergebnis zeigt sich in edlen Taten. Später versagt ihr Glaube, die Verbindung reißt ab und das Lebenswerk ist beschädigt. Aber Jesus lebte in beständigem Vertrauen auf Gott und wurde durch die ungebrochene Gemeinschaft mit ihm erhalten. In seinem Dienst für Gott und die Menschen versagte oder wankte er nicht. Als Mensch kam er zum Thron Gottes mit inbrünstigem Flehen, bis ihm jene himmlischen Kräfte zuflossen, die seine Menschheit mit der Gottheit verbanden. So empfing er Leben von Gott und gab es an Andere weiter. (Erziehung, S. 81, rev.)

Das Erdenleben Jesu war ein Leben der Gemeinschaft mit der Natur und mit Gott. In dieser Gemeinschaft offenbarte er uns das Geheimnis eines vollmächtigen Lebens. (Counsels on Health, S. 162)

Die Stärke Christi kam aus dem Gebet. Die Stärke Christi lag im Gebet. Er hat menschliche Gestalt angenommen, „unsre Schwachheit auf sich genommen" (Mt 8,17; vgl. Jes 53,4] und ist „für uns zur

Das Gebet

Sünde gemacht" worden (2 Kor 5,21). Christus zog sich zurück in Höhlen oder auf Berge, abgeschieden von der Welt und ohne äußere Einflüsse. Er war allein mit seinem Vater. Mit nachdrücklichem Ernst schüttete er sein Herz aus und griff mit aller Kraft nach der Hand des Ewigen. Wenn er vor neuen, großen Herausforderungen stand, zog er sich in die Einsamkeit der Berge zurück und verbrachte die ganze Nacht im Gebet zu seinem himmlischen Vater.

Christus ist unser Vorbild in allen Dingen. Wenn wir seinem Beispiel folgen und Gott aufrichtig und mit Nachdruck im Namen dessen, der den Versuchungen Satans niemals erlag, um Kraft bitten, den Ränken des listigen Feindes zu widerstehen, werden wir nicht überwunden werden. (The Youth's Instructor, 1. April 1873)

In seinem Leben, das ganz dem Wohl Anderer geweiht war, hielt der Heiland es für notwendig, den Trubel der Reisewege und die ihm Tag für Tag nachfolgende Menge zu meiden, seine Aufgabe und die Berührung mit der menschlichen Not manchmal zu unterbrechen, die Zurückgezogenheit zu suchen und eine ungestörte Gemeinschaft mit dem Vater zu pflegen. Eins mit uns, als Teilhaber unserer Nöte und Schwachheiten, war er ganz von Gott abhängig und suchte überall in der einsamen Natur im Gebet göttliche Kraft, um den kommenden Pflichten und Schwierigkeiten gewachsen zu sein. In einer Welt der Sünde ertrug Jesus seelische Kämpfe und Qualen; in der Gemeinschaft mit Gott aber entledigte er sich aller ihn fast erdrückenden Lasten und fand Trost und Freude.

Christus brachte die Sehnsucht der Menschen zu dem Vater des Erbarmens. Als Mensch flehte er vor dem Thron Gottes, bis sein Menschsein von göttlichem Wesen durchdrungen war. Durch beständige Gemeinschaft empfing er Leben von Gott, um es der Welt mitzuteilen. Das soll auch unsere Erfahrung sein.

„Geht an einen einsamen, stillen Platz!", sagt der Heiland auch uns (Mk 6,31 Hfa). Würden wir stets an dieses Wort denken, könnten wir bestimmt stärker und nützlicher wirken ... Wenn wir uns heute Zeit nehmen, zu Jesus gehen und ihm unsere Nöte und Besorgnisse vorbringen, werden wir nicht enttäuscht werden; er wird uns beistehen und uns die rechte Hilfe sein. (Das Leben Jesu / Der Eine – Jesus Christus [Ausgaben ab 1995], S. 355f., rev.)

Jesus nahm sich Zeit zum Gebet, egal, wie beschäftigt oder erschöpft er war. Christus diente den Menschen mit all seiner Kraft. Er zählte nicht die Stunden seines Einsatzes. Seine Zeit, sein Herz, seine Seele und seine Kräfte wurden eingesetzt, um zum Wohl der Menschheit zu arbeiten. Anstrengende Tage hindurch mühte er sich, und lange Nächte hindurch beugte er sich im Gebet um Gnade und Ausdauer, um ein noch größeres Werk tun zu können. Mit intensivem Rufen und vielen Tränen sandte er seine Bitten zum Himmel, dass seine menschliche Natur gestärkt und er darauf vorbereitet würde, dem listigen Feind in allem seinem täuschenden Wirken begegnen zu können, und dass er gestärkt würde zur Erfüllung seiner Aufgabe, die Menschheit zu erlösen. Und zu seinen Mitarbeitern sagt er: „Ich habe euch damit ein Beispiel gegeben, dem ihr folgen sollt." (Joh 13,15 Hfa) (Auf den Spuren des großen Arztes, S. 419)

Als Vorbereitung für besondere Aufgaben ging Jesus ins Gebet. Jedes Mal, wenn sich Jesus auf eine große Prüfung oder ein wichtiges Werk vorbereitete, zog er sich in die Einsamkeit der Berge zurück und verbrachte die Nacht im Gebet. Eine Nacht des Gebets lag vor der Berufung der Apostel und der Bergpredigt, vor der Verklärung, vor dem Todeskampf im Gerichtssaal und am Kreuz ... [Lk 6,12–20; 9,28.29; 22,41–46].

Auch wir müssen uns Zeiten freihalten zum vertieften Nachdenken und Beten sowie zum Empfang geistlicher Stärkung. Wir schätzen die Macht und Wirksamkeit des Gebets nicht so, wie wir es sollten. (Auf den Spuren des großen Arztes, S. 426, rev.)

Das Gebet gab Jesus Kraft, Prüfungen zu bestehen. Christus, unser Erlöser, wurde „in gleicher Weise wie wir versucht", aber er blieb ohne Sünde (Hbr 4,15b EB). Er nahm die menschliche Natur an, lebte wie ein Mensch und hatte dieselben Bedürfnisse wie wir. Er besaß körperliche Bedürfnisse, die befriedigt werden mussten, und litt

Das Gebet

unter körperlicher Erschöpfung, die abgebaut werden musste. Das Gebet zu seinem Vater gab ihm die Kraft zur Pflicht und zur Überwindung von Schwierigkeiten. Jeden Tag erfüllte er seine Pflichten und versuchte, Menschen zu retten ... Und ganze Nächte verbrachte er im Gebet für diejenigen, die versucht wurden ...
  Die Nächte, die der Erlöser im Gebirge oder in der Wüste im Gebet verbrachte, waren für ihn wichtig zur Vorbereitung auf die Herausforderungen der darauf folgenden Tage. Er spürte, dass er die Erfrischung und Stärkung für Seele und Körper nötig hatte, um den Versuchungen Satans zu begegnen; und diejenigen, die sich bemühen, ihm nachzufolgen, werden dieselben Bedürfnisse spüren. (Maranatha, S. 85)

Jesus klagt [auf dem Berg vor seiner Verklärung] unter Tränen dem himmlischen Vater seine große Not [Lk 9,28.29]. Er bittet um Kraft, die Prüfung um der Menschen willen zu ertragen. Er muss sich neu stärken an dem Allmächtigen; nur dann kann er getrost der Zukunft entgegensehen. Er legt seinem Vater auch seine Herzenswünsche für seine Jünger vor, damit in der Stunde der Finsternis ihr Glaube nicht wanken möchte. Nachttau fällt auf seine Gestalt; er merkt es nicht. Er achtet auch nicht auf die immer tiefer werdende Dunkelheit. (Das Leben Jesu / Der Eine – Jesus Christus, S. 416f.)

Während Jerusalem still dalag und die Jünger in ihre Heime zurückgekehrt waren, um sich durch Schlaf zu erfrischen, blieb Jesus wach. Sein göttliches Flehen für seine Jünger stieg auf zu seinem Vater. Er bat darum, dass sie vor den bösen Einflüssen bewahrt blieben, die ihnen in der Welt täglich begegneten; und für sich bat er um Kraft für die Pflichten und Prüfungen des kommenden Tages. Die ganze Nacht hindurch, während seine Jünger schliefen, betete ihr göttlicher Lehrer. Der Tau und die Kälte der Nacht fiel auf sein Haupt, das im Gebet gebeugt war. Er hinterließ seinen Nachfolgern ein Beispiel. (Advent Review and Sabbath Herald, 17. August 1886)

Wenige werden dem Beispiel unseres Erlösers folgen und Gott oft und ernsthaft um Kraft bitten, Prüfungen zu meistern und die täglichen Pflichten dieses Lebens zu erfüllen. Christus ist der Urheber unserer Erlösung [Hbr 2,10b EB], und mit seinen eigenen Leiden und seinem Opfer hat er allen seinen Nachfolgern ein Beispiel gegeben, dass Wachsamkeit, Gebet und ständiges Bemühen ihrerseits nötig sind, wenn sie die Liebe, die der Herr für die gefallene Menschheit offenbarte, in der rechten Weise darstellen wollen. (Advent Review and Sabbath Herald, 23. Februar 1886)

Jesus betete für uns wegen unserer Schwachheit. Jesus war oft erschöpft von unermüdlicher Arbeit, von seiner Selbstverleugnung und Selbstaufopferung zum Segen der Leidenden und Bedürftigen. Ganze Nächte verbrachte er im Gebet auf einsamen Bergen, nicht wegen seiner Schwachheit und seiner Bedürfnisse, sondern weil er eure Schwachheit sah und erkannte, dass ihr den Versuchungen des Feindes nicht widerstehen könnt und noch überwunden werdet. Er wusste, dass ihr gleichgültig seid gegenüber den Gefahren, die euch drohen, und nicht merkt, wie sehr ihr das Gebet nötig habt. Für euch brachte er seine Gebete „mit lautem Schreien und mit Tränen" vor seinen Vater (Hbr 5,7). (Testimonies for the Church, Bd. 3, S. 379)

Die Jünger Jesu waren beeindruckt von seinen Gebetsgewohnheiten. „Der Menschensohn ist nicht gekommen, um sich bedienen zu lassen, sondern um zu dienen" (Mt 20,28 GNB). Er dachte nicht an sich selbst, sondern lebte und betete für Andere. Nach Stunden engster Gemeinschaft mit Gott ging er jeden Morgen hinaus, um den Menschen das Licht des Himmels zu bringen. Täglich wurde er neu mit dem Heiligen Geist getauft.

Früh an jedem Morgen weckte Gott ihn auf und schenkte ihm Gnade, damit er sie Anderen weitergeben konnte. Von Gottes Thron wurden ihm Worte geschenkt, mit denen er die Mühseligen und Beladenen trösten konnte. „Gott der Herr", sagte Christus, „hat mir eine Zunge gegeben, wie sie Jünger haben, dass ich wisse mit den Müden zu rechter Zeit zu reden. Alle Morgen weckt er mir das Ohr, dass ich höre, wie Jünger hören." (Jes 50,4)

Das Gebet

Es beeindruckte die Jünger tief, wie Christus betete und mit Gott enge Gemeinschaft pflegte. Eines Tages kamen sie dazu, wie er auf den Knien lag und ins Gebet versunken war. Er schien ihre Gegenwart gar nicht zu bemerken, sondern fuhr fort, laut zu beten. Das bewegte die Jünger so tief, dass sie ihn, als er geendet hatte, baten: „Herr, lehre uns beten." (Lk 11,1) Da lehrte Christus sie das Vaterunser. (Bilder vom Reiche Gottes, S. 107)

Das Vaterunser ist in seiner Einfachheit schön. Jesus lehrte seine Jünger, dass nur ein Gebet von unbefleckten Lippen, das von den tatsächlichen Bedürfnissen veranlasst wird, echt ist und dem Beter den Segen des Himmels bringt. Er gab seinen Jüngern ein kurzes und umfassendes Gebet. Die schöne Einfachheit dieses Gebets ist einzigartig. Es ist ein vollkommenes Gebet für das öffentliche und private Leben; es ist würdig und erhaben und doch so einfach, dass ein Kind auf dem Schoß der Mutter es verstehen kann. Die Kinder Gottes wiederholen dieses Gebet seit Jahrhunderten, und es hat nichts von seinem Glanz verloren. Wie ein wertvoller Edelstein wird es immer noch geliebt und gehegt. Dieses Gebet ist wunderbar verfertigt. Niemand wird vergeblich beten, wenn er die Prinzipien des Vaterunsers in das eigene Gebet einarbeitet.

Unsere öffentlichen Gebete sollten kurz sein, nur die echten Bedürfnisse der Seele ausdrücken und in Einfachheit und mit einfachem, zuversichtlichem Glauben um die Dinge bitten, die wir brauchen. Das Gebet des demütigen, zerschlagenen Herzens ist der lebendige Atem der Seele, die nach Gerechtigkeit hungert. (Signs of the Times, 3. Dezember 1896)

Beachte sorgfältig die Lehren Jesu über das Beten. Was Christus über das Beten lehrte, ist es wert, gründlich darüber nachzudenken. Das Gebet ist eine göttliche Wissenschaft. Jesus erläutert Prinzipien darüber, die jeder Christ kennen sollte. Er zeigt uns, wie die rechte Einstellung beim Beten aussieht, lehrt uns, dass wir Ausdauer brauchen, wenn wir etwas von Gott erlangen wollen, und versichert uns, dass Gott gern bereit ist, unser Bitten zu hören und zu beantworten. (Bilder vom Reiche Gottes, S. 110, rev.)

Das Vorbild Jesu im Beten

Das Vorbild Christi zeigt, wie wichtig das Gebet für uns ist. Christus rang in ernstem Gebet; „mit lautem Schreien und mit Tränen" brachte er sein Flehen vor Gott (Hbr 5,7) für jene, zu deren Erlösung er den Himmel verlassen hatte und auf diese Erde gekommen war. Wie angebracht und wichtig ist es dann, dass wir Menschen „allezeit beten und [darin] nicht nachlassen" (Lk 18,1)! Wie wichtig ist es dann, dass wir augenblicklich beten und um die Hilfe bitten, die nur von Christus, unserem Herrn, kommen kann! (Advent Review and Sabbath Herald, 1. April 1890)

Christi Gebetsleben ist ein Vorbild für Mitarbeiter Gottes. Für den Mitarbeiter, der sich dem Herrn geweiht hat, ist es ein wunderbarer Trost zu wissen, dass selbst Christus während seines Erdenlebens seinen Vater täglich um erneuten Zufluss der benötigten Gnade bat. Durch diese Gemeinschaft mit Gott konnte er Andere stärken und segnen. Seht, wie der Heiland sich im Gebet vor seinem Vater beugt! Obwohl er Gottes Sohn ist, stärkt er seinen Glauben im Gebet. Aus der Gemeinschaft mit dem Himmel schöpft er die Kraft, dem Bösen zu widerstehen und den Bedürfnissen seiner Mitmenschen zu dienen. Als älterer Bruder der Menschen kennt er die Not derer, die zwar von Schwachheit umgeben sind und in einer Welt der Sünde und Versuchung leben, ihm aber doch dienen möchten. Er weiß, dass die Boten, die er als tauglich aussenden will, schwache, irrende Menschen sind. Aber allen, die sich rückhaltlos in seinen Dienst stellen, verspricht er göttliche Hilfe.

Sein eigenes Beispiel beweist, dass ernstes, anhaltendes Gebet zu Gott im Glauben – einem Glauben, der zum Bewusstsein völliger Abhängigkeit von Gott und ungeteilter Hingabe an sein Werk führt – den Menschen den Beistand des Heiligen Geistes im Kampf gegen die Sünde zu verschaffen vermag. Jeder Mitarbeiter, der dem Beispiel Jesu folgt, wird darauf vorbereitet sein, die Kraft zu empfangen und anzuwenden, die der Herr seiner Gemeinde verheißen hat, damit die Ernte der Erde zur Reife kommt. Wenn die Boten des Evangeliums morgens vor dem Herrn knien und ihr Gelübde der Hingabe erneuern, wird er ihnen die Gegenwart seines Geistes und dessen belebende, heiligende Kraft schenken. Sie werden an die Erfüllung ihrer täglichen Aufgaben gehen in der Gewissheit, dass die unsichtbare Anwesenheit des Heiligen Geistes sie befähigt, Mitarbeiter Gottes zu sein. (Das Wirken der Apostel, S. 57)

Adventisten sollten mehr als alle anderen Christen dem beispielhaften Gebetsleben Jesu folgen. Wenn der Erlöser der Menschheit ... die Notwendigkeit des Gebets empfand, wie viel mehr sollten wir schwache, sündhafte Sterbliche das Bedürfnis haben, zu beten, inbrünstig und beständig zu beten! Christus aß nichts, sobald ihn die Versuchung am ärgsten überfiel. Er vertraute sich Gott an, und durch ernstes Gebet und völlige Unterwerfung unter den Willen des Vaters ging er als Sieger hervor. Alle, die die Wahrheit für diese letzten Tage bekennen [Offb 14,6–12], sollten mehr als alle anderen Christen dem beispielhaften Gebetsleben Jesu folgen.

„Es ist dem Jünger genug, dass er wie sein Meister" ist (Mt 10,25). Unsere Tische sind oft genug mit Leckereien bedeckt, die weder gesund noch notwendig sind, weil wir diese Dinge der Selbstbeherrschung und der Gesundheit des Verstandes vorziehen. Jesus bat ernstlich um Kraft von seinem Vater. Dies schätzte der Gottessohn sogar für sich selbst höher ein, als am reich gedeckten Tisch Platz zu nehmen. Er hat uns bewiesen, dass das Gebet unentbehrlich ist, um Stärke für die Auseinandersetzung mit den Mächten der Finsternis zu empfangen und die uns aufgetragene Aufgabe zu meistern. Unsere eigene Kraft ist Schwachheit, doch das, was Gott verleiht, ist gewaltig und lässt jeden siegreich bleiben, der es empfängt. (Aus der Schatzkammer der Zeugnisse, Bd. I, S. 202, rev.)

Kapitel 25

Das Mustergebet für die Christen

Jesus hat das Vaterunser bei verschiedenen Gelegenheiten gelehrt: zuerst seinen Zuhörern bei der Bergpredigt und einige Monate später nur seinen zwölf Jüngern ...
Jesus hatte jedoch nicht die Absicht, uns auf den Wortlaut des Vaterunsers festzulegen. Er stellte uns damit ein Mustergebet in so einfachen Worten vor, dass auch ein Kind es beten kann, und doch mit einer solchen Gedankentiefe, die selbst die größten Geister nie voll erfassen werden. Er lehrt uns, Gott unseren Dank darzubringen, ihm unsere Bedürfnisse zu nennen, unsere Sünden zu bekennen und unter Berufung auf seine Verheißung um seine Gnade und Kraft zu bitten.

Unser Vater im Himmel! (Mt 6,9a)
Jesus lehrt uns, seinen Vater auch unseren Vater zu nennen, denn er ist uns Menschen gleich geworden. „Darum schämt sich Jesus auch nicht, sie seine Brüder und Schwestern zu nennen." (Hbr 2,11 Hfa) Seine Bereitwilligkeit, uns als Mitglieder der Familie Gottes willkommen zu heißen, ist so groß, dass er uns mit den ersten Worten, mit denen wir uns Gott nahen sollen, die Gewissheit unserer Beziehung zu ihm zum Ausdruck bringen lässt: „Unser Vater". Damit wird die wunderbare Wahrheit ausgesprochen, die uns so ermutigen und trösten kann: Gott liebt seine Kinder genauso wie seinen Sohn! Das hat Jesus in seinem letzten Gebet für die Jünger vor seiner Kreuzigung zum Ausdruck gebracht, als er zum Vater sagte: Du „liebst sie, wie du mich liebst" (Joh 17,23).

Das Gebet

Die Welt, die Satan für sich beansprucht und mit grausamer Gewalt beherrscht, hat der Sohn Gottes durch sein großes Opfer in seine Liebe eingehüllt und wieder mit dem Thron Gottes verbunden. Die Engel und all die vielen Geschöpfe der von Sünde unberührten Welten sangen dem Vater und dem Sohn Loblieder zu, als der Sieg errungen und Christus in den Himmel zurückgekehrt war [Offb 5,8–13]. Sie jubelten, weil nun der gefallenen Menschheit der Weg zur Erlösung offenstand und die Erde wieder vom Fluch der Sünde befreit werden konnte. Wie viel mehr sollten wir jubeln, denen doch diese wunderbare Liebe gilt!

Wie können wir jemals an ihr zweifeln? Wie können wir uns da noch unsicher oder verwaist fühlen? Der Sohn Gottes nahm die menschliche Natur um der Übertreter der Gebote Gottes willen an und wurde uns gleich, damit wir ewiges Leben und die Gewissheit der Erlösung erlangen. Wir haben einen Mittler im Himmel zur Rechten Gottes, der uns vertritt [Röm 8,34], und jeder, der ihn als seinen Erretter und Herrn annimmt, ist kein Waisenkind mehr, das sein Leben allein meistern und die Last seiner Schuld selbst tragen muss.

Die Apostel versicherten: „Seht doch, wie sehr uns der Vater geliebt hat! Seine Liebe ist so groß, dass er uns seine Kinder nennt. Und wir sind es wirklich: Gottes Kinder!" (1 Joh 3,1 GNB) „Als seine Kinder aber sind wir – gemeinsam mit Christus – auch seine Erben [und] werden einmal auch seine Herrlichkeit mit ihm teilen." (Röm 8,17 Hfa) „Wenn wir schon jetzt Kinder Gottes sind, was werden wir erst sein, wenn Christus kommt! Dann werden wir ihm ähnlich sein, denn wir werden ihn sehen, wie er wirklich ist." (1 Joh 3,2 Hfa)

Der erste Schritt auf dem Weg zu Gott besteht darin, seine Liebe zu uns zu erkennen und ihr zu vertrauen [1 Joh 4,16], denn durch ihre Anziehungskraft werden wir zu ihm geführt. Wenn wir das Ausmaß der göttlichen Liebe begreifen, bewirkt das die Bereitschaft zur Absage an unseren Egoismus.

Der unendliche Gott – so versicherte uns Jesus – schenkt uns das Vorrecht, ihn mit Vater ansprechen zu dürfen. Versuche zu verstehen, was das alles beinhaltet! Keine irdischen Eltern haben je so eindringlich ein Kind, das vom rechten Weg abgekommen ist, gebeten zurückzukehren, wie der Schöpfer die Übertreter seiner Gebote anfleht. Keine liebevolle menschliche Anteilnahme ist je einem verstockten Sünder mit so viel Güte und Verständnis nachgegangen. Gott ist überall gegenwärtig und hört jedes Wort und jedes Gebet. Er spürt das Leid und die Enttäuschungen eines jeden und schätzt, wie wir unsere Eltern und Geschwister, Freunde und Nachbarn behandeln. Er sorgt für unsere Bedürfnisse und schenkt uns ständig seine Liebe, Barmherzigkeit und Kraft.

Wenn du Gott deinen Vater nennst, bekennst du dich als sein Kind, das sich gern seiner weisen Führung anvertraut und ihm in allen Stücken gehorsam sein will, weil du von seiner unwandelbaren Liebe überzeugt bist. Du wirst seine Absichten für dein Leben anerkennen. Als Kind Gottes werden seine Ehre, sein Charakter, seine Familie – die Gemeinde Christi – und sein Werk deine höchsten Interessen sein. Du wirst jeden noch so geringen Dienst gern verrichten, wenn er zur Ehre Gottes oder zum Wohlergehen deiner Mitmenschen beiträgt.

Wenn wir Gott im Gebet unseren Vater nennen, erkennen wir damit alle seine Kinder als unsere Geschwister im Glauben an. Mit Freude werden wir uns vor Anderen zu ihm und zu allen Mitgliedern seiner weltweiten Familie bekennen. Und jeder von uns ist ein Teil der Menschheit. Deshalb sollen wir in unseren Gebeten auch an unseren Nächsten denken. Wer nur für sich selbst um Segen bittet, betet nicht im rechten Sinn.

„Unser Vater, der du bist in den Himmeln." (Mt 6,9 EB) Gott, zu dem Jesus uns als Vater aufschauen lässt, „ist in den Himmeln; alles, was ihm wohlgefällt, tut er" (Ps 115,3 EB). Unter seiner Fürsorge können wir gelassen sein und sagen: „Wenn ich Angst bekomme, setze ich mein Vertrauen auf dich." (Ps 54,6 GNB)

Dein Name werde geheiligt. (Mt 6,9b)
Den Namen Gottes zu heiligen erfordert, von ihm stets mit Ehrfurcht zu sprechen, denn „heilig und hehr ist sein Name" (Ps 111,9). Niemals dürfen wir die Titel und Anreden Gottes leichtfertig gebrauchen. Im Gebet begeben wir uns in den Audienzsaal des

Höchsten, und wir sollen ehrfurchtsvoll vor ihn treten. Die Engel verhüllen ihr Angesicht in seiner Gegenwart; die Cherubim und die glänzenden Seraphim nähern sich seinem Thron in feierlicher Ehrerbietung. Wie viel mehr sollten wir sterblichen, sündigen Wesen dann in ehrfürchtiger Weise vor unseren Schöpfer kommen!

Den Namen des Herrn zu heiligen bedeutet aber noch viel mehr. Wie die Juden damals können Christen heute Gott nach außen hin Verehrung entgegenbringen und trotzdem fortwährend seinen Namen entheiligen, denn der lautet: „barmherzig und gnädig und geduldig und von großer Gnade und Treue" (2 Mo 34,6). Eine Familie trägt in der Regel den Namen des Vaters. Als Israel in schwerer Bedrängnis war, betete der Prophet Jeremia: „Wir tragen deinen Namen. HERR, verlass uns nicht!" (Jer 14,9 Hfa)

Diesen Namen heiligen die Engel im Himmel und die Bewohner der sündlosen Welten. Wenn wir beten: „Dein Name werde geheiligt", bitten wir darum, dass er auch in dieser Welt und durch uns selbst geheiligt werde. Gott hat dich vor Menschen und Engeln als sein Kind anerkannt; bitte ihn daher darum, dass du dem „hohen Namen … der bei der Taufe über euch ausgerufen wurde" (Jak 2,7 GNB), keine Schande bereitest. Gott sendet dich als seinen Repräsentanten in diese Welt. In allem, was du tust, sollst du auch sein Wesen offenbaren.

Diese Bitte des Vaterunsers erfordert also, Gottes Wesenszüge zu besitzen. Wir können weder seinen Namen heiligen noch ihn in der Welt repräsentieren, wenn wir in unserem Leben und Wesen anders sind als er. Ihm ähnlich werden können wir aber nur, wenn wir die Gnade und Gerechtigkeit Christi annehmen.

Dein Reich komme. (Mt 6,10a)
Gott ist nicht nur unser Vater, der uns als seine Kinder liebt und für uns sorgt, sondern auch der Herrscher über das Weltall. Die Belange seines Reiches sind auch unsere Belange und wir sollen an dessen Aufbau mitarbeiten.

Die Jünger Christi hofften auf die sofortige Errichtung des Reiches der Herrlichkeit, aber mit der Bitte „Dein Reich komme" gab Jesus ihnen zu verstehen, dass sie damit nicht rechnen konnten. Sie

DAS MUSTERGEBET FÜR DIE CHRISTEN

sollten für dessen Aufrichtung als ein zukünftiges Ereignis beten. Doch diese Bitte enthielt eine Zusicherung. Auch wenn die Jünger das Kommen des ewigen Reiches nicht mehr in ihrer Zeit erleben würden, war die Aufforderung Christi, darum zu bitten, ein Beleg dafür, dass es zu der von Gott vorgesehenen Zeit bestimmt aufgerichtet werden wird.

Schon heute allerdings wird das Reich der Gnade weiter aufgebaut, wenn sich jeden Tag Menschen, die durch Auflehnung oder Ungehorsam Gott entfremdet waren, der Herrschaft seiner Liebe unterstellen. Das Reich seiner Herrlichkeit wird aber erst nach der Wiederkunft Christi auf diese Erde errichtet werden. Dem Propheten Daniel versicherte ein Engel: „Schließlich wird Gott, der Allerhöchste, seinem Volk die Herrschaft über die anderen Königreiche der Erde anvertrauen und ihm große Macht verleihen. Gottes Reich aber bleibt für immer bestehen." (Dan 7,27 Hfa) Die Erlösten werden das Reich erben, das ihnen „bereitet ist von Anbeginn der Welt" (Mt 25,34). Dann wird der Sohn Gottes seine Herrschaft antreten und auf ewig regieren [Offb 11,15].

Die himmlischen Tore werden sich wieder öffnen, und Jesus wird als „König aller Könige und Herr aller Herren" (Offb 19,16) wiederkommen, begleitet von „vieltausendmal tausend" Engeln (Offb 5,11b; vgl. Mt 16,27). „Der HERR [Christus] wird König sein über die ganze Erde; an jenem Tag wird der Herr einzig sein und sein Name einzig." (Sach 14,9 EB) „Hier wird Gott mitten unter den Menschen sein! Er wird bei ihnen wohnen, und sie werden sein Volk sein. Ja, von nun an wird Gott selbst in ihrer Mitte leben." (Offb 21,3 Hfa)

Aber vor seiner Wiederkunft – so hat Jesus angekündigt – „wird gepredigt werden das Evangelium vom Reich [Gottes] in der ganzen Welt zum Zeugnis für alle Völker" (Mt 24,14). Das Reich der Herrlichkeit wird erst dann aufgerichtet werden, wenn die frohe Botschaft seiner Erlösung in die ganze Welt getragen worden ist und jeder sie vernommen hat. Indem wir mit Christus zusammenarbeiten, damit Menschen für ihn gewonnen werden, können wir dazu beitragen, dass seine Wiederkunft beschleunigt wird [2 Ptr 3,11.12 EB]. Nur wenn wir uns wie Jesaja ganz seinem Dienst weihen und sagen: „Hier bin ich, sende mich!" (Jes 6,8c), sowie daran mitwirken, Menschen „ihre Augen zu öffnen, dass sie sich bekehren von der Finsternis zum Licht und von der Macht des Satans zu Gott, damit sie Vergebung der Sünden empfangen" (Apg 26,18), können wir aufrichtig beten: „Dein Reich komme".

Dein Wille geschehe wie im Himmel so auch auf Erden!
(Mt 6,10b EB)
Der Wille Gottes ist in seinen Geboten formuliert. Die Prinzipien, die darin ihren Ausdruck gefunden haben, gelten auch im Himmel. Die Engel können keine höhere Stufe der Erkenntnis erreichen als die, Gottes Willen zu kennen, und der höchste Dienst, den sie leisten können, besteht darin, ihn zu befolgen.

Aber im Himmel wird der Dienst nicht im Geist der Gesetzlichkeit verrichtet. Als Satan sich gegen Gott auflehnte, wurde den Engeln zum ersten Mal bewusst, dass es überhaupt ein Gesetz gab. Vorher hatten sie sich darüber keine Gedanken gemacht, denn sie dienen Gott nicht wie Knechte, sondern wie Söhne. Zwischen ihnen und ihrem Schöpfer besteht völlige Übereinstimmung. Ihm zu gehorchen ist keine Plackerei; die Liebe zu ihm macht ihren Dienst zur Freude. Ähnlich wird jeder, in dem Christus durch den Glauben wohnt [Eph 3,17], sagen: „Deinen Willen, mein Gott, tue ich gern, und dein Gesetz hab ich in meinem Herzen." (Ps 40,9)

Wenn wir beten: „Dein Wille geschehe wie im Himmel so auch auf Erden", drücken wir damit den Wunsch aus, dass die Herrschaft des Bösen in dieser Welt beendet, die Sünde für immer ausgerottet und das ewige Reich der Gerechtigkeit errichtet werden. Dann wird Gottes Wille auch auf der Erde wieder vollständig erfüllt werden.

Unser tägliches Brot gib uns heute. (Mt 6,11)
In der ersten Hälfte des Vaterunsers bitten wir darum, dass Gottes Name geheiligt werde, sein Reich komme und sein Wille geschehe. Wenn wir auf diese Weise seine Sache zu unserem Hauptanliegen gemacht haben, dürfen wir unseren Vater im Himmel voll Vertrauen um alles bitten, was wir selbst brauchen.

Das Mustergebet für die Christen

Wenn du deinem Egoismus abgesagt und dich Christus übergeben hast, gehörst du zur Familie Gottes, und alles im Hause des Vaters gehört auch dir. Alle seine Schätze sind dir zugänglich, sowohl für diese als auch für die zukünftige Welt. Der Dienst der Engel, die Gaben seines Geistes, die Hilfe der Mitarbeiter Christi auf Erden – alles steht dir zur Verfügung. „Euch gehört doch alles", schrieb Paulus (1 Kor 3,21 GNB). Die Welt mit allem, was darin ist, gehört uns, soweit es uns zum Guten dient. Selbst die Feindschaft boshafter Menschen wird sich als Segen erweisen, denn sie erzieht uns für das Leben in der Ewigkeit.

Und doch sind wir wie Kinder, die ihre Erbschaft noch nicht angetreten haben. Gott vertraut uns den wertvollen Besitz noch nicht an, damit Satan uns nicht ebenso hinterlistig betrügen kann wie das erste Menschenpaar im Paradies. Christus verwaltet unser Erbe, damit es vor dem Feind sicher ist. Wie ein Kind sollen wir täglich mit allem versorgt werden, was wir gerade brauchen, und deshalb jeden Morgen beten: „Unser tägliches Brot gib uns heute."

Sei nicht bestürzt, wenn es nicht für den nächsten Tag reicht. David schrieb: „In meinem langen Leben traf ich niemanden, der Gott liebte und dennoch von ihm verlassen wurde. Auch seine Kinder mussten nie um Brot betteln." (Ps 37,25 Hfa) Gott, der die Raben zu Elia an den Bach Krit sandte, um ihn mit Essen zu versorgen [1 Kön 17,5.6], wird nicht eines seiner treuen, selbstlosen Kinder vergessen. Von jedem, der „in Gerechtigkeit wandelt", gilt: „Sein Brot wird ihm gegeben, sein Wasser hat er gewiss." (Jes 33,15.16) „In Zeiten der Not werden sie nicht umkommen. Sogar dann, wenn Hunger herrscht, macht der Herr sie satt." (Ps 37,19 Hfa) Paulus schrieb: „Gott hat seinen eigenen Sohn nicht verschont, sondern ihn für uns alle dem Tod ausgeliefert. Sollte er uns da noch etwas vorenthalten?" (Röm 8,32 Hfa)

Jesus stand seiner verwitweten Mutter zur Seite und trug in Nazareth zu ihrem Lebensunterhalt bei. Er hat ein Herz für jede Mutter, die darum kämpfen muss, ihre Kinder satt zu bekommen. So wie ihm damals die Menschen leid taten, die „erschöpft und verschmachtet waren wie Schafe, die keinen Hirten haben" (Mt 9,36 EB), hat er auch heute Mitgefühl mit leidenden Armen. Sie möchte

Das Gebet

er segnen. Im Vaterunser lehrte Jesus seine Jünger und damit auch uns, an alle zu denken, denen es nicht so gut geht wie uns.

Mit den Worten „Unser tägliches Brot gib uns heute" bitten wir ebenso für Andere wie für uns selbst. Und wir erkennen damit an, dass die Gaben, die Gott uns schenkt, nicht für uns allein bestimmt sind. Er vertraut sie uns an, damit wir die Hungrigen speisen. Jesus sagte einmal zu einem Reichen: „Wenn du ein Essen gibst, am Mittag oder am Abend, dann lade nicht deine Freunde ein, deine Brüder und Verwandten oder die reichen Nachbarn ... [sondern] lade Arme, Verkrüppelte, Gelähmte und Blinde ein! Dann darfst du dich freuen, weil sie es dir nicht vergelten können; denn Gott selbst wird es dir vergelten, wenn er die vom Tod erweckt, die getan haben, was ihm gefällt." (Lk 14,12–14 GNB)

Paulus versicherte der Gemeinde in Korinth: Gott „hat die Macht, euch so reich zu beschenken, dass ihr nicht nur jederzeit genug habt für euch selbst, sondern auch noch anderen reichlich Gutes tun könnt ... Wer spärlich sät, wird nur wenig ernten. Aber wer mit vollen Händen sät, auf den wartet eine reiche Ernte." (2 Kor 9,8.6 GNB)

Die Bitte um das tägliche Brot bezieht sich nicht nur auf die Nahrung, die unser Körper braucht, sondern auch auf das geistliche Brot, das die Seele für das ewige Leben ernährt. Jesus fordert uns auf: „Bemüht euch nicht um vergängliche Nahrung, sondern um wirkliche Nahrung, die für das ewige Leben vorhält ... Ich bin das lebendige Brot, das vom Himmel gekommen ist. Wer von diesem Brot isst, wird ewig leben." (Joh 6,27.51 GNB) Unser Erlöser ist das „Brot des Lebens" (V. 35). Wenn wir uns seine Liebe vor Augen halten und ihr unser Herz öffnen, dann ernähren wir uns sozusagen von dem „Brot, das vom Himmel gekommen ist".

Wir nehmen Christus durch sein Wort in uns auf [V. 63], und der Heilige Geist wirkt an uns, damit wir dieses Wort verstehen können, und prägt Gottes Wahrheit in unsere Herzen ein [Joh 16,13b]. Täglich, wenn wir die Bibel lesen, sollen wir darum bitten, dass Gott uns seinen Geist sendet, um uns die Wahrheit zu offenbaren, die wir als geistliche Stärkung für den Tag benötigen.

Mit der Lehre im Vaterunser, täglich um alles zu bitten, was wir brauchen – den zeitlichen und geistlichen Segen –, verfolgt Gott einen guten Zweck: Er möchte, dass wir begreifen, wie sehr wir von seiner ständigen Fürsorge abhängig sind. Es ist sein Bestreben, uns in eine enge Gemeinschaft mit Christus zu bringen. Durch das Gebet und das Studium der großartigen Wahrheiten der Bibel wird der Hunger unserer Seele gestillt und wir werden an der Quelle des Lebens erfrischt.

Und vergib uns unsere Schulden, wie auch wir unseren Schuldnern vergeben haben. (Mt 6,12 EB) Jesus lehrt uns mit dieser Bitte, dass Gott uns nur dann unsere Schuld vor ihm vergibt, wenn wir auch anderen Menschen ihre Schuld an uns vergeben. Seine Liebe zieht uns zu ihm, und wenn sie unser Herz berührt, weckt sie in uns Liebe zu unseren Mitmenschen [1 Joh 4,19.20].

Als Jesus das Vaterunser gelehrt hatte, fügte er hinzu: „Denn wenn ihr den Menschen ihre Vergehungen vergebt, so wird euer himmlischer Vater auch euch vergeben; wenn ihr aber den Menschen nicht vergebt, so wird euer Vater eure Vergehungen auch nicht vergeben." (Mt 6,14.15 EB) Wer selbst nicht bereit ist zu vergeben, schließt sich dadurch von der Gnade Gottes aus.

Wir dürfen nicht meinen, das Recht zu haben, einem Andern, der uns Unrecht getan hat, die Vergebung so lange vorzuenthalten, bis er sich bei uns entschuldigt hat. Zweifellos ist er aufgefordert, seinen Fehler demütig einzugestehen und zu bereuen; aber wir sollen eine barmherzige Einstellung gegenüber unseren Schuldnern hegen, ob sie nun ihr falsches Verhalten bekennen oder nicht. Auch wenn wir sehr verletzt worden sind, sollten wir keinen Groll hegen oder uns selbst bemitleiden. So, wie wir hoffen, dass Gott uns unsere Schuld vergibt, sollen wir auch den Menschen verzeihen, die uns Unrecht getan haben.

Die Vergebung Gottes bedeutet aber mehr, als viele Christen meinen. Als Gott verheißen hat, dass er „reich an Vergebung" ist, fügte er hinzu, um zu zeigen, dass die Bedeutung dieses Versprechens unser Begriffsvermögen übersteigt: „Denn meine Gedanken sind nicht eure Gedanken, und eure Wege sind nicht meine Wege ... Denn so viel der Himmel höher ist als die Erde, so sind meine Wege höher als eure Wege und meine Gedanken als eure Gedanken." (Jes 55,7–9 EB) Gottes Vergebung ist kein bloßer Rechtsakt, durch den er uns die verdiente Strafe erlässt. Sie schließt nicht nur Vergebung unserer Schuld, sondern auch Befreiung von der Sünde ein. Sie ist ein Ausströmen erlösender Liebe, die unser Herz verändert.

David hatte die rechte Auffassung von der Vergebung, als er nach seinen großen Vergehen – Ehebruch und Mord – betete: „Gott, schaffe mich neu: Gib mir ein Herz, das dir völlig gehört, und einen Geist, der beständig zu dir hält." (Ps 51,12 GNB) Er erklärte über Gott: „So hoch die Himmel über der Erde sind, so übermächtig ist seine Gnade über denen, die ihn fürchten. So fern der Osten ist vom Westen, hat er von uns entfernt unsere Vergehen." (Ps 103,11.12 EB)

In Christus opferte sich Gott selbst für unsere Sünden. Jesus durchlitt den grausamen Tod am Kreuz – den „zweiten Tod", den alle unbußfertigen Sünder einmal erleiden müssen (Offb 20,13–15) – und nahm als „der Gerechte für die Ungerechten" unsere Schuld auf sich (1 Ptr 3,18), um uns die unbeschreibliche Größe seiner Liebe zu offenbaren und uns zu sich zu ziehen.

Lass Christus, das göttliche Leben, in dir wohnen und durch dich die himmlische Liebe sichtbar machen, sodass den Verzweifelten Hoffnung vermittelt wird und denen, die in Sünden verstrickt sind, innerer Frieden durch die Vergebung ihrer Sünden. Wenn wir zu Gott kommen, empfängt er uns unter der Bedingung, dass wir seine Güte und Gnade, die er uns schenkt, gern an Andere weitergeben. Paulus forderte daher die Christen auf: „Seid aber zueinander gütig, mitleidig, und vergebt einander, so wie auch Gott in Christus euch vergeben hat!" (Eph 4,32 EB)

Um die verzeihende Liebe Gottes erfahren und weitergeben zu können, ist es entscheidend wichtig, dass wir diese Liebe in ihrer Tiefe erkennen und uns auf sie verlassen. Satan versucht durch jede nur mögliche Täuschung zu verhindern, dass wir diese Liebe recht erkennen. Er will uns weismachen, unsere Fehler und Übertretungen seien zu schwerwiegend, als dass Gott unsere Bitten erhören und uns erlösen und segnen würde. Tatsächlich haben wir nichts, was uns bei ihm empfehlen könnte, und werden mit unseren

Charakterschwächen einfach nicht fertig. Wenn wir zu Gott kommen wollen, flüstert Satan uns ein: „Es ist doch sinnlos zu beten! Hast du nicht wieder eine Übertretung begangen? Hast du nicht gegen Gott gesündigt und dein Gewissen verletzt?" Aber wir können ihm antworten: „Das Blut Jesu, seines Sohnes, reinigt uns von jeder Sünde." (1 Joh 1,7b EB)

Gerade wenn wir schuldig geworden sind und meinen, nicht beten zu können, haben wir es nötig. So beschämt und gedemütigt wir uns auch fühlen mögen – wir müssen beten und Gott vertrauen. Paulus versicherte: „Es ist ein wahres Wort und verdient volles Vertrauen: Jesus Christus ist in die Welt gekommen, um die Sünder zu retten. Unter ihnen bin ich selbst der Schlimmste." (1 Tim 1,15 GNB) Vergebung und die Versöhnung mit Gott erfahren wir nicht als Belohnung für unsere guten Werke, nicht als Verdienst für irgendetwas, sondern als ein Geschenk Gottes, das mit der Gerechtigkeit Christi bezahlt wurde.

Wir sollten aber nicht versuchen, unsere Schuld herunterzuspielen, indem wir die Sünde bagatellisieren oder entschuldigen. In Gottes Augen wiegt sie schwer, und so sollten wir sie auch sehen. Christi Opfer am Kreuz allein zeigt die enorme Tragweite der Sünde. Wenn wir die Last unserer Schuld selbst tragen müssten, würde sie uns erdrücken. Doch der sündlose Gottessohn ist an unsere Stelle getreten und hat unverdientermaßen unsere Vergehen auf sich genommen. „Wenn wir aber unsere Sünden bekennen, dann erfüllt Gott seine Zusage treu und gerecht: Er wird unsere Sünden vergeben und uns von allem Bösen reinigen." (1 Joh 1,19 Hfa) Welch eine wunderbare Wahrheit: Gott bleibt gegenüber seinem Gesetz gerecht und rechtfertigt doch alle, die an Jesus glauben [Röm 3,26]. Der Prophet Micha fragte: „Wer ist ein Gott wie du, der Schuld vergibt und Vergehen verzeiht ... Nicht für immer behält er seinen Zorn, denn er hat Gefallen an Gnade." (Mi 7,18 EB)

Und führe uns nicht in Versuchung, sondern errette uns von dem Bösen. (Mt 6,13 EB)
Versuchung bedeutet Verlockung zur Sünde. Sie geht nie von Gott aus, sondern von Satan oder der Bosheit unseres eigenen Herzens.

Das Gebet

Jakobus erklärte: „Niemand sage, wenn er versucht wird, dass er von Gott versucht werde. Denn Gott kann nicht versucht werden zum Bösen, und er selbst versucht niemand. Sondern ein jeder, der versucht wird, wird von seinen eigenen Begierden gereizt und gelockt." (Jak 1,13.14)

Satan will uns in Versuchung führen, damit vor Menschen und Engeln die schlechten Seiten unseres Charakters sichtbar werden und er uns dann als sein Eigentum beanspruchen kann. In einer symbolischen Vision sah Sacharja, wie Satan neben dem Sohn Gottes stand und den Hohenpriester Jeschua als Vertreter des Volkes anklagte, weil der schmutzige Kleider trug [Sach 3,1.3] – ein Symbol seiner Sünden. Satan wollte den Dienst des Erlösers stören, der Jeschua reine Kleider geben wollte. Dies stellt treffend dar, wie der Teufel sich gegenüber jedem verhält, den Christus zu sich zu ziehen versucht. Zuerst veranlasst er uns zum Sündigen und beschuldigt uns dann in der himmlischen Welt, der Liebe Gottes nicht würdig zu sein. „Doch der Herr sagte zu ihm: ‚Schweig, Satan! Ich verbiete dir, deine Anklage vorzubringen; denn ... ich habe doch diesen Jeschua wie ein brennendes Holzscheit aus dem Feuer gerettet!'" Und zu Jeschua sagte er: „Ich nehme die Schuld von dir und lasse dich in Festgewänder kleiden." (Sach 3,2.4 GNB)

In seiner großen Liebe möchte Gott die wertvolle Frucht seines Geistes in uns wachsen lassen [Gal 5,22.23]. Er lässt zu, dass wir auf Hindernisse stoßen und uns Bedrängnis und Verfolgung begegnen – aber nicht als Fluch, sondern als größter Segen für unser Leben. Jede Versuchung, der wir widerstehen, jede Prüfung, die wir tapfer bestehen, bedeutet eine neue Erfahrung, die uns charakterlich reifen lässt. Wer in der Kraft Gottes einer Versuchung widersteht, zeigt der Welt und dem Universum, was Christus in uns zu leisten vermag.

Wir sollten uns also durch Anfechtungen – so bitter sie auch sein mögen – nicht entmutigen lassen, aber Gott darum bitten, uns vor Situationen zu bewahren, in denen wir durch unsere sündhaften Begierden einer Versuchung nachgeben könnten. Indem wir das Vaterunser mit der rechten Einstellung beten, vertrauen wir uns seiner Führung an und bitten ihn, uns den rechten Weg zu leiten.

Das Mustergebet für die Christen

Wir können dieses Gebet nicht aufrichtig sprechen und uns gleichzeitig entscheiden, unseren eigenen Weg zu gehen. Wir sollen darauf warten, dass Gottes Hand uns führt, oder auf seine Stimme hören, die sagt: „Dies ist der Weg; den geht!" (Jes 30,21)

Wir begeben uns bereits in Gefahr, wenn wir nur darüber nachdenken, welche Vorteile es für uns hätte, wenn wir den Einflüsterungen Satans nachgeben würden. Sünde bedeutet für jeden, der sich ihr hingibt, Schande und Unglück. Sie blendet und täuscht uns, auch wenn sie sich verlockend präsentiert. Wenn wir uns auf Satans Gebiet wagen, können wir uns nicht mehr sicher sein, das Gott uns vor seiner Macht schützt. Deshalb sollten wir – soweit wir können – alle Türen schließen, durch die der Versucher Zugang in unsere Gedankenwelt bekommt.

Die Bitte „Führe uns nicht in Versuchung" ist zugleich eine Verheißung. Wenn wir uns Gott anvertrauen, können wir uns sicher sein, dass er „nicht zulassen wird, dass ihr über euer Vermögen versucht werdet, sondern mit der Versuchung auch den Ausgang schaffen wird, sodass ihr sie ertragen könnt", wie Paulus versicherte (1 Kor 10,13 EB).

Der einzige sichere Schutz vor dem Bösen besteht darin, dass Christus durch unser Vertrauen auf seine Liebe und Gerechtigkeit, die er uns schenkt, in uns lebt. Wegen unserer Selbstsucht hat eine Versuchung Macht über uns; wenn wir aber die Größe der Liebe Gottes erkennen, wird uns auch das abstoßende, grässliche Wesen des Egoismus bewusst. Wir haben dann das Bedürfnis, von ihm frei zu werden. Wenn der Heilige Geist uns Jesus vor Augen stellt, wird unser hartes Herz erweicht und überwältigt; dann verliert die Versuchung ihre Macht, und der Geist formt unseren Charakter um.

Christus wird niemals einen Menschen im Stich lassen, für den er gestorben ist. Auch wenn derjenige sich von ihm abwendet und einer Versuchung erliegt, so wendet er sich doch von keinem ab, für den er mit seinem Leben das Lösegeld bezahlt hat.

Würden unsere geistlichen Augen geöffnet, könnten wir erkennen, wie Engel den Menschen zu Hilfe eilen, die angefochten werden und am Rande des Abgrundes stehen oder so niedergedrückt und voller Trauer sind, dass sie vor Mutlosigkeit am liebsten sterben möchten. Diese Engel drängen die Scharen des Bösen zurück, die jene Menschen umgeben, und führen sie wieder auf sicheren Boden. Der Kampf, der zwischen diesen beiden Heeren tobt, ist ebenso real wie die Schlachten, die in Kriegen zwischen Staaten geschlagen werden. Vom Ausgang des Kampfes auf geistlicher Ebene hängt allerdings unser ewiges Schicksal ab.

Auch für uns gilt Christi Aussage gegenüber Petrus: „Gott hat dem Satan erlaubt, euch auf die Probe zu stellen und die Spreu vom Weizen zu scheiden. Aber ich habe für dich gebetet, dass dein Glaube an mich nicht aufhört." (Lk 22,31.32 GNB) Gott sei Dank stehen wir nicht allein! Er, der „die Menschen so sehr geliebt [hat], dass er seinen einzigen Sohn hergab", damit niemand verlorengeht (Joh 3,16 GNB), lässt uns im Kampf mit Satan nicht im Stich. Jesus sagte zu seinen Jüngern: „Ich habe euch die [Voll-]Macht gegeben … die Gewalt des Feindes zu brechen. Nichts wird euch schaden." (Lk 10,19 Hfa)

Lebe in enger Beziehung mit deinem auferstandenen Herrn, und er wird dich fest an seiner Hand halten und dich nie wieder loslassen. Erkenne Gottes Liebe zu uns und vertraue ihr, dann bist du sicher und geborgen. Diese Liebe schirmt uns zuverlässig ab gegen alle Verführungskünste und Angriffe Satans, denn „Gott, der Herr, ist wie eine starke Festung: Wer auf ihn vertraut, ist in Sicherheit." (Spr 18,10 Hfa)

Denn dein ist das Reich und die Kraft und die Herrlichkeit in Ewigkeit. (Mt 6,13)
Der letzte Satz des Vaterunsers bezieht sich wie der erste auf unseren Vater im Himmel, der über allen Mächten und Autoritäten steht …

Der über den Himmel herrscht, ist unser Erretter. Er bemisst jede Prüfung und wacht über das läuternde Feuer, in dem jeder Einzelne sich bewähren muss. Wenn die Macht der irdischen Herrscher gebrochen ist und die Pfeile des Zornes Gottes seine Feinde ins Herz treffen, dann darf sich sein treues Volk in seiner Hand geborgen fühlen.

(Das bessere Leben im Sinne der Bergpredigt, S. 104–122)

Kapitel 26

Die Rolle der Engel bei Gebeten

Engel tragen unsere Gebete zum Himmel. Engel hören den Lobpreis und die gläubigen Gebete und tragen die Bitten zu Jesus, der im Heiligtum für sein Volk eintritt und seine Verdienste geltend macht. (Advent Review and Sabbath Herald, 1. Februar 1912)

Gott verlässt seine Kinder nicht, die schwach im Glauben sind und viele Fehler machen. Der Herr ist aufmerksam und hört ihr Gebet und Zeugnis. Diejenigen, die jeden Tag und zu jeder Stunde auf Jesus aufsehen, die „besonnen und nüchtern zum Gebet" sind [1 Ptr 4,7b], kommen Jesus nahe. Engel mit ausgebreiteten Flügeln warten darauf, ihre reumütigen Gebete vor Gott zu bringen und sie in den himmlischen Büchern aufzuzeichnen. (Brief 90, 1895; zitiert im Seventh-day Adventist Bible Commentary, Bd. 4, S. 1184)

Engel haben den Auftrag, Gebete zu beantworten. Am Thron Gottes stehen dienstbare Engel bereit, dem Auftrag Christi sofort zu gehorchen und jedes Gebet zu beantworten, das in ernstem, lebendigem Glauben vorgebracht wurde. (Für die Gemeinde geschrieben, Bd. 2, S. 387f., rev.)

Gott hat die Engel, die seinen Willen tun, beauftragt, die Gebete der sanftmütigen Gläubigen auf der Erde zu beantworten und seine Diener mit Rat und Beurteilung zu führen. Himmlische Helfer arbeiten beständig daran, Gottes treuen Kindern Gnade, Stärke und Rat zu geben, damit sie ihren Beitrag leisten können, der Welt das Licht zu bringen. (Testimonies to Ministers, S. 484)

Das Gebet

Himmlische Wesen sind beauftragt, die Gebete jener zu beantworten, die sich selbstlos für die Sache Gottes einsetzen. Die ranghöchsten Engel in den himmlischen Höfen haben den Auftrag, die Bitten um den Fortschritt des Werkes Gottes zu erfüllen, die zu Gott aufsteigen. Jeder Engel hat seinen besonderen Posten, den er nicht verlassen darf. Wenn er ihn verlassen würde, würden die Mächte der Finsternis einen Vorteil daraus ziehen ...

Wir als Gemeinde verstehen den großen Konflikt, der sich zwischen unsichtbaren Mächten, zwischen treuen und untreuen Engeln abspielt, nicht so, wie wir sollten. Böse Engel sind beständig an der Arbeit. Sie planen ihren Angriff und kontrollieren die untreuen menschlichen Mächte wie Befehlshaber, Könige und Herrscher ...

Ich appelliere an die Prediger, allen, die sie mit ihrer Verkündigung erreichen können, die Wahrheit vom Dienst der Engel einzuprägen. Lasst keine phantasievollen Spekulationen aufkommen. Das geschriebene Wort Gottes ist unsere einzige Sicherheit. Wie Daniel müssen wir darum beten, dass wir von himmlischen Mächten beschützt werden. Wie „dienstbare Geister" werden Engel „ausgesandt zum Dienst um derer willen, die das Heil ererben sollen" (Hbr 1,14). Betet, meine Geschwister, wie ihr nie zuvor gebetet habt. Wir sind nicht bereit für das Kommen des Herrn. (Brief 201, 1899; zitiert im Seventh-day Adventist Bible Commentary, Bd. 4, S. 1173)

Wenn ihr versäumt, für die Kranken [in unseren medizinischen Einrichtungen] zu beten, nehmt ihr ihnen einen großen Segen; denn Engel Gottes warten darauf, um als Antwort auf eure Gebete diesen Menschen zu dienen. (Medical Ministry, S. 195)

Engel verzeichnen unsere Gebete und beeinflussen uns zum Guten. Ein Engel begleitet euch und nimmt einen Bericht auf über eure Worte und Taten. Empfindet ihr eure Hilflosigkeit und euer Bedürfnis nach göttlicher Kraft, wenn ihr euch morgens erhebt? Offenbart ihr eure Nöte demütig und von ganzem Herzen eurem himmlischen Vater? Ist das der Fall, verzeichnen Engel eure Gebete. Steigen diese Gebete nicht von heuchlerischen Lippen auf, wird

Die Rolle der Engel bei Gebeten

euch euer Schutzengel zur Seite stehen, wenn ihr in Gefahr seid, unbewusst Unrecht zu begehen, oder einen Einfluss auszuüben, der andere Menschen zum Unrecht veranlasst. Er wird euch einen besseren Weg führen, eure Worte für euch wählen und euer Handeln beeinflussen.

Wenn ihr euch außer Gefahr wähnt und glaubt, auf die Gebete um Hilfe und Kraft, um Versuchungen zu widerstehen, verzichten zu können, werdet ihr sicher irregehen. Eure Pflichtvergessenheit wird im Buch Gottes im Himmel verzeichnet werden, und am Tag des Gerichts werdet ihr nicht bestehen können. (Aus der Schatzkammer der Zeugnisse, Bd. I, S. 315f., rev.)

Wenn du leidenschaftlich reden möchtest, halte lieber den Mund. Sprich kein Wort. Bete, bevor du redest, dann werden dir himmlische Engel helfen und die bösen Engel zurückdrängen, die dich verführen möchten, Gott zu entehren, schlecht über sein Werk zu reden und deine Seele zu schwächen. (Testimonies for the Church, Bd. 2, S. 82)

Engel achten auf die Menschen und schützen sie vor Satans Anschlägen. Der Schutz der himmlischen Heere wird allen gewährt, die im Sinne Gottes arbeiten und seinen Plänen folgen. Lasst uns ernsthaft und reumütig um den Beistand der himmlischen Helfer bitten. Unsichtbare Armeen des Lichts werden den Demütigen, Schwachen und Niedrigen machtvoll beistehen. (Für die Gemeinde geschrieben, Bd. 1, S. 101f., rev.)

Wenn wir nur merken würden, wie nah der Himmel der Erde ist! Die Kinder dieser Erde wissen nicht, dass Engel des Lichts sie begleiten, denn himmlische Boten werden „ausgesandt zum Dienst um derer willen, die das Heil ererben sollen" (Hbr 1,14). Ein stummer Zeuge wacht über jeden lebenden Menschen und versucht, ihn für Christus zu gewinnen und zu ihm zu ziehen. Niemals überlassen die Engel einen Menschen, der versucht wird, dem Feind, der die Seelen von Menschen zerstören würde, wenn ihm dies erlaubt wäre. Solange es Hoffnung gibt, werden Menschen von himmli-

Das Gebet

schen Mächten beschützt, es sei denn, sie widerstehen dem Heiligen Geist [und besiegeln damit] ihre ewige Verdammnis ...
Unser Erlöser ... ist nicht still und untätig. Er wird umgeben von himmlischen Mächten, Cherubim und Seraphim, zehntausend mal zehntausend Engeln. Alle diese himmlischen Wesen haben vor allem ein Ziel, an dem sie intensiv interessiert sind: seine Gemeinde in einer verdorbenen Welt ... Sie arbeiten für Christus, in seinem Auftrag, um alle, die auf ihn sehen und an ihn glauben, völlig zu retten [Hbr 7,25 EB].

Himmlische Engel haben den Auftrag, auf die Schafe der Herde Christi zu achten. Wenn Satan mit seinen verführerischen Fallstricken „wenn möglich, auch die Auserwählten verführen" möchte (Mt 24,24), setzen diese Engel Einflüsse in Bewegung, die die Bedrängten retten, wenn sie auf das Wort des Herrn achten, die Gefahr erkennen und sagen: *Nein, ich werde auf diese Täuschung Satans nicht hereinfallen. Ich habe einen älteren Bruder auf dem Thron des Himmels, der gezeigt hat, dass er ein liebevolles Interesse an mir besitzt, und dieses liebende Herz will ich nicht betrüben.*

Wir, die wir inmitten dieser sich bekämpfenden Kräfte leben, können durch Glaube und Gebet eine ganze Schar himmlischer Engel zu Hilfe rufen, die uns vor jedem verderblichen Einfluss bewahren werden. (Our High Calling, S. 23)

Engel werden uns lehren. Junge und ältere Gemeindeglieder sollten dazu ausgebildet werden, die letzte Warnungsbotschaft [Offb 14,6–12] dieser Welt zu verkündigen. Wenn sie in Demut vorangehen, werden Engel Gottes sie begleiten und sie lehren, wie sie ihre Stimme zu Gott im Gebet erheben, wie sie singen und die Botschaft für diese Zeit verkündigen sollen. (Ruf an die Jugend, S. 137, rev.)

Kapitel 27

Warum Satan Gebete fürchtet

Satan muss Gebete fürchten. Das Gebet besitzt eine große Macht. Unser großer Gegner versucht beständig, die betrübte Seele von Gott fernzuhalten. Die Anrufung des Himmels durch den geringsten Gläubigen muss Satan mehr fürchten als Kabinettsbeschlüsse oder Vollmachten von Königen. (In Heavenly Places, S. 82)

Wer mit Christus verbunden ist, den kann Satan nicht besiegen. Der Feind kann den nicht überwinden, der demütig von Christus lernt und durch Gebet mit ihm wandelt. Christus ist unser Unterschlupf, ein Zufluchtsort vor den Angriffen des Bösen ... Es gibt keine Kraft in der ganzen satanischen Streitmacht, die denjenigen lähmen kann, der in einfachem Glauben der Weisheit vertraut, die von Gott kommt. (My Life Today, S. 316)

Das Gebet des Glaubens durchkreuzt Satans Bemühungen. Wenn Satan meint, jemanden zu verlieren, bemüht er sich aufs äußerste, ihn zu halten. Wird sich der Einzelne dieser Gefahr bewusst, in der er sich befindet, und sucht er in seiner Not inbrünstig Kraft bei Jesus, fürchtet Satan, einen Gefangenen zu verlieren. Er ruft neue Engelscharen herbei, um den armen Menschen zu umgeben und einen Wall der Finsternis zu bilden, damit ihn kein himmlisches Licht erreicht.

Wenn der Gefährdete aber ausharrt und sich in seiner Hilflosigkeit auf die Macht des Blutes Christi beruft, achtet unser Erlöser auf das ernste Gebet des Glaubens und schickt besonders mächtige Engel als Verstärkung, um ihn zu befreien.

Das Gebet

Satan kann es nicht vertragen, dass man sich an seinen mächtigen Gegenspieler wendet, denn er fürchtet sich und zittert vor dessen Kraft und Majestät. Beim Anhören eines inbrünstigen Gebets erzittert Satans ganzes Gefolge. Fortwährend ruft er Legionen böser Engel herbei, um sein Vorhaben auszuführen. Wenn dann übermächtige Engel in himmlischer Waffenrüstung den matt werdenden, verfolgten Menschen zu Hilfe eilen, weicht Satan mit seinem Heer zurück, wohl wissend, dass sein Kampf verloren ist. Die willfährigen Untertanen Satans sind tatkräftig auf ein Ziel ausgerichtet. Obgleich sie sich gegenseitig hassen und untereinander Streit haben, nützen sie doch jede Gelegenheit zur Erreichung ihres gemeinsamen Zieles. Doch der große Herrscher Himmels und der Erde hat Satans Macht begrenzt. (Aus der Schatzkammer der Zeugnisse, Bd. I, S. 109, rev.)

Ein [unbekehrter] Mensch ist Satans Gefangener und neigt von Natur aus dazu, dessen Einflüsterungen und Befehlen zu folgen. Er hat in sich selbst keine Kraft, dem Bösen wirksamen Widerstand zu leisten. Nur wenn Christus durch einen lebendigen Glauben in ihm wohnt, seine Wünsche beeinflusst und ihn mit Kraft von oben ausrüstet, kann ein Mensch es wagen, einem so furchtbaren Feind entgegenzutreten. Jedes andere Verteidigungsmittel ist völlig nutzlos. Allein durch Christus können der Macht Satans Grenzen gesetzt werden. Das ist eine bedeutsame Wahrheit, die alle begreifen sollten. Satan ist ununterbrochen tätig und „geht umher wie ein brüllender Löwe und sucht, wen er verschlingen kann" (1 Ptr 5,8 EB). Aber das ernste Gebet des Glaubens wird selbst seine stärksten Bemühungen zuschanden machen. Darum „ergreift den Schild des Glaubens, mit dem ihr auslöschen könnt alle feurigen Pfeile des Bösen", schrieb Paulus (Eph 6,16). (Aus der Schatzkammer der Zeugnisse, Bd. II, S. 92, rev.)

Das Gebet des Glaubens überwindet Satan. Das Gebet des Glaubens ist die große Stärke des Christen und wird Satan bestimmt überwinden. Deshalb möchte er uns glauben machen, dass wir das Gebet nicht nötig hätten. Er verachtet den Namen Christi, unseres Fürsprechers; und wenn wir Jesus ernstlich um Hilfe bitten, sind Satans Helfer alarmiert. Es nützt dessen Absichten, wenn wir das Gebet vernachlässigen, denn dann werden seine trügerischen Wunder bereitwilliger angenommen. (Testimonies for the Church, Bd. 1, S. 296)

Das Gebet verbindet uns ... mit Gott; es ruft Jesus an unsere Seite und gibt uns in Schwachheit und Ratlosigkeit neue Kraft, um Welt, Selbstsucht und Teufel zu überwinden. Das Gebet hält die Angriffe Satans von uns ab. (Bilder vom Reiche Gottes, S. 200f.)

Das ringende Gebet bricht die Macht Satans über uns. Wir müssen die ganze Rüstung Gottes anlegen [Eph 6,11–17] und jeden Augenblick für den Kampf mit den Mächten der Finsternis bereit sein. Wenn Versuchungen und Prüfungen über uns kommen, lasst uns zu Gott gehen und mit ihm im Gebet ringen. Er wird uns nicht leer von sich gehen lassen, sondern wird uns Gnade und Kraft geben, zu überwinden und die Macht des Feindes zu brechen. (Frühe Schriften von Ellen G. White, S. 37)

Wenn wir am wenigsten dazu geneigt sind, mit Jesus zu kommunizieren, sollten wir besonders intensiv beten. Dadurch werden wir Satans Ketten sprengen, die dunklen Wolken werden verschwinden, und wir werden die Gegenwart Jesu erkennen. (Lift Him Up, S. 372)

Das Gebet ist in kritischen Augenblicken der Auseinandersetzung mit Satan besonders wichtig. Im Konflikt mit satanischen Helfern gibt es entscheidende Augenblicke, die darüber entscheiden, ob der Sieg auf der Seite Gottes oder auf der Seite des Fürsten dieser Welt liegt. Wenn jene, die auf der Seite Gottes kämpfen, nicht hellwach, ernsthaft und aufmerksam sind, wenn sie nicht um Weisheit beten und wachsam sind im Gebet ... geht Satan als Sieger hervor, obwohl ihn das göttliche Heer hätte überwinden können ... Gottes treue Wachen sollen den bösen Mächten keinen Vorteil geben. (Brief 47, 1893; zitiert im Seventh-day Adventist Bible Commentary, Bd. 6, S. 1904)

Das Gebet

Satan will uns einreden, das Beten sei nicht notwendig. Die Auffassung, das Gebet sei nicht notwendig, ist eine von Satans wirksamsten Täuschungen, mit denen er Menschen schadet. Gebet ist Kommunikation mit Gott, der Brunnen der Weisheit, die Quelle der Kraft, des Friedens und des Glücks. (Child Guidance, S. 518)

Satan lenkt uns vom Beten ab. Satan bringt viele zu dem Glauben, Gebete zu Gott seien sinnlos und nur eine Formsache. Er weiß sehr gut, wie wichtig Nachsinnen und Gebet sind, um die Nachfolger Christi wachzuhalten, damit sie seiner List und Täuschung widerstehen können. Durch seine Täuschungen lenkt er die Gedanken von diesen wichtigen Übungen ab, damit ein Mensch nicht bei Gott Hilfe sucht und von ihm Kraft zum Widerstand gegen die Attacken [des Bösen] empfängt.

„Elia war ein Mensch von gleichen Gemütsbewegungen wie wir; und er betete inständig." (Jak 5,17a EB) Daniel betete dreimal am Tag zu seinem Gott (Dan 6,11). Beim Klang inbrünstigen Gebets wird Satan zornig, denn er weiß, dass er verlieren wird. (Testimonies for the Church, Bd. 1, S. 295)

Satan lässt nichts unversucht, um uns vom Beten abzuhalten. Wer das Gebet vernachlässigt, riskiert, dass sich sein Leben durch Sünde wieder verfinstert. Die Versuchungen Satans verlocken zum Fehlverhalten und bringen ihn zu Fall, weil er die Hilfe und Kraft Gottes nicht in Anspruch nimmt, die ihm durch das Gebet angeboten wird. Eigentlich ist es unverständlich, dass sich gläubige Christen immer wieder vom Beten abhalten lassen …

Ohne anhaltendes Gebet und sorgsame Wachsamkeit stehen wir in der Gefahr, nachlässig zu werden. Dann brauchen wir uns nicht zu wundern, dass uns die Motivation und Kraft zum Widerstand gegen Versuchungen und zum Gutestun fehlt und wir vom rechten Weg abkommen. Genau das wünscht sich Satan. Deshalb lässt er nichts unversucht, uns vom Beten abzuhalten und uns den Weg zum Thron Gottes zu verstellen. (Der bessere Weg zu einem neuen Leben, S. 91f.)

Viele von euch hält der Feind vom Beten ab. Er erzählt euch, ihr würdet eure Gebete nicht spüren und solltet besser darauf warten, bis ihr den Geist der Fürbitte stärker spürt, sonst würden eure Gebete vergeblich sein. Ihr aber müsst zu Satan sagen: „Es steht geschrieben, dass die Menschen ‚allezeit beten und nicht nachlassen sollen'." (Lk 18,1) Wir sollen so lange beten, bis wir die Last unserer Bedürfnisse auf unserer Seele spüren; und wenn wir beharren, wird das geschehen. Der Herr wird uns mit seinem Heiligen Geist erfüllen. Er weiß – und Satan weiß es auch –, dass wir den Versuchungen ohne Kraft von oben nicht widerstehen können. Deshalb versucht der Böse, uns daran zu hindern, uns an den zu halten, der mächtig ist zu retten.

Unser Herr hat es uns zur Pflicht und ebenso zum Vorrecht gemacht, dass wir unsere Schwachheit mit seiner Kraft, unsere Unwissenheit mit seiner Weisheit, und unsere Bedürftigkeit mit seiner Gerechtigkeit verbinden dürfen. Er vereinigt seine unendlich große Macht mit dem Bemühen sterblicher Wesen, damit sie mehr als siegreich aus dem Kampf mit dem Feind ihrer Seelen hervorgehen können.

Niemand soll sich entmutigen lassen, denn Jesus lebt, um für uns einzutreten. Es gilt, den Himmel zu gewinnen und der Hölle zu entrinnen. Christus ist an unserem Wohlergehen interessiert. Er wird allen helfen, die ihn anrufen. Wir müssen alle unsere Gebete im Vertrauen aussprechen. Wir können Christus nicht [aus dem Himmel] herabholen, aber durch den Glauben können wir uns zur Einheit und Harmonie mit dem vollkommenen Maßstab der Gerechtigkeit erheben. Wir müssen einem bösen Feind begegnen und ihn überwinden, aber wir können das im Namen des Allmächtigen. (Advent Review and Sabbath Herald, 30. Oktober 1888)

Satan will Menschen vom Beten und Forschen in der Bibel abhalten. Satan sieht auch, wenn die Diener des Herrn wegen der geistlichen Finsternis, die das Volk [Gottes] umgibt, bedrückt sind. Er hört ihre ernsten Gebete um göttliche Gnade und um Kraft, den auf ihnen liegenden Bann der Gleichgültigkeit, der Sorglosigkeit und Trägheit zu brechen. Dann betreibt er mit erneutem Eifer seine

Das Gebet

Anschläge. Er versucht die Menschen, der Lust zu frönen oder sich irgendeiner andern Form der Genussucht hinzugeben, und betäubt auf diese Weise ihr Feingefühl, sodass sie gerade die Dinge nicht hören, die zu lernen sie so sehr nötig haben.

Der böse Feind weiß wohl, dass alle, die er verleiten kann, das Gebet und das Forschen in der Heiligen Schrift zu vernachlässigen, durch seine Angriffe überwunden werden. Deshalb erfindet er alle möglichen Pläne, um den Geist in Anspruch zu nehmen. (Der große Kampf zwischen Licht und Finsternis, S. 522, rev.)

Lasst euch durch die Einflüsterungen Satans nicht vom Beten abhalten. Wir sollen uns nicht so sehr vom Gedanken an unsere Sünden und Fehler überwältigen lassen, dass wir aufhören zu beten. Manche erkennen ihre große Schwäche und Sünde und werden entmutigt. Satan wirft seinen dunklen Schatten zwischen sie und den Herrn Jesus, ihrem Sühnopfer. Sie sagen: „Mein Gebet nützt nichts. Meine Gebete sind durch böse Gedanken so verdorben, dass der Herr sie nicht hören wird." Diese Einflüsterungen kommen von Satan. Als Mensch hat Christus diese Versuchung erfahren und ihr widerstanden, und er weiß, wie er denen helfen kann, die genauso versucht werden [Hbr 2,18]. Für uns hat er „Bitten und Flehen mit lautem Schreien und mit Tränen ... dargebracht" (Hbr 5,7).

Viele, die nicht verstehen, dass Satan der Urheber ihrer Zweifel ist, werden mutlos und in der Auseinandersetzung geschlagen. Hört nicht auf zu beten, weil ihr üble Gedanken habt. Wenn wir durch unsere eigene Weisheit und Kraft richtig beten könnten, dann könnten wir auch richtig leben und bräuchten kein Sühnopfer. Aber alle Menschen sind unvollkommen. Bilde und übe deinen Verstand, damit du in der Lage bist, dem Herrn mit einfachen Worten zu sagen, was du brauchst. Wenn du Gott deine Bitten vorträgst und um Vergebung deiner Sünden bittest, dann wird dich eine reinere und heiligere Atmosphäre umgeben. (In Heavenly Places, S. 78)

Kapitel 28

Gebet in der letzten Zeit

Besonders Siebenten-Tags-Adventisten benötigen das Gebet. Wenn der Erlöser der Menschheit, voll göttlicher Kraft, die Notwendigkeit des Gebets empfand, wie viel mehr sollten wir schwache, sündhafte Sterbliche das Bedürfnis haben zu beten, inbrünstig und beständig zu beten! Christus ... vertraute sich Gott an, und durch ernstes Gebet und völlige Unterwerfung unter den Willen des Vaters ging er als Sieger hervor. Alle, die die Wahrheit für diese letzten Tage bekennen [Offb 14,6–12], sollten mehr als alle anderen Christen dem beispielhaften Gebetsleben Jesu folgen ...

Er hat uns bewiesen, dass das Gebet unentbehrlich ist, um Stärke für die Auseinandersetzung mit den Mächten der Finsternis zu empfangen und die uns aufgetragene Aufgabe zu meistern. (Aus der Schatzkammer der Zeugnisse, Bd. I, S. 202, rev.)

Wir sollten jetzt nach einer tiefen geistlichen Erfahrung suchen. Wir leben in dem ernstesten Abschnitt der Geschichte dieser Welt. Das Schicksal der auf der Erde wimmelnden Menschenmassen steht im Begriff, entschieden zu werden. Unser eigenes zukünftiges Wohl und auch die Errettung anderer Menschen hängt davon ab, welchen Weg wir jetzt einschlagen. Wir bedürfen der Leitung des Geistes der Wahrheit. Jeder Nachfolger Christi muss ernstlich fragen: „Herr, was willst du, dass ich tun soll?" Wir müssen uns vor dem Herrn demütigen – unter Fasten und Beten – und viel über sein Wort, besonders über die Gerichtsszenen, nachdenken. Wir sollten jetzt nach einer tiefen und lebendigen Erfahrung in den göttlichen Dingen suchen. Wir haben keinen Augenblick zu verlieren. Rings um uns her geschehen Ereignisse von höchster Wichtigkeit; wir befinden uns auf Satans verzaubertem Boden. Schlaft nicht, Wächter Gottes; der Feind lauert in der Nähe, stets bereit, euch anzufallen und euch zu seiner Beute zu machen, falls ihr matt und schläfrig werdet. (Der große Kampf zwischen Licht und Finsternis, S. 602, rev.)

Gottes Kinder sollen um einige zusätzliche Gnadenjahre vor der Wiederkunft Jesu beten. Wenn ihr nicht zu einer höheren und heiligeren Haltung in eurem geistlichen Leben kommt, werdet ihr für das Erscheinen unseres Herrn nicht bereit sein. Große Erkenntnis wurde uns [als Adventgemeinde] geschenkt. Ihr entsprechend erwartet Gott von seinem Volk nun Eifer, Treue und Hingabe. Es muss mehr Spiritualität geben, eine tiefere Hingabe an Gott und einen Eifer in seinem Werk, den es bis dahin nicht gegeben hat. Viel Zeit sollte im Gebet verbracht werden, damit die Kleider unseres Charakters „gewaschen und im Blut des Lammes weiß gemacht" werden (Offb 7,14b GNB).

Insbesondere sollten wir mit unerschütterlichem Glauben zu Gott flehen, dass er seinem Volk jetzt Gnade und Kraft schenken möge. Wir glauben nicht, dass die Zeit schon gekommen ist, in der unsere Freiheiten beschränkt werden. Der Prophet sah „vier Engel auf den vier Ecken der Erde stehen; die hielten die vier Winde der Erde fest, damit kein Wind wehe auf der Erde, noch auf dem Meer, noch über irgendeinen Baum". Ein anderer Engel, der vom Osten heraufstieg, rief zu ihnen: „Schadet nicht der Erde, noch dem Meer, noch den Bäumen, bis wir die Knechte unseres Gottes an ihren Stirnen versiegelt haben." (Offb 7,1–3 EB) Dies zeigt uns die Arbeit, die wir jetzt verrichten müssen. Eine ungeheure Verantwortung ruht auf allen betenden Männern und Frauen im Lande, Gott anzuflehen, dass er die Wolke des Unheils zurückdrängen und noch einige Jahre der Gnade schenken möge, um für den Meister zu arbeiten. Lasst uns zu Gott rufen, dass die Engel die „vier Winde" halten mögen, bis Missionare in alle Teile der Welt hinausgesandt sind und vor dem Ungehorsam dem Gesetz des Herrn gegenüber gewarnt haben. (Aus der Schatzkammer der Zeugnisse, Bd. II, S. 293f., rev.)

Wir sollen uns durch Bibelstudium, Gebet und Dienst heute auf die letzte Zeit vorbereiten. Christi Diener sollten keine Musterrede auswendig lernen, um sich mit ihr zu verteidigen; ihre Vorbereitung muss täglich getroffen werden, indem sie die köstlichen Wahrheiten des Wortes Gottes wie Schätze sammeln und ihren Glauben durch das Gebet stärken. Werden sie dann vor Gericht gestellt, so wird ihnen der Heilige Geist die Wahrheiten ins Gedächtnis zurückrufen, die notwendig sind [Lk 12,11.12].

Ein ernstes, tägliches Streben, Gott und Jesus Christus, den er gesandt hat, kennenzulernen [Joh 17,3], wird einen Christen kraftvoll und leistungsfähig machen. Die durch fleißiges Forschen in der Bibel erworbene Kenntnis wird ihnen zur rechten Zeit bewusst werden. Wer es aber vernachlässigt, dass ihm die Worte Christi vertraut werden, wer nie die Kraft seiner Gnade in Prüfungen an sich erfahren hat, kann nicht erwarten, dass der Heilige Geist ihm Gottes Wort in Erinnerung bringt. Sie müssen dem Herrn täglich mit ungeteilter Liebe dienen und ihm dann vertrauen. (Das Leben Jesu bzw. Der Eine – Jesus Christus, S. 346, rev.)

Betet und arbeitet! Im Vorfeld der zu erwartenden Bedrängnis und Trübsal sollten wir die Hände nicht untätig in den Schoß legen, sondern das Übel so weit wie möglich abzuwenden versuchen. Dazu bedarf es unserer vereinten Gebete und des gemeinsamen, überlegten Handelns nach dem Motto: Betet und arbeitet – arbeitet und betet! Aber selbst wenn wir kompromisslos für die Sache der Wahrheit eintreten, darf unser Verhalten nicht aggressiv sein, sondern sollte Herzensbildung erkennen lassen. (Für die Gemeinde geschrieben, Bd. 1, S. 380f.)

Beten ist nötig als Schutz bis zum Lebensende. Solange die Auseinandersetzung anhält, wird es [Christen] geben, die von Gott abweichen. Satan wird die Verhältnisse so gestalten, dass sie – es sei denn, dass Gottes Macht sie bewahrt – beinahe unmerklich die Widerstandskraft der Seele schwächen. Wir sollten daher bei jedem Schritt fragen: „Ist dies der Weg des Herrn?" Solange wir leben, besteht die Notwendigkeit, entschlossen über die Neigungen und

Leidenschaften in uns zu wachen. Wenn wir uns nicht auf Gott verlassen und wenn unser Leben nicht „mit Christus bei Gott verborgen" ist (Kol 3,3 GNB), sind wir keinen Augenblick sicher. Nur Wachsamkeit und Gebet erhalten die Reinheit.

Alle, die in die Stadt Gottes gelangen, werden sie – nach ringendem Bemühen – durch die „enge Pforte" betreten (Lk 13,24); denn es wird „nichts Unreines Einlass finden" in die Stadt Gottes (Offb 21,27a GNB). Dennoch braucht niemand, der gefallen ist, zu verzweifeln. Mögen auch bejahrte Männer, die Gott einst geehrt hat, ihre Seelen befleckt und ihre Tugend auf dem Altar sündhafter Lust geopfert haben, so besteht doch auch für sie noch Hoffnung, wenn sie die Sünde bereuen, sie aufgeben und sich zu Gott kehren. Der, welcher verheißt: „Sei getreu bis an den Tod, so will ich dir die Krone des Lebens geben" (Offb 2,10c), lässt auch die Einladung ergehen: „Der Gottlose lasse von seinem Wege und der Übeltäter von seinen Gedanken und bekehre sich zum HERRN, so wird er sich seiner erbarmen, und zu unserm Gott, denn bei ihm ist viel Vergebung." (Jes 55,7) Gott hasst die Sünde, doch er liebt den Sünder. „So will ich", spricht er, „ihre Abtrünnigkeit wieder heilen; gerne will ich sie lieben" (Hos 14,5). (Propheten und Könige, S. 57, rev.)

Würden den Menschen die Augen geöffnet, sie erblickten Scharen von starken Engeln, die sich um jene lagern, die „das Wort von der Geduld bewahrt" haben (Offb 3,10a). In mitfühlender Besorgnis haben die Engel ihren Jammer gesehen und ihre Gebete gehört. (Der große Kampf zwischen Licht und Finsternis, S. 631, rev.)

Betet um den Geist Gottes in dieser Zeit des Spätregens. Wir können uns nicht auf äußere Formen oder die externe Maschinerie [unserer Kirche] verlassen. Was wir brauchen, ist der belebende Einfluss des Geistes Gottes. „Es soll nicht durch Heer oder Kraft, sondern durch meinen Geist geschehen, spricht der HERR Zebaoth." (Sach 4,6) „Betet ohne Unterlass" (1 Ths 5,17) und wachet, indem ihr in Übereinstimmung mit euren Gebeten arbeitet. Wenn ihr betet, dann glaubt an Gott; vertraut ihm. Es ist die Zeit des Spätregens, in der der Herr seinen Geist reichlich ausgießen wird [Joel

3,1.2; vgl. Kap. 2,23]. Seid inbrünstig im Gebet und wachsam im Geist. (Testimonies to Ministers, S. 512)

Eine kleine Schar treuer Glieder wird in Zeiten größter Gefahr für die Gemeinde beten. Der Sauerteig der Frömmigkeit [Mt 13,33] hat seine Kraft noch nicht ganz verloren. Wenn die Gefahr und Entmutigung der Gemeinde am größten sind, wird die kleine Schar, die im Lichte steht, um der Gräuel willen, die im Lande geschehen, seufzen und weinen [Hes 9,4b]. Aber ganz besonders werden sich ihre Gebete für die Gemeinde erheben, weil deren Glieder nach der Weise der Welt leben.

Die ernsten Gebete dieser wenigen Getreuen werden nicht vergeblich sein. Wenn der Herr als Rächer kommt, wird er auch als Beschützer für alle erscheinen, die den Glauben in seiner Reinheit bewahrt und „sich selbst von der Welt unbefleckt gehalten" haben (Jak 1,27b). Gott hat für diese Zeit verheißen, „seinen Auserwählten, die zu ihm Tag und Nacht rufen", Recht zu schaffen (Lk 18,7), obwohl er sie lange ertragen hat. (Aus der Schatzkammer der Zeugnisse, Bd. II, S. 53f., rev.)

Ringendes Gebet ist am Ende der Zeit unbedingt notwendig. Ich sah einige, die in starkem Glauben und angstvollem Schreien mit Gott rangen. Ihre Angesichter waren bleich und trugen den Ausdruck tiefer Unruhe, die ihren innerlichen Kampf andeutete. Standhaftigkeit und großer Ernst lagen auf ihren Angesichtern; große Schweißtropfen fielen von ihren Stirnen. Hin und wieder wurden ihre Angesichter durch Zeichen der Zustimmung Gottes erleuchtet, aber der frühere ernste, feierliche und beunruhigte Ausdruck kehrte bald wieder zurück.

Böse Engel drängten sich um sie und hüllten sie in Finsternis, um Jesus ihren Blicken zu entziehen, damit ihre Augen auf die sie umgebende Finsternis gerichtet und sie so dahin kommen würden, Gott Misstrauen entgegenzubringen und gegen ihn zu murren. Ihre einzige Sicherheit bestand darin, dass sie ihre Augen aufwärts gerichtet hielten. Engel Gottes wachten über sein Volk. Wenn sich die giftige Atmosphäre der bösen Engel um diese Beunruhigten lagerte, bewegten die himmlischen Engel ihre Flügel, um die dichte Finsternis zu vertreiben.

Als die Betenden ihr ernstes Schreien fortsetzten, umgab sie gelegentlich ein Lichtstrahl von Jesus, um ihre Herzen zu ermutigen und ihre Angesichter zu erhellen. Ich sah, dass einige sich nicht an diesem Ringen und Flehen beteiligten; sie befanden sich nicht in solcher Seelenangst. Sie schienen gleichgültig und sorglos zu sein und widerstanden nicht der Finsternis, die sie umgab. Diese umschloss sie wie eine dicke Wolke. Die Engel Gottes verließen sie und gingen hin, den Betenden beizustehen. Ich sah, wie Engel Gottes zu all denen eilten, die mit ganzer Kraft rangen, um den bösen Engeln zu widerstehen, und versuchten, sich selbst zu helfen, indem sie Gott unablässig anriefen. Aber seine Engel verließen die Christen, die nicht versuchten, sich selbst zu helfen. (Frühe Schriften von Ellen G. White, S. 256f., rev.; ähnlich: Aus der Schatzkammer der Zeugnisse, Bd. I, S. 53f. [das Original ist fast identisch])

Wir müssen beten und uns auf die Verheißungen Gottes stützen wie einst Jakob. Die uns bevorstehende Zeit der Trübsal und Angst wird einen Glauben erfordern, der Mühsal, Verzug und Hunger erdulden kann, einen Glauben, der nicht wankt, wenn er auch schwer geprüft wird. Die Gnadenzeit wird allen gewährt, um sich auf jene Tage vorzubereiten. Jakob siegte, weil er ausdauernd und entschlossen war [1 Mo 32,25–30]. Sein Sieg ist ein Beweis der Kraft anhaltenden Gebets. Alle, die sich wie er auf die Verheißungen Gottes stützen und ebenso ernst und standhaft sind, wie er es war, werden gleich ihm Erfolg haben. Wer aber nicht willens ist, sich selbst zu verleugnen, vor Gott Reue zu zeigen und lange und ernstlich zu beten, wird seinen Segen nicht erlangen.

Mit Gott ringen – wie wenige wissen, was das ist! Wie wenige Menschen haben mit heftigem Verlangen vor Gott ausgeharrt, bis jede Kraft aufs äußerste angespannt war! Wie wenige halten sich in unerschütterlichem Glauben an die Verheißungen Gottes, wenn die Wogen der Verzweiflung, die keine Sprache beschreiben kann, über den Bittenden hereinbrechen! (Der große Kampf zwischen Licht und Finsternis, S. 622)

Gottes Getreue werden in der Zeit der Trübsal ringen und siegen wie einst Jakob. Jakob und Esau repräsentieren zwei Klassen [von Menschen]: Jakob die Gerechten und Esau die Bösen. Jakobs Angst, als er erfuhr, dass Esau mit 400 Männern gegen ihn marschierte [1 Mo 32,7.8], steht für die Bedrängnis der Gerechten, wenn – kurz vor der Wiederkunft des Herrn – das Dekret erlassen wird, sie zu töten [Offb 13,15]. Wenn sich die Bösen um sie drängen, werden sie von Angst erfüllt werden [Jer 30,7], denn wie Jakob können sie keinen Ausweg für ihr Leben erkennen.

Der Engel stellte sich vor Jakob, und dieser klammerte sich an den Engel, hielt ihn fest und rang die ganze Nacht mit ihm [1 Mo 32,25]. So werden die Gerechten in der Zeit ihrer Angst und Trübsal [Dan 12,1] im Gebet mit Gott ringen, wie Jakob mit dem Engel gerungen hat. In seiner Not betete Jakob die ganze Nacht um Befreiung aus der Hand Esaus. In ihrer Seelenangst werden die Gerechten Gott Tag und Nacht um Befreiung aus der Hand der Bösen anflehen, die sie umgeben [Lk 18,7].

Jakob bekannte seine Unwürdigkeit. „HERR, ich bin zu gering aller Barmherzigkeit und aller Treue, die du an deinem Knechte getan hast ..." (1 Mo 32,11) In ihrer Not werden die Gerechten ihre völlige Unwürdigkeit intensiv empfinden und sie unter vielen Tränen anerkennen, und wie Jakob werden sie sich auf die Verheißungen Gottes durch Christus berufen, die gerade den abhängigen, hilflosen und reuigen Sündern gegeben wurden.

In seiner Bedrängnis klammerte sich Jakob an den Engel und wollte ihn nicht gehen lassen. Als er ihn unter Tränen anflehte, erinnerte ihn der Engel an seine vergangenen Sünden und versuchte, ihm zu entkommen [V. 27.28], um ihn zu prüfen. So werden die Gerechten am Tage ihrer Trübsal versucht und geprüft werden, damit sich ihre Glaubensstärke, ihre Ausdauer und ihr unerschütterliches Vertrauen auf Gott, ihren Befreier, erweisen würden.

Jakob ließ sich nicht abweisen. Er wusste, dass Gott barmherzig war und appellierte an seine Barmherzigkeit. Er wies auf seine vergangene Trauer und Reue über seine Sünden hin, und drängte erneut auf Befreiung aus der Hand Esaus. Sein inständiges Flehen dauerte die ganze Nacht [V. 32]. Als er über seine vergangenen Sünden nachdachte, verzweifelte er fast. Doch er wusste: Gott musste ihm helfen, oder er würde verderben. Er hielt den Engel fest und bedrängte ihn mit seiner Bitte, begleitet von schmerzlichem, heftigem Weinen [Hos 12,5], bis er [sein Ziel] erreicht hatte.

Genauso wird es bei den Gerechten sein. Wenn sie die Ereignisse ihrer Vergangenheit betrachten, werden ihre Hoffnungen fast sinken. Aber wenn sie merken, dass es um Leben oder Tod geht, werden sie heftig zu Gott schreien und ihn unter Bezug auf ihre vergangene Trauer und demütige Reue über ihre vielen Sünden anflehen, und dann wird er sein Versprechen erfüllen: „Sie suchen Zuflucht bei mir und machen Frieden mit mir, ja, Frieden mit mir." (Jes 27,5) So werden sie ihre ernsthaften Bitten Tag und Nacht vor Gott bringen. (Spiritual Gifts, Bd. 3, S. 131–133)

Das Gebet wird heute mehr benötigt als in den Anfangsjahren unserer Kirche. Wir müssen viel beten, wenn wir in unserem Glaubensleben Fortschritte machen wollen. Wie sehr haben wir gebetet, als die Wahrheitsbotschaft [von Offb 14] zum ersten Mal [von Siebenten-Tags-Adventisten] verkündet wurde. Wie oft waren Fürbitten zu vernehmen – im Kämmerlein, in Scheunen, in Gärten oder unter den Bäumen. Oft haben wir zu zweit oder zu dritt Stunden in ernstlichem Gebet verbracht und uns auf Verheißungen berufen; oft konnte man Weinen hören und dann Dank und Lobgesang.

Nun ist der Tag des Herrn „näher als damals, als wir zum Glauben kamen" (Röm 13,11 GNB), und wir sollten noch ernsthafter und eifriger sein als in jenen frühen Tagen [der Adventgemeinde]. Heute sind unsere Gefahren noch größer als damals. Die Menschen sind verhärteter. Wir müssen jetzt mit dem Heiligen Geist erfüllt sein und wir sollten nicht eher ruhen, bis wir ihn erhalten. (Testimonies for the Church, Bd. 5, S. 161f.)

Anhang 1

Ellen G. Whites Kapitel über das Gebet

Allgemeines: „Gott hat Tag und Nacht Sprechstunde", Der bessere Weg zu einem neuen Leben, S. 90–101;
„Bitten, um geben zu können", Bilder vom Reiche Gottes, S. 107–117;
„Die Andacht", Ruf an die Jugend, S. 155–159;
Jesu Lehren über das Beten in der Bergpredigt: Das bessere Leben im Sinne der Bergpredigt, S. 85–89, 130–134

Das „Gebet des Glaubens": „Glaube und Gebet", Erziehung, S. 255–261

Das Gebet in Versuchungen: „Die Macht des Gebets in der Versuchung", Aus der Schatzkammer der Zeugnisse, Bd. I, S. 323–325

Das Vaterunser: „Das Mustergebet für die Christen", Das bessere Leben im Sinne der Bergpredigt, S. 104–122

Gott loben und danken: „Lobet den Herrn", Aus der Schatzkammer der Zeugnisse, Bd. II, S. 94–97

Beten für Kranke: „Das Gebet für die Kranken", Auf den Spuren des großen Arztes, S. 180–187, Lebensglück, S. 150–157, Diener des Evangeliums, S. 189–197 (im Original im zweiten Teil identisch);
„Betet für die Kranken", Aus der Schatzkammer der Zeugnisse, Bd. I, S. 193–195

Das Gebet

Beten in der Familie: „Familiendacht", Aus der Schatzkammer der Zeugnisse, Bd. III, S. 76–79

Gebete in Versammlungen: „Gebetsversammlungen", Aus der Schatzkammer der Zeugnisse, Bd. I, S. 249–254;
„Gebets- und Missionsversammlungen", Im Dienst für Christus, S. 257–261;
„Öffentliche Gebete", Diener des Evangeliums, S. 155–159

Das private Gebet der Diener Gottes: „Das Gebet im Verborgenen", Diener des Evangeliums, S. 225–230

Das Gebet in der letzten Zeit: „Die Sichtung", Aus der Schatzkammer der Zeugnisse, Bd. I, S. 53–57, Frühe Schriften von Ellen G. White, S. 259–259 (im Original identisch)

Anhang 2

Ellen White über Gebete biblischer Personen

In ihren Büchern der Konfliktserie beschreibt Ellen G. White das Leben und Wirken biblischer Personen. Wo sie deren Gebete erwähnt, ist im Folgenden angegeben.

Abkürzungen: PP = Patriarchen und Propheten
A = Der Auftakt (gekürzte Ausgabe von PP)
PK = Propheten und Könige
E = Die Erwählten (gekürzte Ausgabe von PK)

Henoch:	PP, S. 63–65; A, S. 57f.
Abraham:	PP, S. 106, 118; A, S. 83, 92f.
Jakob:	PP, S. 171–177; A, S. 135–139
Mose:	PP, S. 273f., 294f., 300–302, 359, 370, 444, 460; A, S. 212, 226f., 231–233, 271f., 277f., 328, 340
Josua:	PP, S. 488; A, S. 360f.
Hanna:	PP, S. 552–554; A, S. 415f.
Samuel:	PP, S. 599f.; A, S. 444
Salomo:	PK, S. 17f., 25–30; E, S. 18f., 26–29
Asa:	PK, S. 75f.; E, S. 63
Elia:	PK, S. 83f., 92f., 106f., 109–111; E, S. 69, 76, 87f., 89f.
Joschafat:	PK, S. 139–141; E, S. 113f.
Jona:	PK, S. 190f.; E, S. 156
Hiskia:	PK, S. 241–244, 251–254; E, S. 196f., 204–206
Daniel:	PK, S. 340, 346, 378f., 389f.; E, S. 271, 275, 302, 311f.
Nehemia:	PK, S. 441–445, 475; E, S. 352–355, 379
Petrus:	Das Wirken der Apostel, S. 134, 526; für ihn: S. 144f.
Paulus:	Das Wirken der Apostel, S. 307, 370f., 389, 394, 439

Zwei Klassiker von Ellen G. White neu überarbeitet in modernerer Sprache und mit neueren Bibelübersetzungen:

Der bessere Weg zu einem neuen Leben

Viele Menschen sehnen sich nach einem neuen Leben und probieren verschiedene Wege. Dazu brauchen wir nicht bloß eine Änderung der äußeren Umstände oder der Verhaltensweisen. Eine grundsätzliche Neuorientierung und eine innere Erneuerung sind nötig. Wie man das erfahren kann, zeigt Ellen White in diesem Buch. Dieser Weg führt über Jesus Christus, denn er hat uns Menschen von der Last der Schuld und der Verlorenheit erlöst. Damit hat er uns den Weg bereitet zu einem harmonischen Verhältnis zu unserem himmlischen Vater – und zu einem wahrhaft neuen Leben.

Der bessere Weg zu einem neuen Leben, mit Erläuterungen; 120 Seiten, Taschenbuch, Advent-Verlag Lüneburg, Staffelpreise

Das bessere Leben im Sinne der Bergpredigt

Sie ist die bekannteste Rede der Welt – die Bergpredigt. Der berühmteste Lehrer, den die Menschheit je hatte, hat sie gehalten: Jesus von Nazareth. Obwohl seitdem fast 2000 Jahre vergangen sind, ist sie immer noch hochaktuell. Es geht in ihr nicht nur um Lehren und moralische Prinzipien für das Verhalten eines Christen, sondern um das Leben – das bessere Leben, das Jesus uns allen anbietet. Wir können es durch ihn erfahren!

Das bessere Leben im Sinne der Bergpredigt, mit Erklärungen; 154 Seiten, Taschenbuch, Advent-Verlag Lüneburg, Staffelpreise

Beide Bücher eignen sich auch hervorragend zur Weitergabe an interessierte Menschen. Leseprobe und Bestellungen: www.advent-verlag.de

Zwei weitere Bände der Konfliktserie in modernerer Sprache und mit neueren Bibelübersetzungen:

Der Auftakt

(leicht gekürzte Ausgabe von
Patriarchen und Propheten)

Woher kommen das Böse und all das Leid auf dieser Welt? Warum verhindert Gott das nicht, wo er doch allmächtig sein soll? Das fragen nicht nur wir uns. Schon Menschen im Altertum spürten die Auswirkungen des kosmischen Konflikts zwischen Gut und Böse. An ihrem Beispiel und den Anfängen des Volkes Israel erklärt die Autorin das zuweilen schwer verständliche Handeln Gottes. Dabei zeigt sie, wie Gott auch in unserem Leben eine Realität werden kann.

Der Auftakt, (Band 1 der Serie „Der Mensch im kosmischen Konflikt"), 542 Seiten, Taschenbuch, Advent-Verlag Lüneburg

Die Erwählten

(leicht gekürzte Ausgabe von
Propheten und Könige)

Die Geschichte der Königreiche Israel und Juda ist auch für uns heute von Interesse. Wir lesen von erstaunlichen Erfahrungen einzelner Könige und Propheten, die unser Vertrauen in Gottes Macht stärken. Dabei lernen wir Gottes große Liebe, Geduld und Barmherzigkeit kennen, die er seinem Volk bewies. Wir erkennen darin auch, wie Gott mit seiner Gemeinde heute umgeht, denn sie ist ebenfalls erwählt, Gottes Botschaft unter allen Völkern zu verbreiten.

Die Erwählten, (Band 2 der Serie „Der Mensch im kosmischen Konflikt"), 412 Seiten, Taschenbuch, Advent-Verlag Lüneburg

Beide Bücher eignen sich auch hervorragend zur Weitergabe an interessierte Menschen. Leseprobe und Bestellungen: www.advent-verlag.de